불교의 수인과 진언

불교의 수인과 진언

지은이 : 비로용우 스님
펴낸이 : 배기순
펴낸곳 : 하남출판사

초판1쇄 발행 2006년 5월 15일
초판4쇄 발행 2024년 2월 15일
등록번호 : 제10-0221호

주소 : 서울시 마포구 세창로52
전화번호 : (02)720-3211(代) / 팩스 (02)720-0312
e-mail : hanamp@chol.com

ISBN 89-7534-182-8

불교의 수인과 진언

머리말

한국을 대표하는 종교라 하면 불교라고 당당히 말할 수 있다. 그것은 불교가 오랜 역사를 지내오며 쌓아놓은 신뢰에 바탕을 두고 있기도 하지만 우리가 살면서 나도 모르게 쓰는 용어들 가운데는 불교 용어가 많이 자리잡고 있는 것에서 나타나기도 한다.

안타깝게도 현대로 넘어 오면서 불교가 핵심적인 진수를 잃어가고 점점 겉모습에만 너무 치중하는 경향이 있어 필자는 안타까운 맘 금할 길이 없다.

일본불교와 비교하여도 교학이 200년 정도 뒤져있다고 하는데, 그러면 선은 그만큼 많이 발전해 있냐하면 그것도 아닌 것 같다. 실로 통탄할 노릇이다. 그러나 너무 부정정인 시각만 있는 것이 아니다. 불교를 공부하는 스님이나 수행자등이 점점 심도 있는 수행을 원하는 이가 많고 현실에 만족하지 않고 보다 높은 경계|境界|와 깨달음을 원하는 목소리가 많아 긍정적인 측면도 많다.

실로 많은 수행자와 불자들이 티벳이나 동남아등의 해외로 나가 공부하고 있으며, 또 국내에서도 나름대로 경을 열심히 공부하며, 위빠사나나 여타 다른 수행법으로 수행하는 자들이 많고, 또 불교가 아닐 지라도 정신세계를 탐구하는 이들이 점점 늘어가고 있는 추세이다.
여기에 발맞추어 불교에도 심오하고 특별한 수행이 있다는 것을 밝히고 많은 이들이 궁금해 하고 특별하게 생각하여 수인|手印|과 진언|眞言|에 대해 소개하는 책을 내놓게 되었다.

사실 경전가운데 다라니집경이라 하여 다라니에 대해 나와 있는 경전은 있는데 수인집이라는 경은 없다.
이것은 수인을 말로 설명하여 풀이하기 힘들고 또 비밀한 법이라 인연이 있는 자들만 수행하기 때문에 대부분 은어|隱語|로 설명되어 있는 경우가 많다.

실제로 대비로차나성불신변가지경을 봐도 수인에 대한 설명은 은어로 되어 있어 보통사람들이 그냥 보면 알 수가 없게 되어 있다. 그래서 스승으로부터 전수 받는 것이 정석이며, 스승 없이 공부하기란 참 힘든 수행법이다.

특히 한국에서는 이러한 수행류 보다는 참선위주의 수행을 많이 하다 보니 어떤 종단에서는 이 수행을 금기시 여기기도 한다. 그러나 엄연히 팔만대장경 밀교부 가운데에 자리하고 있는 수행법이며, 선승들이 많이 보는 경인 능엄경 또한 밀교부 경전이고 보통 절에서 행해지는 예식 가운데 천수경이라고 있는데 그 천수경 또한 밀교부|密教部|경에 속한다.

필자가 처음 절에 가서 느낀 것이 부처님은 왜 이상한 손 모양을 하고 있을까 이다. 그러나 그 해답은 어디에서도 찾을 수가 없었는데, 심지어 스님에게 물어 보아도 잘 모른다고 하여 항상 무언가 특별한 뜻이 있음에는 분명할 것 인데 라는 짐작만 하였다.

사실 지금도 이에 대해 잘 아는 이가 드물며 하물며 불상을 만들거나 탱화를 그리는 사람조차도 잘 모르는 것이 현실이라 내가 뜻을 내어 이 책을 발간하게 되었다. 비록 많은 자료를 올려놓지는 못하였지만 대부분 사찰에 계신 불보살님의 수인과 다라니는 여기에 소개해 놓았다.

앞으로 여기에 관한 연구가 지속되었으면 하는 바람이고 많은 수행자들이 관심을 가져 주기를 바라는 마음으로 이 책을 쓴다.

차 례

⊙한국불교의 수인|手印|과 진언|眞言-다라니|

불교는 심오한 종교이다. 많은 사람들이 불교를 믿고 있지만 실제로 불교를 제대로 이해하고 수행하는 이는 드문 것 같다. 특히 요즘 교학|教學|[1]이 쇠퇴하고 선|禪|[2]이 발달함에 따라 제대로 된 불교교리를 섭득 하지 못해서 불교의 참다운 수행은 모른 체 그저 기복|祈福|으로만 믿는 분들이 많다.

불교는 다른 종교와 달라 부처님만 믿고 의지하면 모든 것이 이루어지지는 않는다. 믿는바에 따른 실천이 밑받침 되어야 그 결과로 깨달음이란 꽃을 피운다. 그렇지 못하면 수행이 아니라 그저 다른 종교처럼 믿고 복짓는 것으로 끝나는 단순한 종교로 전락해 버린다.

불교를 크게 나누면 현교|顯教|와 밀교|密教|로 나뉘는데 우리나라에서는 주로 현교위주로 수행하고 있고 동남아대부분의 나라에서도 현교 위주로 수행하고 있으며, 티벳과 인도 중국 일본 등지에서 밀교를 수행하는 단체가 몇몇 있는 것으로 안다.

현교는 계|戒|[3]를 지니고 부처님의 설법인 경전을 배우는 교학을 통하여 수행의 절차를 알고 선정|禪定|에 드는 수행을 통하여 지혜를 열어가는 것인데, 우리나라 대부분의 사찰에서는 이 계|戒|, 정|定|, 혜|慧|의 삼학|三學|을 기준으로 수행하고 있다. 그런데 아쉽게도 불교가 신라, 고려, 조선을 거치며 점점 쇠퇴해져 교학을 소홀히 한 체 선|禪|에만 치중하다 보니 마치 기초가 없이 집을 지으면 사상누각처럼 쉽게 부서지듯이 균형이 깨져 깨달은 대덕|大德|[4]스님네가 많이 나오지 못하고 있는 실정이다.

수행에는 분명한 순서가 있는데 이를 무시하고 마치 글도 모르는 어린아이에게 수학이나, 물리를 가르치는 것과 같이 어리석게 수행을 가르치는 단체도 많은 것 같다.

수행도 우리가 하는 공부와 같아서 분명한 순서가 있어, 부처님께서도 경을 설법하실 때 순서에 따라 가장 기본이 되는 탐진치[5]를 끊고 인생이

---

1) 부처님의 말씀인 경을 공부하는 것을 일컬음.
2) 화두참선을 뜻하는 말
3) 계율을 뜻하는 말로 수행자 5계, 사미10계, 비구250계등이 있다.
4) 크게 깨달음을 얻어 많은 이로부터 추앙받는 덕이 높은 스님을 이르는 말.
5) 삼독이라고도 한는데, 탐욕과 성냄과 어리석음을 일컫는 말.

본래 무상함을 알리는 아함경부터 선설|善說|[6] 하시고 뒤에 본생경, 정법염처경, 대보적경, 대루탄경, 등으로 차츰 그 강도를 높혀 결국에는 대승경으로 설법하셨다. 최후에는 능엄경과 법화경등을 선설 하셨는데 이는 일승법|一乘法|[7]으로 보살이나 부처가 되어야만 궁극적인 해탈에 이른다는 것을 말씀해 놓으신 것이다.

법화경과 능엄경의 뜻을 알고 궁극적인 수행에 다가가다 보면 결국 밀교|密教|수행으로 들어가게 되는데 이 또한 수행에 하나의 순서이다. 다시 말하자면 밀교는 현교 공부가 되지 않고는 하지 못하는 높은 경계에 수행이다.

현교|顯教|에서 가장 보편적으로 많이 하는 경이 반야심경인데, 매일 빠지지 않고 예불 때마다 하니까 엄청 많이 하는 경이다. 이 경은 엄연히 말하자면 밀교부|密教部| 경전에 속한다.
왜냐하면 경의 마지막 구절에 위없이 높은 진언|眞言|이며, 모든 고통을 제거할 수 있는 진언이며, 큰 깨달음에 들어 갈 수 있는 진언|眞言|이 나와 있기 때문이다. 진언은 다른 말로 밀언|密言|이라 하는데, 비밀한 말이라는 뜻으로 부처님만이 그 뜻을 헤아릴 수 있고 중생들은 알지 못하기에 이렇게 부르는데, 진언이 들어가는 모든 경은 밀교경전이라 하며, 그 근기가 수승하여 믿음에 흔들림이 없는 사람만이 수행하는 수행법이다.
그러하기에 많이들 하고 있는 경전|經典|임에도 불구하고 경전의 핵심인 진언을 수지하고 수행하지 않기에 깨달음에 들지 못하는 것이 아닌가 하고 필자는 생각한다. 만약 누구라도 이 사실을 믿고 그대로 진언 수행을 하는 사람이 있다면 경에 나온 데로 큰 깨달음을 얻게 될 것이다.

밀교에 밀|密|은 비밀스러움을 뜻하는데 중생의 지혜로 알 수 없는 부처님만이 아시는 비밀한 법이라는 뜻에 기인한다. 이 밀|密|에는 세 가지가 있는데 신밀|身密|, 구밀|口密|, 의밀|意密|이다.
이를 함께 삼밀이라 하는데, 삼밀을 구유|具有|[8]하고 수행하면 실지|悉地|[9]를 성취할 수 있고 큰 깨달음에 들어 삼명육통|三明六通|[10]에 자재한

6) 부처님의 참된 가르침을 설한 것을 이르는 말.
7) 삼승법에 반대되는 말로 성문, 연각의 깨달음에 머물지 말고 더욱 수행하여 보살의 여래 일불성으로 나아가야 한다는 의미.
8) 구비하여 갖추고.
9) 궁극적인 깨달음의 경계을 뜻함.

불보살이 된다.

삼밀 가운데 첫 번째인 신밀을 다른 말로 수인|手印|이라하고 범어로 무드라이다.
두 번째는 구밀이라 하고 다른 말로 진언, 다라니라고 부르며, 범어로는 만트라 라고 한다.
세 번째인 의밀|意密|은 참된 성품|性品|으로부터 나오는 삼매|三昧|의 형상을 뜻하는데 일반적으로 불보살님의 중생교화방편의 삼매를 상념으로 지어 수행하는 것으로 한다.
이 책에서 다루고 소개하려는 것이 첫 번째와 두 번째인 신밀과 구밀인 수인과 진언이다.

1. 수인|手印|

수인|手印|은 글자 그대로 손도장 이다. 사회생활을 하는 사람은 보통 인감도장 하나씩 다 가지고 있다. 인감도장은 자신을 대표하는 상징으로 동산 부동산을 사거나 팔 때 사용되며, 법인을 만들거나 여러 가지 거래를 할 때 사용한다.
수인도 이 와 마찬가지로 불보살님을 대표하고 표치[11]하는 상징이며, 서원과 서원에 따른 신통을 상징하는 상징물로서 수행자가 이를 적절히 활용하면 불보살님의 지혜와 신통을 사용할 수 있어 정변지의 큰 지혜도 얻을 수 있고 육신통도 구사하며, 모든 장애를 없애고 재난이나 법난[12]을 막고 귀신이나 마|魔|들의 장난에 빠지지 않고 중생을 구제하는 방편도 생기고 자재한 힘을 갖출 수 있다. 그러므로 이는 누구나 가질 수 있는 신비막측한 상징적인 도장인 것이다.
사찰에 가보면 불보살님의 형상이 있는데 불보살님들은 모두 32상[13]과 80종호[14]를 갖추고 계시기 때문에 누가 누군지 구분하기 힘들다. 다만 그분의 서원|誓願|에 따른 수인과 표치인|標幟印|이 다르기 때문에 그로써

10) 큰 아라한이 가지고 있는 불가사이 한 힘으로, 천안명, 숙명명, 누진명을 삼명이라 하고 천안통, 숙명통, 천이통, 타심통, 신족통, 누진통을 일러 육통이라 한다.
11) 불보살님을 상징하는 기물로써 서원과 신통을 표시한 기물을 뜻한다.
12) 법의 구속력에 저촉됨을 말하는 것으로 현실세계에서 형법을 어겨 구속되는 것을 의미한다.
13) 범인과 달리 불보살님들은 몸의 모양이 다른 것을 의미 하는데 32가지가 있다.
14) 불보살님의 80종류의 뛰어난 모습을 나타낸 말로써 32상은 일반인과 크게 차이 나는 모습이고 미세한 부분까지 다른 모습이 80가지나 된다고 하여 이렇게 부른다.

구분이 가능하다.

예를 들면 육환장15)을 들고 있고 여의주|如意珠|를 가지고 있으면 지장보살이고, 촉지인16)을 하고 계시면 석가모니부처님이고 길상인|吉祥印|을 하고 계시면서 이마에 아미타불상을 모시고 계시면 관세음보살이고 지권인|智拳印|을 하고 계시면 비로차니부처님이다.

이렇게 많은 불보살님들은 모두 다른 모양의 수인과 표치인을 하고 계시는데 안타깝게도 이것을 자세히 아는 이가 별로 없다. 그래서 가끔 보면 엉터리로 수인이나 표치인을 하고 있는 불상이나 탱화를 볼 수 있는데 정말 안타까운 현실이다.

사실 우리나라에서는 이러한 것을 교육하거나 공부할 수 있는 자료가 부족하기 때문에 더욱 더 그러할 것이다.

이 책이 많은 불자나 수행자, 불모들에게 미력하나마 조금의 도움이 되었으면 하는 바람이다.

2. 진언|眞言-다라니|

수인과 함께 삼밀|三密|가운데 하나인 구밀|口密|이다. 보통 진언이라고 하며, 다라니라고도 부르는데 불보살님에 따라 그 종류가 무한하다.

밀교경전에 의하면 무량한 불보살님이 계시듯이 다라니 또한 무한하다고 하는데, 불보살님의 명령어라고 생각하면 쉽다.

수인과 함께 같이 쓰이는 경우가 많고 단독적으로 쓰이는 경우도 있다. 현교를 표방한 경전에 주도단독으로 쓰이는 경우가 많고 밀교부 경전에서는 수인과 더불어 삼매법과 함께 쓰인다.

다라니 또한 무한한 신력과 함께 눈에 보이지 않는 불보살님의 가피력이 함께한다.

현교에서는 이를 주력이라 하여 보통 신묘장구대다라니나, 옴마니빠드메훔같은 육자진과 준재진언, 능엄주등을 많이 하고 있다. 엄밀히 따지자면 이 모두가 밀교에 속하지만 보통 현교수행법으로 알고 쓰는 경우가 많다.

15) 여섯 개의 고리가 달린 작대기인데, 지장보살의 표치인이다. 여섯 개의 고리는 육도를 뜻한다.

16) 석가모니부처님께서 성도|成道|하실 때 사용한 수인으로 우리나라 대웅전에 주불인 석가모니 부처님의 수인이다.

필자도 수인과 다라니를 통해서 재액을 없애거나, 복을 증장하거나 사람들 사이에 불목|不睦|하는 일 등을 없애는데 쓰며, 또한 물에 다라니를 가지|加持|[17]하여 병 치료용으로도 많이 쓰고 있다. 실지로 바이러스에 의한 모든 질환은 물에 진언을 가지하여 마시게 하면 99%는 다 낳는다.

기독교에서는 "믿는 자 에게는 복이 있다"라는 말이 있는데 밀교가 그러하다. 현교는 계정혜|戒定慧|삼학을 위주로 공부하지만 밀교는 신원행|信願行|을 통한 수행법으로 나아간다. 일단 믿음을 가지고 서원을 세운 후 행|行|을 한다는 말인데 행은 곧 수행을 일컫는다.

많은 사람들이 불교공부를 하고 있고 다라니를 하고 있지만 그 심오한 대의를 모른 체 하는 경우가 많고, 또 수법절차를 밟지 않고 하다 보니 오류가 많이 생기는데 이것이 마장|魔障|이자 수행으로부터 오는 경계|境界|라 하겠다. 수행의 경계를 말하자면 끝이 없다.
사실 다라니문을 수지하고 잘 수행한다면 모든 불자가 참된 성품을 깨달아 알고 큰 깨달음의 경지에 현생에 들 수 있다. 그러나 이러한 심오한 진리와 수법절차를 모른 체 다들 수고스러운 일들에만 매달려 힘들게 나아가는 것이 필자는 안타깝다. 실제로 나는 많은 수행자들에게 이 다라니와 수인과 삼매로 참된 성품을 깨닫게 하였다. 그 가운데는 누구나 이름만 대면 아는 큰스님에게 인가를 받는 이도 있다.
인가가 크게 중요한 것은 아니지만 이 공부가 잘못되지 않았음을 일컫기도 하기 때문이다.

불교의 많은 경전|經典|에 다라니문이 들어 있는 것이 대부분이다. 이것은 부처님과 보살님들께서는 보다 짧은 시간에 많은 노력을 기울이지 않아도 큰 깨달음의 경계로 나아가는 문을 열어 놓으신 것이다. 그러기에 현교 경전에도 다라니문을 선설|善說|하여 근기|根器|[18] 있는 자로 하여금 보다 빠른 수행의 성과를 얻게 하셨다. 이 얼마나 큰 자비의 산물이라 할 수 있지 않은가.

많은 불자님과 수행자님께서 부디 이 책을 접하여 한 차원 높은 경지로 나아가기 바란다.

---

17) 불보살님의 서원에 의한 신력을 싣는 것을 말한다.
18) 전생으로부터 타고난 수행의 습기를 의미함. 보통 9가지로 나눔.

진언과 수인집|mantra & mudra|

◎기본수인

여섯가지 권인|拳印|

1. 연화권|蓮華拳|

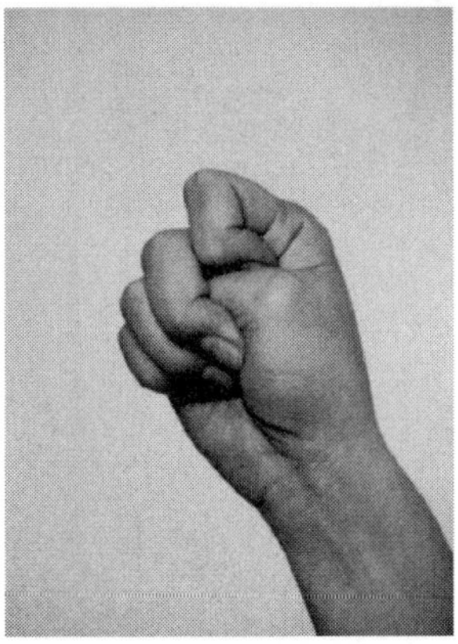

2. 금강권|金剛拳|

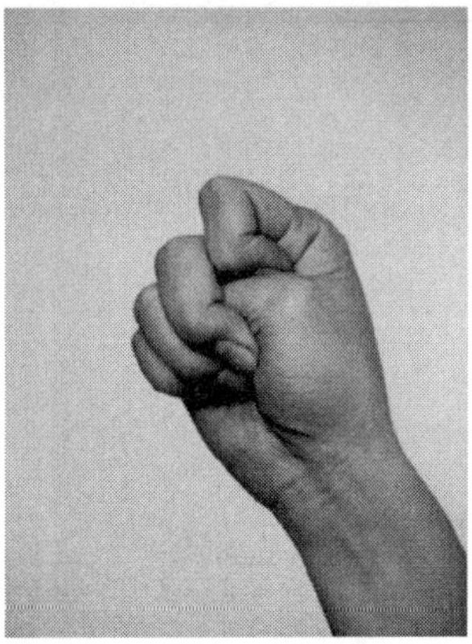

3. 외박권|外縛拳|

4. 내박권|內縛拳|

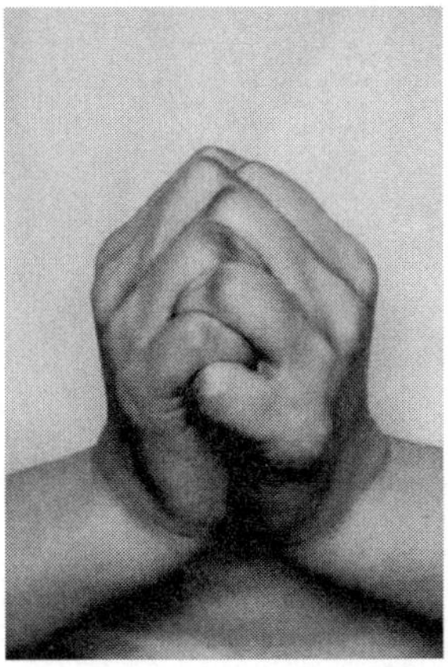

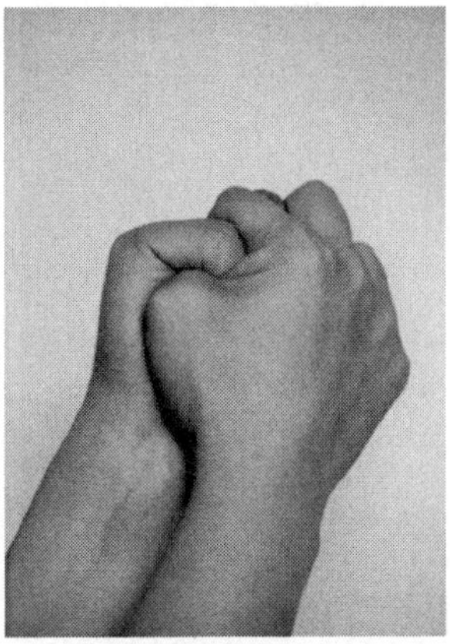

5. 분노권 | 忿怒拳 |

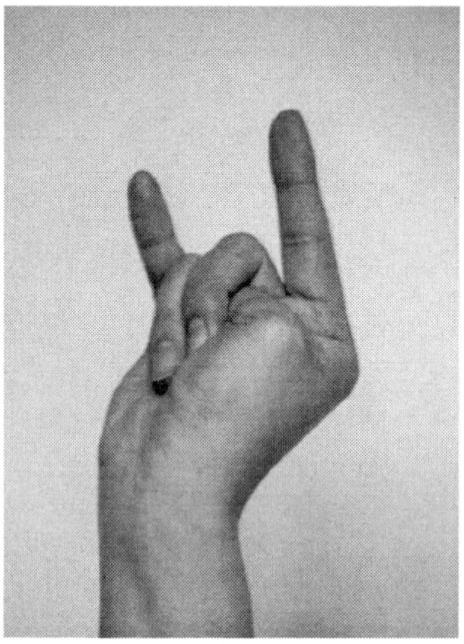

6. 여래권 | 如來拳 |

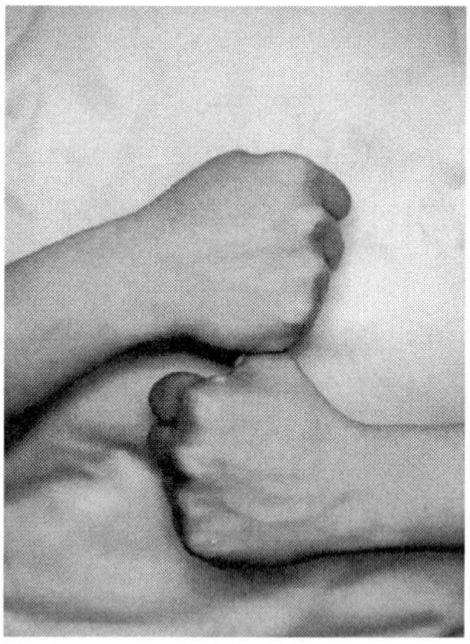

열 두가지 합장

1. 견실심합장 | 堅實心合掌 |

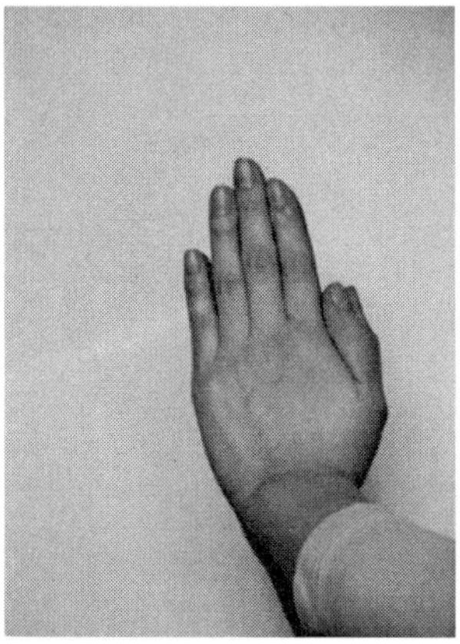

2. 허심합장 | 虛心合掌 |

3.미부연화합장|未敷蓮華合掌|

4.초할연화합장|初割蓮華合掌|

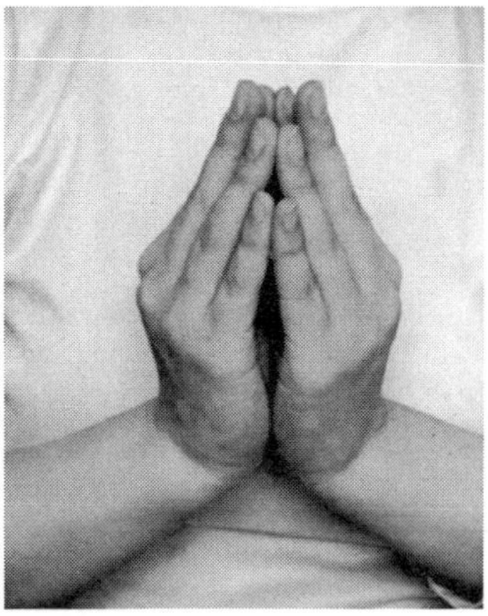

5. 수로합장|受露合掌|

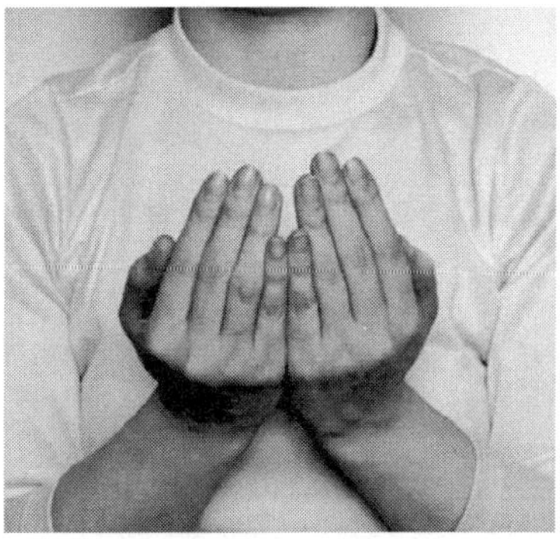

6. 지수합장|持水合掌|

7. 금강합장|金剛合掌|

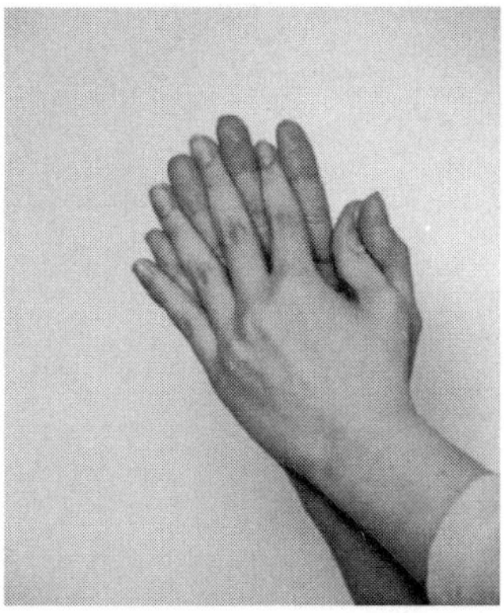

8. 반차합장|反叉合掌|

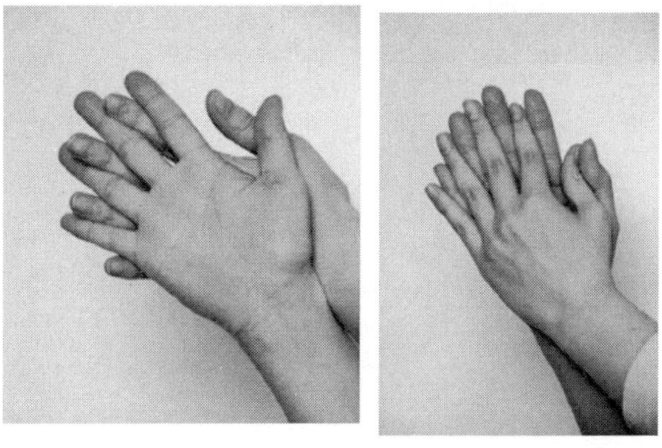

9. 반배호상착합장
|反背互相着合掌|

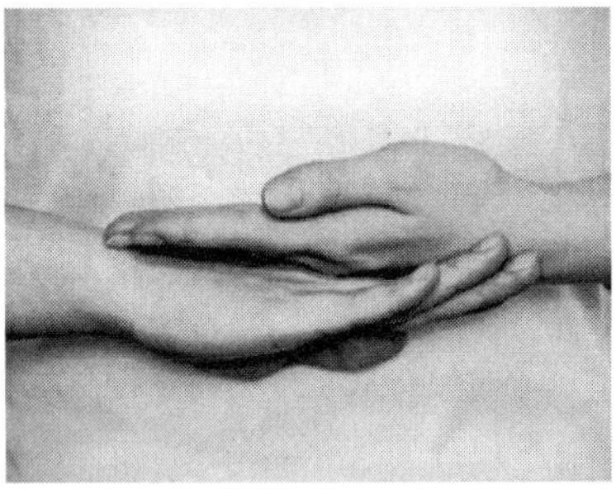

10. 횡지|橫指|합장

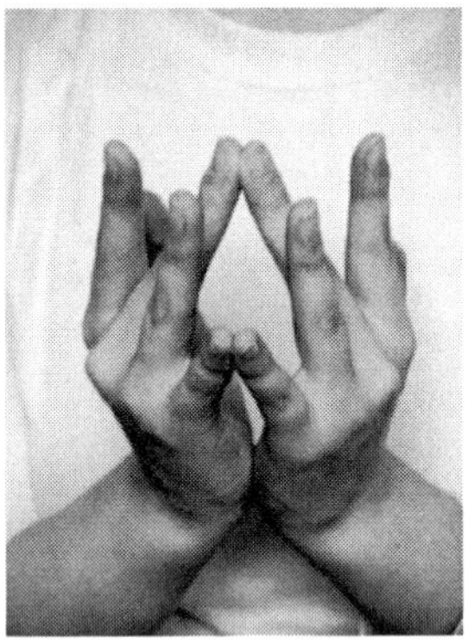

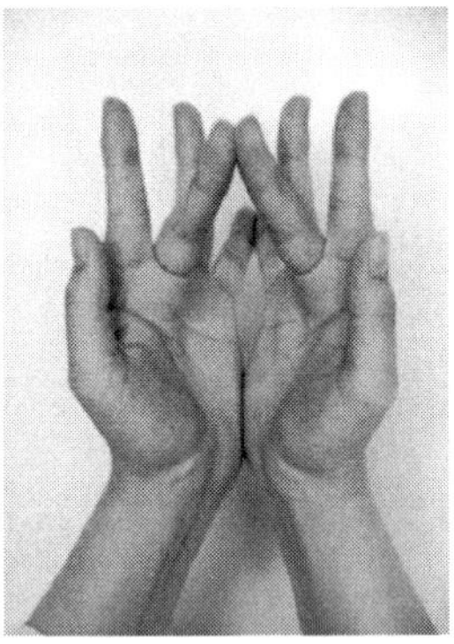

11. 복수향하합장|覆手向下合掌|

12. 복수합장|覆手合掌|

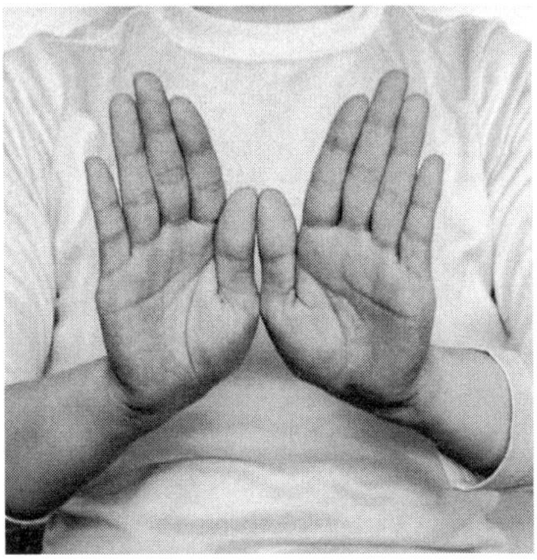

1. 보리 심진언|菩提心眞言|

나맣 사만따 붓다남 아

|namaḥ samanta-buddhānām a|

보리심을 나타내는 진언|眞言| 이기도 하고 비로차나 여래의 종자진언 이기도 하다. "나맣 사만따 붓다남"이란 모든 불보살님께 귀명한다는 뜻이다. 앞으로 이 문구가 많이 나오게 될 것이다. 주로 진언의 앞에 많이 들어가는데 그것은 모든 불보살님께 먼저 몸과 마음을 바쳐 귀의한다는 의미다.

그런데 우리나라에서는 이 진언을 "나모 사만다 모짜남"이라고 흔히 표기한다. 또한 많은 불자|佛子|들이 친근히 암송하는 반야심경의 "아제 아제 바라아제 바라승아제 모찌사바하"는 "가떼 가떼 빠라가떼 빠라상 가떼 보디 스봐하"가 원음|原音|에 가까운 한글 표기|表記|인 것이다. 이것은 범어를 그대로 따르지 않고 범어를 중국어로 발음한 것을 다시 한문으로 가차에서 이두식으로 표현하다보니 발음이 많이 틀리게 된 것이다. 사실 우리나라에서 유통되고 있는 다라니는 대부분 이런 식이어서 정확하게 발음되어 통용되는 것이 거의 없는 실정이다.

본래 진언은 그 뜻을 새기지 않는 것을 원칙으로 한다. 왜냐하면 진언의 본의는 그 뜻이 무궁무진하기 때문에 언설로 표현할 수 없다고 경전에 명시되어 있다. 단지 불법을 깊이 깨달은 스님이나 보살만이 그 뜻을 새겨도 된다고 한다. 여기에도 뜻을 명시해 놓지만 그 충분한 자의는 되지 못함을 밝혀두는 바이다. 마지막 글자인 '아'자는 그 뜻이 무궁무진해서 자의를 밝히기 힘들다 그러나 간단히 표현하면 본불생|本不生|이란 뜻을 내포하고 있다. 본불생이란 본래 태어나지 않았다는 것을 의미하는데 그 말은 멸하지도 않는다는 것을 함축하고 있다.

말하자면 불법의 요체를 함축하고 있는 단어이다. 불법의 최고 목표가 태어나지도 죽지도 않는 법을 얻는 것인데 이것을 무생법인이라 한다. 무생 즉 태어나지 않음을 뜻하는데 법인과 함께 쓰면 태어나지 않는 법을 얻었음을 의미한다.

태어난 모든 생물은 죽음으로 그 종말을 맺게 마련이다. 만약 태어나지 않을 수 있다면 죽지 않을 수 있다. 그렇다고 그 존재의 의미가 완전히 퇴색하지 않은 상태에서 말이다.

불법은 언설로 문자로 표현할 수 없다. 그래서 부처님께서는 불립문자 교외별전이라고 법을 표현해 놓으셨다.
'아'자는 그 모든 의미를 함축하고 있는 진언이며 불교의 가장 핵심을 함장하고 있다고 해도 과언이 아니다.
다라니의 근본 체성은 공성이며 그 공성을 적절히 표현해 놓은 단어라 하겠다. 허공을 생각해보라 허공의 끝은 어디 이겠는가 만약 허공이 끝이 있다면 그 끝은 어떠한 모양을 하고 있는가? 이 허공과 마찬가지로 공을 표현한 '아'자 또한 그런 것이다. 허공이 실체가 없듯 그 모양에 이름을 붙인 것일 뿐 참된 실체는 없는 것처럼 '아'자 또한 그 실체가 없는데 '아'라고 명시 했을 뿐이다.
'아'자를 시작으로 해서 모든 다라니가 파생되었다. 사람이 세상에 태어날 때 그랬듯이 아~하는 울음으로 생명의 탄생을 알렸듯이 이 '아'자를 시점으로 해서 모든 다라니가 탄생하였다.

수인- 금강합장

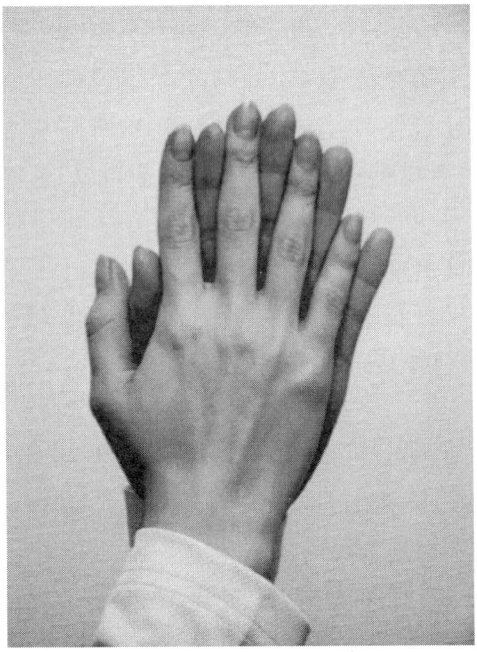

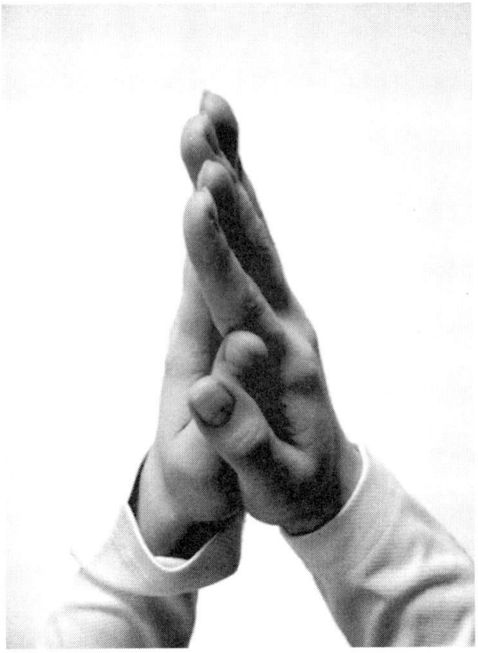

2. 성보리|成菩提|진언

나맣 사만따 붓다남 암

|namaḥ samanta-buddhānām aṃ|

'암'자는 '아'자에 보리점을 더한 것으로서 수행의 완성을 의미하며, 또 '공|空|'의 체득을 의미하기도 한다. 즉 보리|菩提|의 증득, 성보리|成菩提|, 일체 진언의 마음을 나타낸다.

수행자가 수행이 완성되어 법의 바퀴를 굴리려고 하는 것이 설법을 하는 것인데 설법을 하는 것을 상서로운 큰 나팔을 부는 것에 비유하여 이 진언은 '길상법라|吉祥法螺|' 진언이라고도 하며, 수행자의 지덕이 어둠을 헤메이는 중생의 길잡이가 되어 주기 때문에 제암편명|除暗遍明|하는 백광편조|百光遍照|의 진언이라고도 한다.

수인- 법라인을 결한 후 금강합장을 해서 정수리에 놓고 범어'암'자를 관한다.

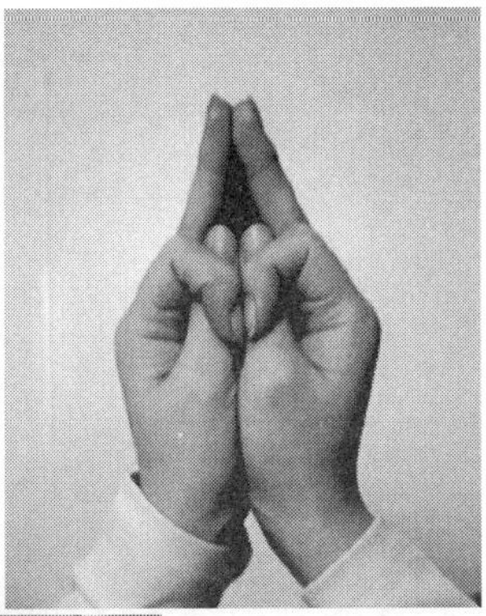
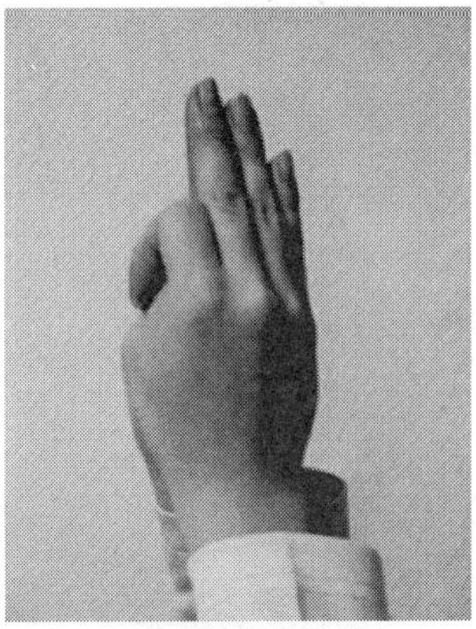

3. 일체여래지분생|一切如來支分生| 진언

나망 사만따 붓다남 암 앟 스봐하

|namaḥ samanta-buddhānām aṃ aḥ svāhā|

지분생이란 여래의 수족등 신체 일부의 움직임을 뜻하며, '암'자는 보리|菩提| '앟'자는 열반|涅槃|을 표시한 종자이다.
태장계만다라에는 보현보살을 뜻하는 다라니라 되어 있다.

수인- 지분생인|支分生印|, 연화합장 후 두 엄지를 나란히 세워 그 끝을 조금 구부린다.

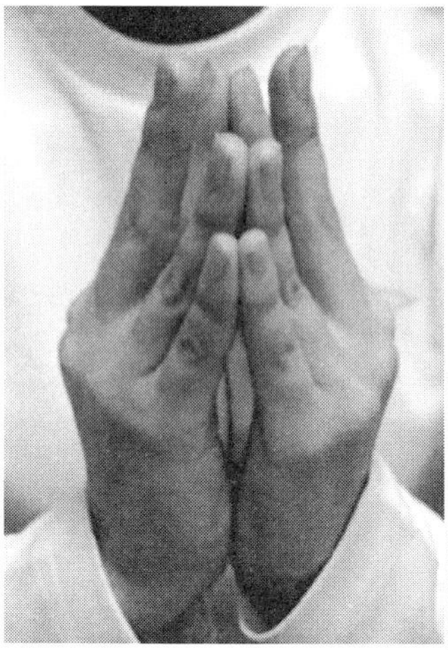

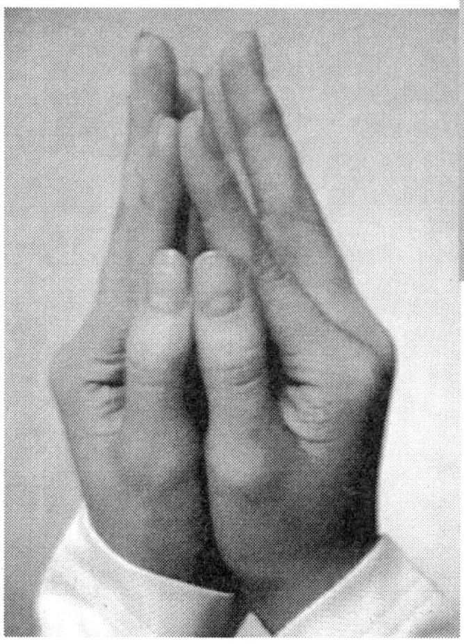

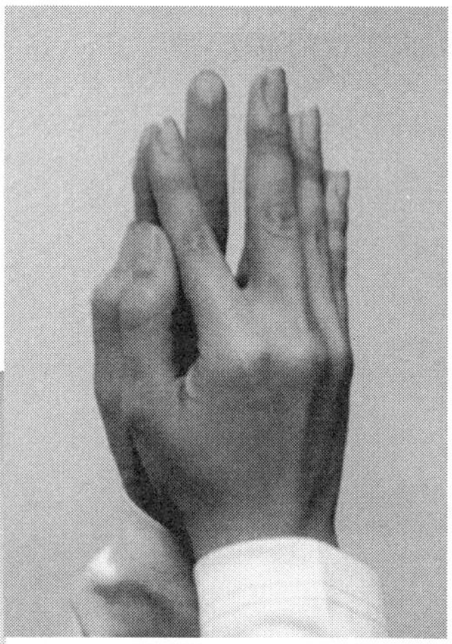

4. 만의천자|滿意天子|진언

나맣 사만따 붓다남 아 옴 하 하 니디뱍 스봐하

|namaḥ samanta-buddhānām a oṃ ha ha nidhibhyaḥ svāhā|

만의천자는 오정거천의 하나이다. 의생천자라고도 한다.

수인- 지화인|持華印|, 엄지와 검지를 쥐고 나머지 손가락은 펴서 세운다.

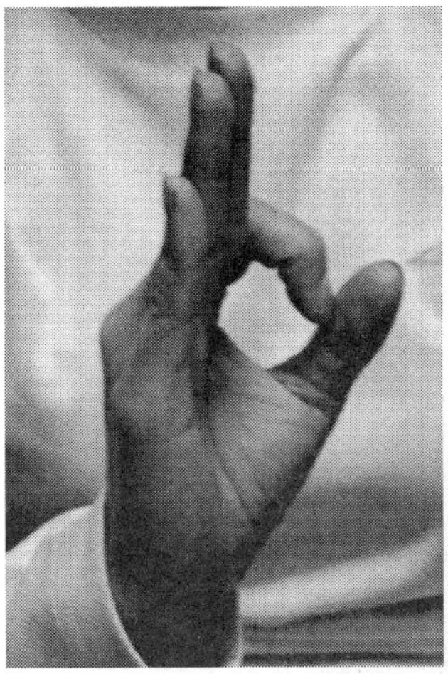

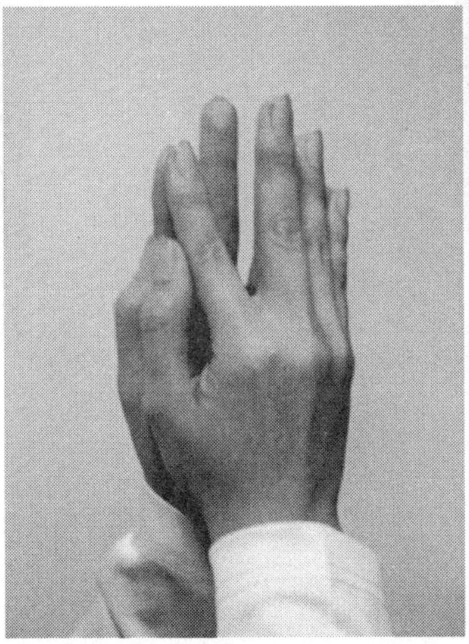

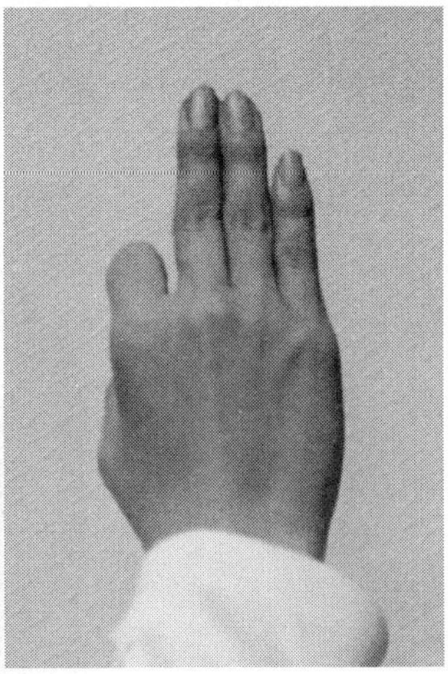

5. 아축여래|阿閦如來| 진언

옴 아끄쇼비야 훔

|oṃ akṣobhya hūṃ|

금강계만다라 가운데 갈마회|羯磨會| 아축여래의 진언이다. 촉지인을 한채 이 진언을 외면 부동심을 얻어 확고부동한 마음을 유지해 일체의 유혹을 뿌리치고 깨달음을 얻을 수 있다.

석가모니 부처님께서도 이 수인을 통해 깨달음을 얻었다고 한다.

수인- 항마촉지인|降魔觸地印|, 오른손 다섯 손가락을 펴서 오른 무릎위에 두고 땅에 살짝 닿듯이 내린다.

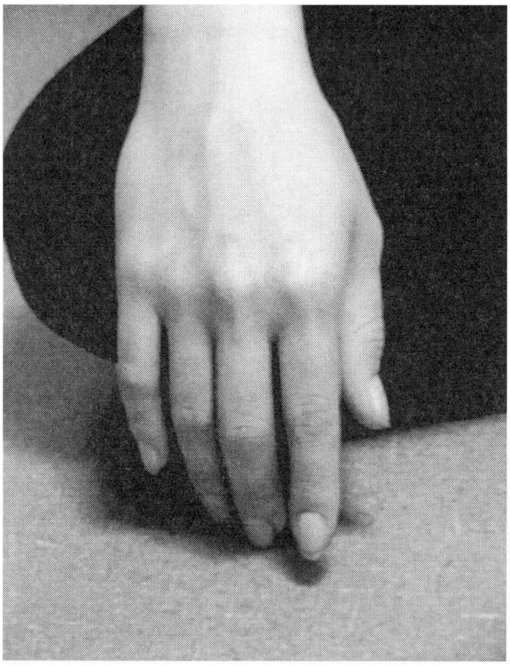

6. 화천|火天|진언

나맣 사만따 붓다남 아그나예 스봐하

|namaḥ samanta-buddhānām agnaye svāhā|

화천은 불의 신이다. 불을 관장하는 신으로서 우주의 모든 불을 다스린다고 한다. 불은 모든 것을 태우는 성질 때문에 밀교에서는 번뇌를 태우는 의미로 통용되고 있으며 법계를 정화하는 진언도 화륜종자인 '람'자를 쓰고 있다. 또 불은 위로 뜨는 성질이 있기 때문에 하늘에 공양 올리는 의식을 할 때 꼭 불을 사용하는데 불로 태우면 그 공물이 정화되어 하늘로 올라간다고 믿기 때문이다.
그래서 화천은 공물을 지상에서 하늘로 옮기는 일을 맡고 있기도 하다.
이 의식을 호마의식이라 하는데 이 의식의 주체가 화천이 되는 것이다.
호마의식을 할 때 화로|火爐|를 화천의 입으로 삼고 공양물을 화로에 넣는다. 또 오래전부터 동남방의 호방신|護方神|으로 여겨지고 있는데 이는 지수화풍|地水火風|의 사대신의 하나라 여겨지고 있기 때문이다.

태장계 만다라 속에서는 고행선의 모습을 하고 있는데 팔이 넷 달려 있는 것이 특징이다. 그 오른팔 둘은 가슴 앞에서 삼각인과 염주를 지니고 왼팔 둘은 무릎 앞에서 호리병과 신선이 들고 다니는 지팡이를 가지고 있다.

삼각인은 불을 상징하는 것으로 태장계만다라의 편지원 안에 있는 삼각인과 동일하다. 이는 비로차나부처님의 지용|智用|을 나타낸 것이다.

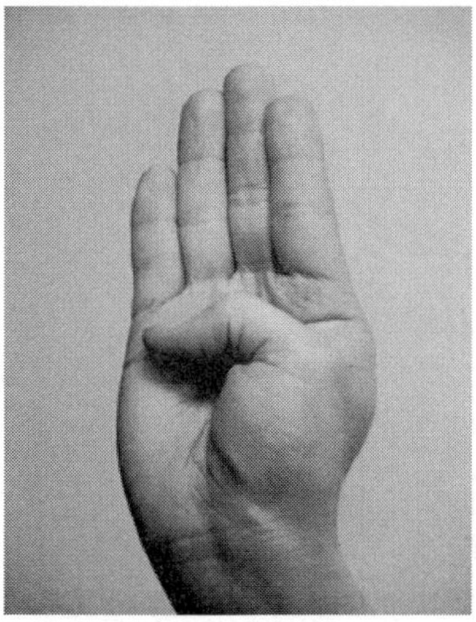

수인- 화천인|火天印|,오른손을 시무외인|施無畏印|으로 하고 엄지를 수평으로 펴서 손바닥에 붙인 모양이다.

7. 화천후|火天后|진언

나망 사만따 붓다남 아그나야이 스봐하

|namaḥ samanta-buddhānām agnayai svāhā|

화천의 아내를 뜻한다.

수인- 화천후인, 화천인에서 엄지손가락을 손바닥에 수평으로 펴 붙인 화천인에서 새끼손가락의 첫마디를 조금 구부린 모양이다.

8. 보산|寶傘|진언

옴 아짜라 훔

|oṃ acala hūṃ|

기계관|器界觀| 가운데 보산진언이다. 기계관이란 불국토를 관하는 것으로 세상은 지수화풍공의 오륜으로 만들어져 있고 큰 바다와 큰 거북이 수미산 칠금산을 마음으로 생각해, 그것들이 청정한바다와 금 거북이와 보배로 된 산으로 되는 것을 관상하는 것이다.

이것은 대해가 정보리심을 나타내고 금구가 열반, 보배산은 확고부동한 보리심을 나타낸 것이다.

수인- 양손을 합하여 내박인을 하고 이를 이마에 맞춘다.

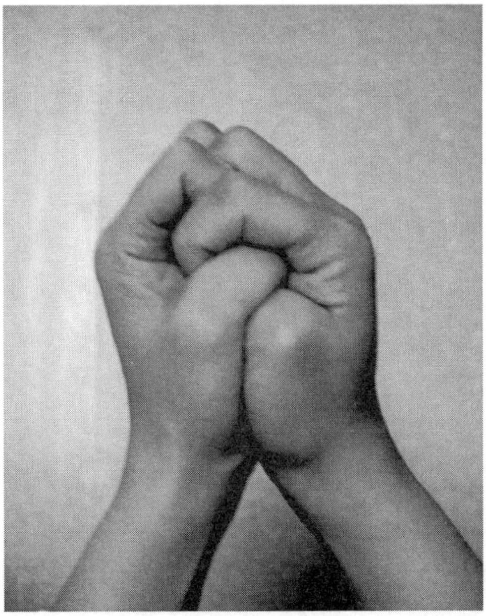

9. 여래변설|如來辨說|진언

나망 사만따 붓다남 아찐뜨얃 부따 루빠 봐짬 삼만따 쁘랍따 뷔숟다 스봐라 스봐하

|namaḥ samanta-buddhānām acintyādbhūta-rūpa-vācaṃ sa manta-prāpta viśuddha-svara svāhā|

여래변설은 여래의 무한한 지력|智力|을 말로 표현하는 변재력으로 이는 여래 무애지|無礙智|의 표현이다.
다시 말하면 '공|空|'의 체득에서 얻은 깨달음의 경계를 표현한 것이다.

수인- 허심합장 후 두 번째 손가락 검지의 머리 부분을 구부려 가운데 손가락의 세 번째 마디를 누르고 두 엄지를 움직여 흔드는 모양인데 이때 두 검지는 치아를 나타내고, 두 엄지는 혀를 나타내며 흔드는 것은 변설을 의미하는 것이다.

10. 미륵보살|彌勒菩薩|진언

나맣 사만따 붓다남 아지땀 자야 사르봐 사뜨봐샤야누가따 스봐하

|namaḥ samanta-buddhānām ajitaṃ-jaya sarva- sattvāśayā nugada svāhā|

미륵보살은 자씨|慈氏|보살이라고도 하는데 이는 미륵보살이 태장계만다라속 중대팔엽원에서 비로차나여래의 자덕을 나타내기 때문이다. 또 자비의 탄생자라고도 한다.

경에 따르면 지금 미륵보살은 도솔천에서 천인들을 교화하고 있지만 불멸이후 약 56억 7천만년 후 다시 지상으로 내려와 도탄에 빠진 중생들을 구제하기로 되어있다.

이것은 말법세상이 되어 사바세계가 극도로 어지러워질 때 자비의 화신으로 다시금 불법의 기치를 세우기 위해서 미륵보살님께서 서원 세우신 바이다.

또 많은 이들이 스스로 미륵이라 칭하며 구세주라고 자칭하는데 경전에 의거하면 이들은 모두 사이비라 하겠다.

수인- 허심합장 후 두 검지를 구부려 두 중지의 아래에 놓는데 이를 도솔자인이라 하고, 다시 두 검지를 손바닥 가운데 넣고 두 엄지로 두 검지의 옆을 누른 모양이다.

11. 아질리선진언

나망 사만따 붓다남 아뜨라야 마하르심 스봐하

|namaḥ samanta-buddhānām atraya-maharṣiṃ svāhā|

아질리선|atri|은 화천의 다섯 권속이 되는 신선중의 하나이다. 탐식자로 불리기도 하는데 이는 번뇌를 먹어치운다는 의미에서 불리는 이명이다.

수인- 오른손을 시무외인|施無畏印|을 한 상태에서 엄지로 검지 옆을 누르는 모양이다.

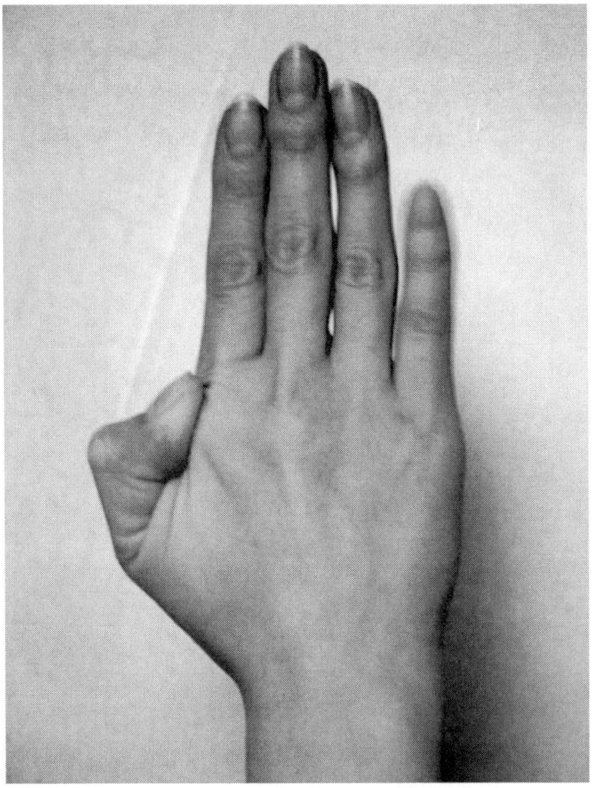

12. 무능승|無能勝|진언

나망 사만따 붓다남 아쁘라지떼 자얀띠 따디떼 스바하

|namaḥ samanta-buddhānām aprājite jayanti taḍite svāhā|

무능승|aprājite|은 아주 흉폭한 신|神|으로 주로 항마진언으로 사용되고 있다. 태장계만다라의 석가원에서 무능승명왕은 석가여래의 좌측에 안치되어 있으며 또 우측에는 그의 비|妃|인 무능승비가 안치되어 있다.

수인- 내박인을 결한 후 두 검지를 세워 조금 구부리고 검지 옆을 누르는 모양을 해 마치 구|口|처럼 만든 모양이다.

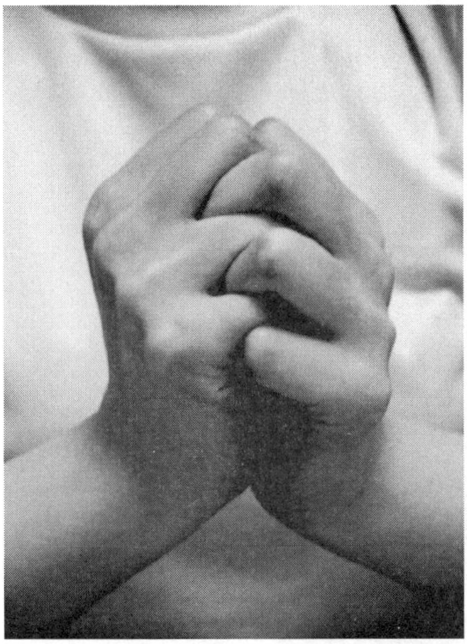

13. 수천|水天|진언

나망 사만따 붓다남 아빰 빠따예 스봐하

|namaḥ samanta-buddhānām apāṃ-pataye svāhā|

수천|varuna|은 서방세계의 수호신으로 하늘과 사람의 모든 신 가운데 왕이다. 또 우주의 모든 물을 지배하는 신으로 용족|龍族|을 권속으로 하는 용왕|龍王|이다.

수천진언은 주로 기우제를 지내는데 사용되어 왔고 농경문화인 중국이나 한국 일본등지에서 주로 많이 활용되었다.

수인- 내박 후 두 검지를 세워 합하여 둥근 모양을 한다.

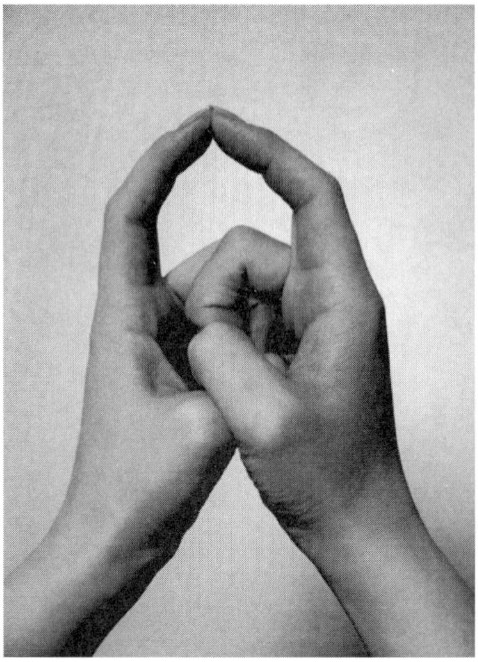

14. 쇄정|灑淨|진언

나망 사만따 붓다남 아쁘라띠삼메 가가나삼메 삼만따누가떼 쁘라끄르띠 뷔숟데 다르마 다뚜 뷔슈다네 스봐하

|namaḥ samanta-buddhānām apratisame gaganasame sam antānugate prakṛti-viśuddhe dharma-dhātu-viśudhane svāhā|

쇄정향수라고도 하는데 향수|香水|를 가지|加持|해 주문을 외면서 뿌리면 미세한 티끌도 정화된다고 한다.
호마법을 시행할 때는 쇄정이라 하고 일반적으로는 쇄수|灑水|또는 가지향수|加持香水|라 칭한다. 이 쇄정법을 통하여 모든 더러움과 번뇌를 정화하여 본성의 청정한 마음을 찾는다.
향수를 가지할 때는 이 수인을 짓고 주문을 외며 물이 담긴 그릇의 가장자리를 나뭇가지로 두드리며 물을 찍어 뿌리는데 3번 진언을 외며 3번 뿌린다.

수인- 왼손은 주먹을 쥐어 허리에 편안히 두고 오른손은 엄지를 검지의 첫마디에 붙여 나머지 손가락이 마치 삼고저|三鈷杵|모양이 되게 하는 것이다.

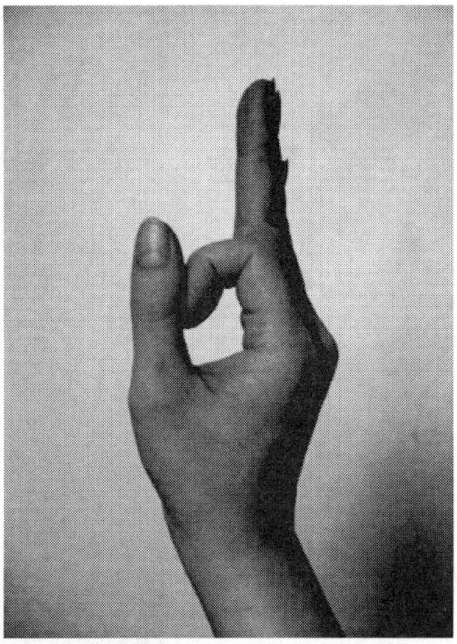

15. 제악취|除惡趣|진언

나망 사만따 붓다남 아뷴다라니 사뜨봐 다뚬 스봐하

|namaḥ samanta-buddhānām abhyuddhāraṇi sattva- dhātu ṃ svāhā|

제악취|apāyajaha|는 멸악취|滅惡趣|, 파악취|破惡趣|로도 불린다.
대일경소|大日經疏|13권에 따르면 많은 중생들이 무시이래로부터 무명속에 갇혀 3악도|三惡道|를 전전하며 고통을 받고 있는데 이를 불쌍히 여긴 제악취보살이 깨달음의 힘인 오력을 통하여 중생들을 이 악취로부터 구제하고자 서원을 세우고 사바세계에 나타났다고 한다.

수인- 오른손을 펴 위를 보게 하고 손가락 끝을 조금 구부려 올린모양이다.

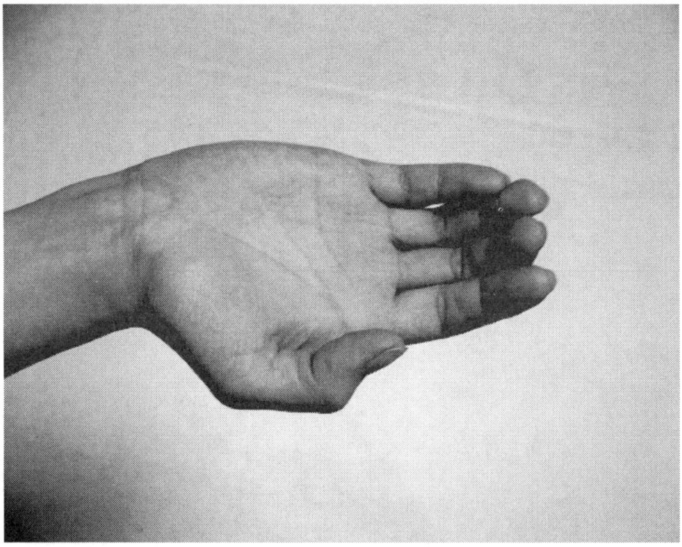

16. 시무외|施無畏|보살진언

나망 사만따 붓다남 아바얌 다다 스바하

|namaḥ samanta-buddhānām abayaṃ-dada svāhā|

시무외보살|施無畏菩薩|은 청정한 본성에 의지해 깨달음을 베푸는 데 중생이 어디 있건 찾아가 두려움 없이 자비를 베푸는 자다.

수인- 오른손을 펴서 올린 모양이다.

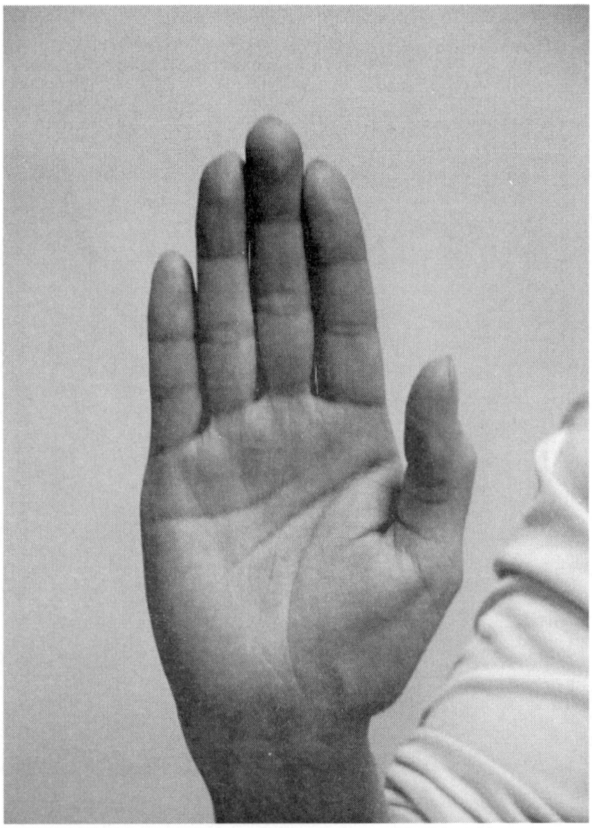

17. 여래갑주|如來甲冑|진언

옴 봐즈라 까봐쩨 봐즈라 꾸루 봐즈라 봐즈로 함

|oṃ vajra-kavace vajra kuru vajra-vajro ham|

금강계법의 호신진언가운데 하나이다. 삼고금강인|三股金剛印|을 결하여 이 진언을 하면 수행자의 몸과 마음에 금강의 갑옷이 입혀져서 몸과 마음을 보호하고 모든 장애로부터 벗어 날 수 있다고 한다.

수인- 허심합장해서 두 검지로 두 중지의 첫마디를 누르고 두 엄지는 나란히 세운 모양이다.

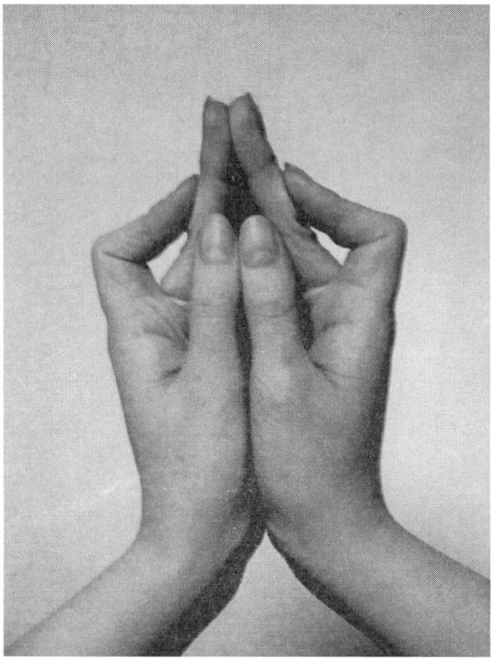

18. 감로군다리명왕|甘露軍荼利明王|진언

옴 암르떼 훔 파뜨

|oṃ amṛte hūṃ phaṭ|

감로군다리명왕은 일체의 마와 번뇌 더러움을 물리치는 존이기 때문에, 보통 일체의 장애를 없애는 데 사용되는 진언이다. 또 이 진언을 외 향수에 가지하여 뿌리면 일체의 더러움이 정화되어 청정하게 된다.

수인- 오른손을 펴서 엄지와 약지를 서로 맞잡은 모양이다.

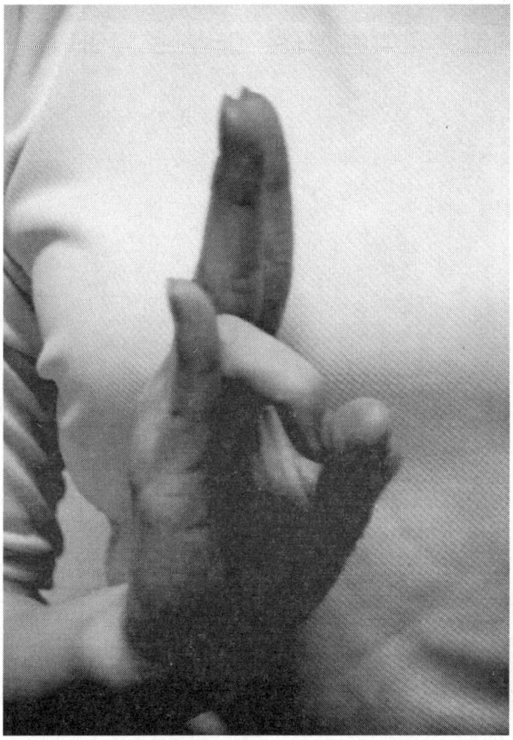

19.여래배꼽진언

나망 사만따 붓다남 암르또드바봐 스봐하

|namaḥ samanta-buddhānām amṛtodbhava svāhā|

감로|amṛta|는 여래지의 별칭으로 부처님의 지혜는 일체중생의 번뇌를 제거하고 불생불멸의 지혜를 얻게 할 수 있기 때문에 감로를 맛본 사람은 무생법인을 얻는다.

여기서 여래 배꼽은 지혜를 따라 여래의 무한한 생명의 근원을 얻는 일을 나타낸다.

수인- 내박권을 결한 후 엄지를 교차하여, 양손 검지, 중지, 약지를 각각 펴서 세우고 세끼손가락은 서로 붙인 모양이다.

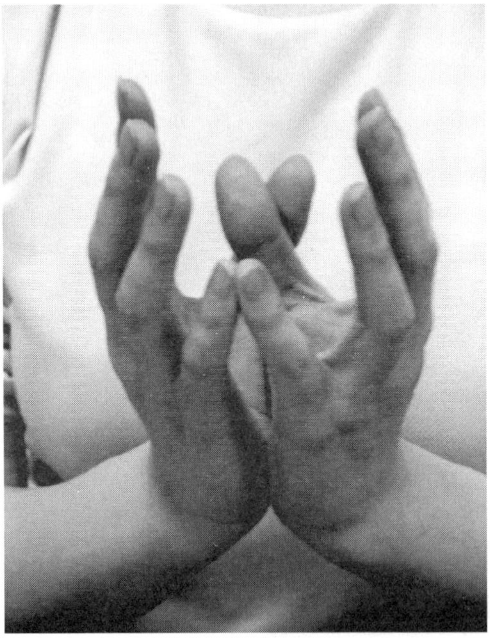

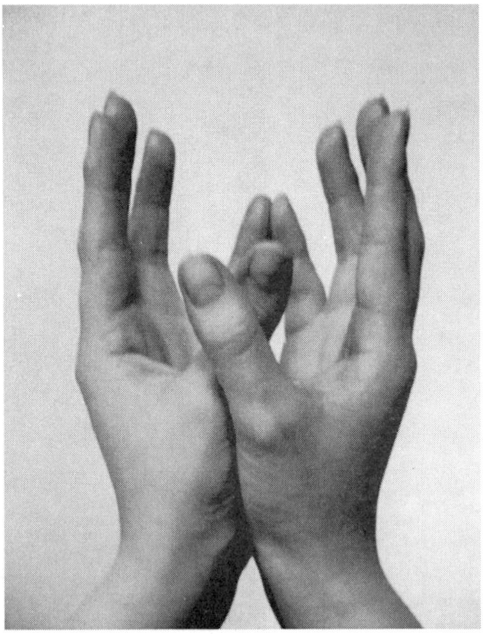

20. 마두명왕|馬頭明王|진언

옴 암르또드바와 훔 파뜨 스봐하

|oṃ amṛtodbhava hūṃ phaṭ svāhā|

마두명왕|hayagrīva|은 바라문교의 위슈메신의 화신이라 전해지는데 말이 풀을 잘 먹는 것에 비유해 번뇌의 풀을 잘 먹어치운다는 의미에서 밀교의 한 존으로 받아들여 지고 있다.

대일경소에는 분노명왕이라 설명하고 연화부의 명왕이라고 되어 있다. 번뇌와 싸우고 번뇌를 먹고 일체를 정화하는 힘 때문에 결계법|結界法|으로 사용한다.

수인- 합장해서 두 약지를 손바닥 가운데 넣고 두 검지는 구부려 투구처럼 하고 엄지를 세워 검지와 약간 띄워 세우고 중지와 새끼손가락은 세워서 맞붙인 모양이다.

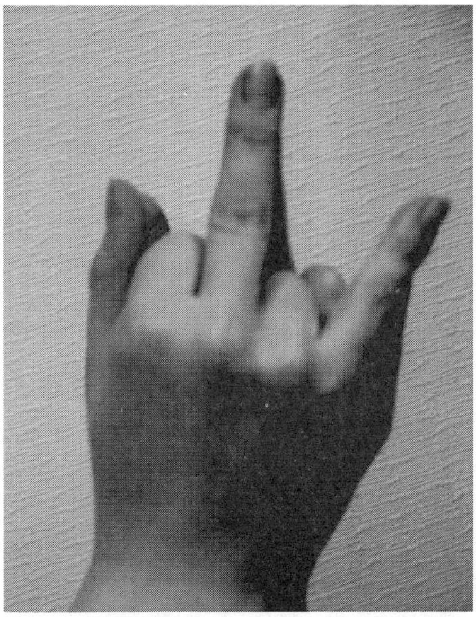

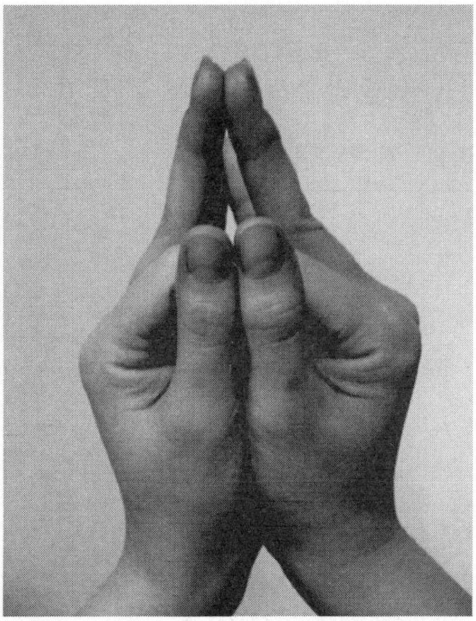

21. 보공양|普供養|진언

옴 아모가 뿌자 마니 빠드마 봐즈레 따타가따 뷔로끼떼 사만따 쁘라사라 훔

|oṃ amogha-pūja maṇi-padma-vajre tathāgata-vilokite samanta-prasara hūṃ|

보공양은 보공양가지|普供養加持|, 보공양일체성중|普供養一切聖衆|, 광대마니공양|廣大磨尼供養|이라고도 한다. 이 진언과 함께 성중|聖衆|께 공양 올리면 공양의 공덕이 커지며 마치 우주에 가득 찬 공양물을 올리는 것처럼 공양의 복도 함께 늘어나 행자도 무량한 복력이 갖추어 진다.

이렇게 올린 공양에 의해 보부|寶部|와 연화부|蓮華部|, 금강부|金剛部|의 덕이 갖추어져 갈마부|羯磨部|가 완성된다.

수인- 금강합장 후 두 검지를 서로 붙여 보형으로 만들고 두 엄지는 나란히 세운 모양이다

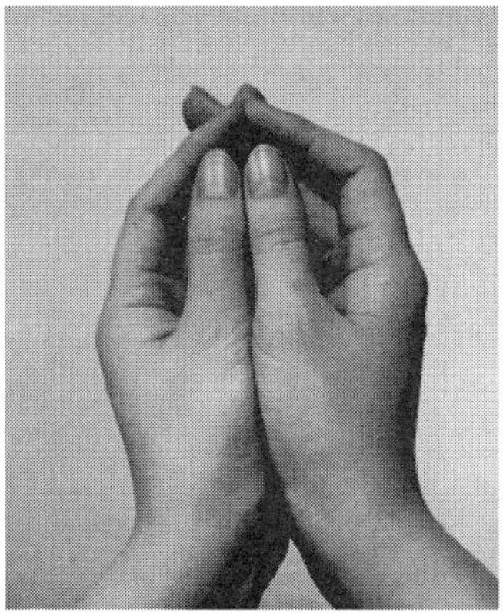
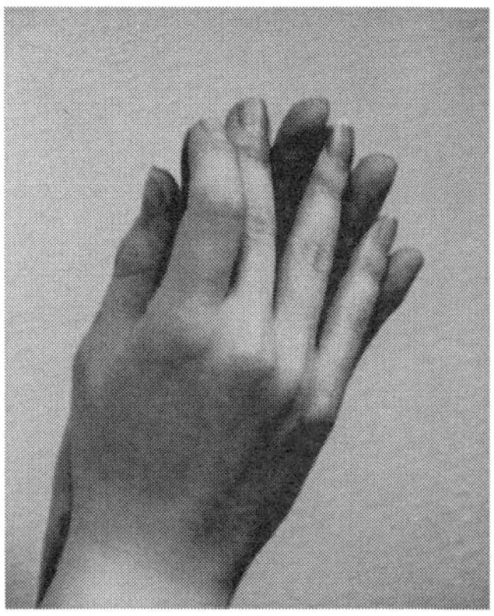

22.불공성취|不空成就|여래진언

옴 아모가 싣디 앟

|oṃ amogha siddhi aḥ|

금강계법 갈마회의 불공성취여래 진언이다. 불공성취는 모든 중생이 공들인 바가 헛되이 버려지지 않고 그대로 공들인 만큼의 과를 얻게 하겠다고 서원을 세우고 그 서원을 이룬 분이다.

또 실지금강|悉地金剛|이라고 하는데, 이는 모든 중생구제사업을 완성해 가는 갈마|羯磨|의 덕을 나타낸 것이며, 또 금강계만다라의 북방 주존|主尊|으로서 비로차나부처님 오지|五智|의 하나인 성소작지|成所作智|를 나타낸 존이기도 하다.

수인- 왼손은 위로하여 펴서 배꼽 앞에 가볍게 두고 오른손은 펴서 시무외인을 한다.

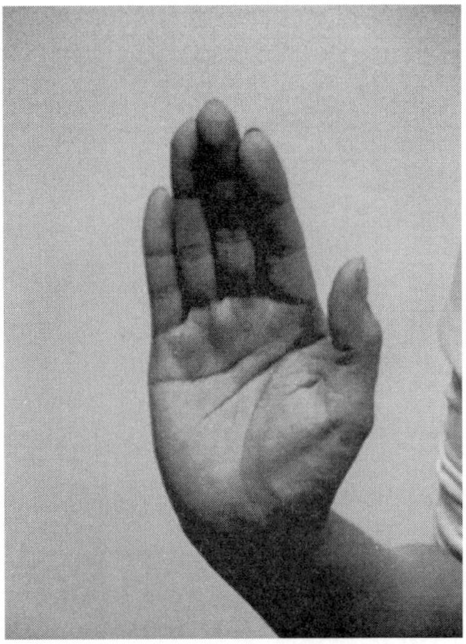

23. 계청가타|啓請伽陀|진언-|게송을 청하는 진언|

아얀뚜 사르붸 부봐나이까 사랗 쁘라나미땋 사사까토라 마랗 사끄사뜨 끄르따 아난따 바봐 스봐바봫 스봐얌부봐난따 바봐 스봐바봫

|ayantu sarve bhuvanaika-sārāḥ praṇamitāḥ śasakaṭhora -mārāḥ sākṣāt-kṛta-ananta-bhava-svabhāvāḥ svayam bhuvānanta -bhava-svabhāvāḥ|

계청가타는 금강계법에 사용되는 진언으로 십팔도|十八道| 소청|召請|에 해당된다.

계청은 미리 성존|聖尊|께 봉청|奉請|의 취지를 아뢰고 단|壇|의 문을 여는 진언과 함께 수인을 결하여 단문|壇門|을 열고, 계청가타의 진언과 수인을 결하여 존|尊|을 찬양한뒤 본존을 단상|壇上|에 모시고자 하는 것이다.

약출경|略出經|에 나와 있는 가타게송을 소개하면 다음과 같다.

바라나이다!
모든 이 가운데 제일 견실한 비밀자|秘密者|여!
원만히 폭악한 마|魔|의 무리를 꺾어 물리칠 수 있는 자여!
무변이자성|無邊離自性|을 나타내어 증명시킬 자여!
저희는 지금 구소|鉤召|하여 가르침의 옷을 입고자 청하나이다.
바라건 데 존이시여 구름처럼 모여서 이 자리에 오소서!

수인- 외박 후 두 중지를 세워서 서로 붙이고 두 검지는 벌려 갈고리처럼 한 모양이다.

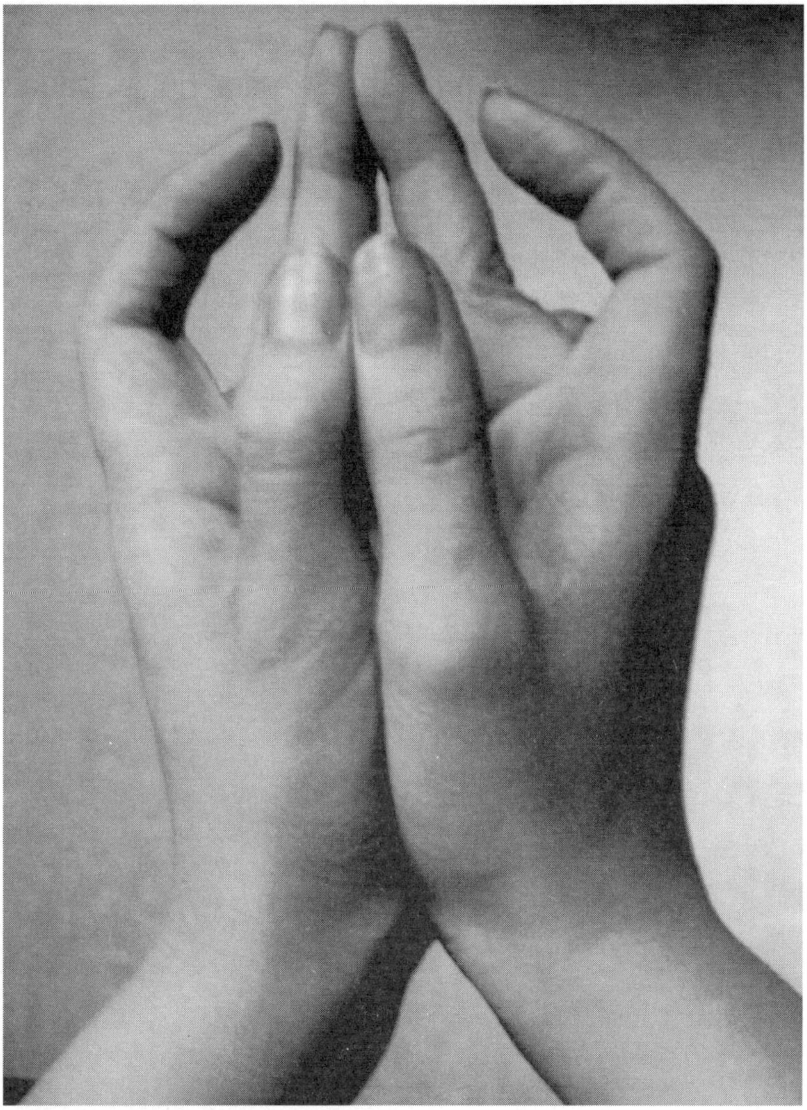

24. 음식|飮食|진언

나맣 사만따 붓다남 아라라 까라라 바림 다다미 바림 다데 마하 바릻 스봐하

|namaḥ samanta-buddhānām arara-karara balim dadami bal iṃ-dade mahā-baliḥ svāhā|

오공양의 하나로 밀교 의식에서 중요한 부분을 차지하는 것 중 하나이다. 모든 호마나 의궤작법에 앞서 공양의식이 따르는데, 이것에는 두 가지가 있다. 하나는 사|事|공양이요 또 하나는 이|理|공양이다.
사공양에는 다섯 가지 공물이 들어가야 하는데 향, 꽃, 음식, 물, 초(등)다. 여기서 음식은 행자가 존|尊|에게 올림으로 해서 존|尊|으로부터 깨달음의 법식|法食|을 얻는다는 의미가 있다.

수인- 허심합장 후 손바닥을 위로 하여 조금 벌리고 약지, 중지, 검지의 끝을 서로 닿게 하여 음식을 받들어 올리는 모양을 한다.

25. 금강당|金剛幢|진언

알타 쁘랍띨

|artha-prāptir|

금강정경에 나오는 금강당보살의 진언이다. 금강계|金剛界|법에는 삼매야회|三昧耶會|진언이라 나와 있다.

수인- 외박 후 두 검지를 세워 보형을 하고 두 엄지는 세우고 두 중지를 손안에 넣어 서로 걸고 두 약지와 두 새끼손가락은 세워서 서로 붙인 모양이다.

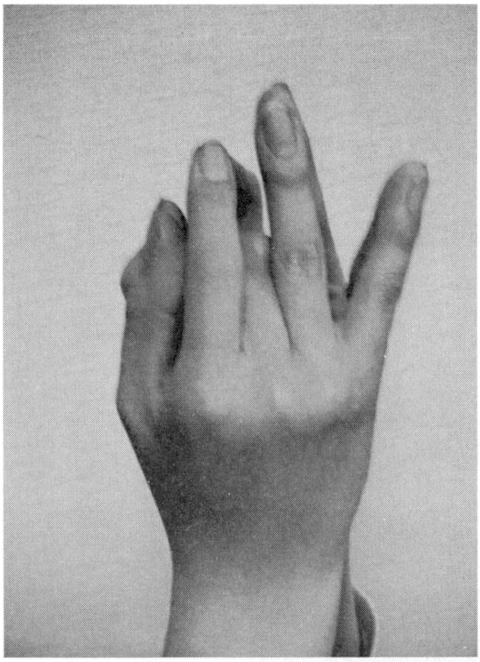

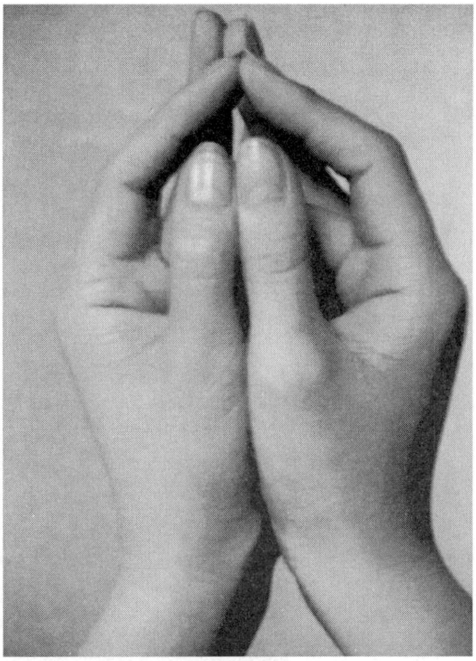

26. 소청|召請|진언

옴 아로륵 에혜히 스봐하

|oṃ alolik ehyehi svāhā|

소청진언은 작법할 때 계청으로 먼저 존을 찬양하고 도량의 허공에 왕림하신 본존|本尊|을 단상|壇上|으로 영접하여 모시는 다라니이다.
소청인|召請印|을 결하여 세 번 다라니를 왼다.

수인- 내박 후 오른쪽의 엄지를 세운 모양이다.

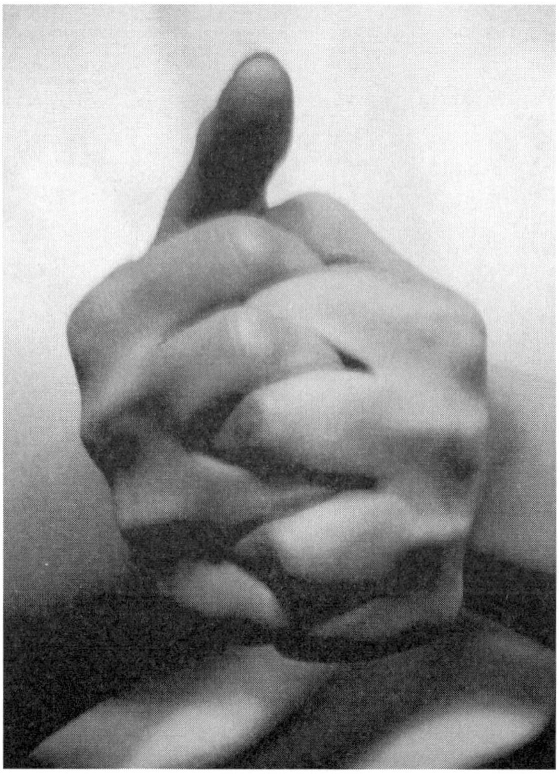

27. 편음천자|遍音天子|진언

옴|나망 사만따 붓다남|아봐스봐레뱌 스봐하

oṃ|namaḥ samanta-buddhānām| avasvarebhyaḥ svāhā

편음천은 오정거천의 하나이다. 세상의 모든 소리를 관장하는 신이다.

수인- 두 손을 각각 펴서 엄지와 약지를 조금 틀어 서로 붙이고 검지와 중지로 양쪽 귀를 덮는다.

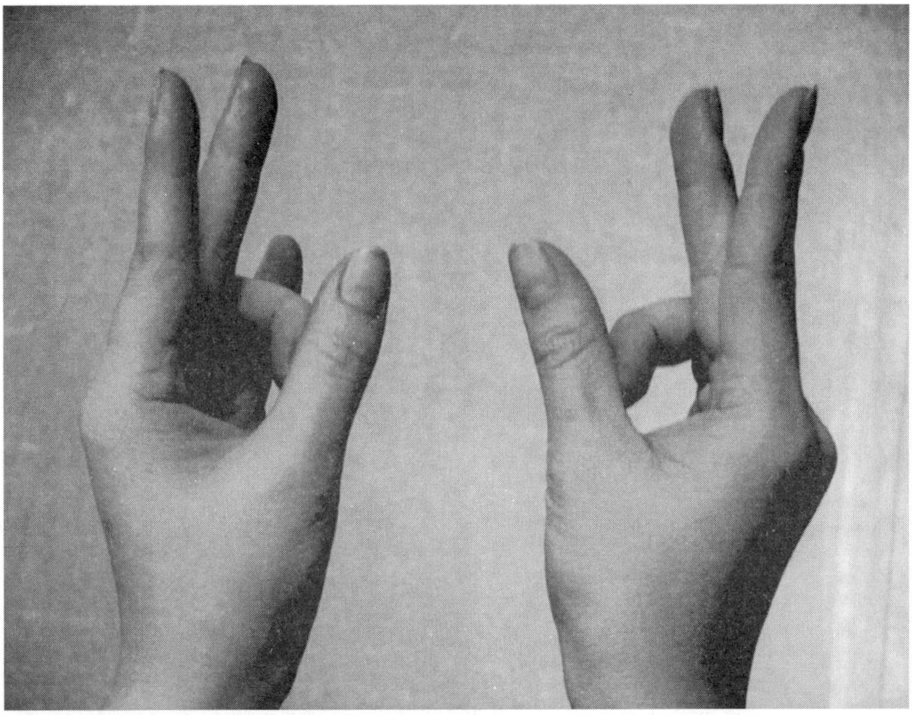

28.금강계만다라사인회|金剛界曼茶羅四印會|진언

아뷔 다봐떼 메 사뜨 사르봐 따타가땀샤 짜 뷔드야디가마 삼봐람 삼부땀.

|avidyāṃ dhāvate me sattvāḥ sarva-tathāgatāṃś ca vidhyādhi gama-saṃvarāṃ sambhūtām|

금강계만다라 사인회의 금강업보살|金剛業菩薩|진언이다.

수인- 두 손을 금강박으로 하여 중지를 손안에 넣어 서로 엄지와 새끼손가락은 서로붙이고 손을 조금 연 모양이다.

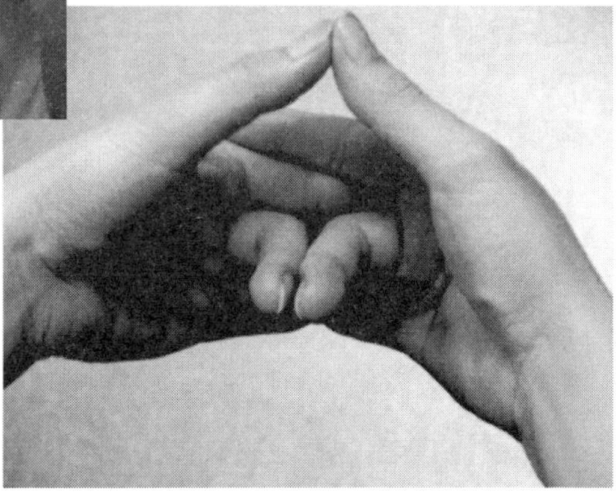

29. 금강염|金剛炎|진언

옴 아사막네 훔 파뜨

|oṃ asamāgne hūṃ phaṭ|

무마결계|無魔結界|를 견고히 하는 진언이다. 결계에는 금강궐|金剛橛|, 금강장|金剛牆-四方결계|, 금강망|金剛網|으로 사방과 위아래를 결계하지만 혹여 결계의 틈사이로 들어오려고 하는 마|魔|들을 결계 밖에서 화염장벽으로 태우는 진언이다.

또 자신의 번뇌를 태워 마음을 청정히 하는 진언이기도 하다.

수인- 두 손을 펴서 오른손이 밖으로 나오게 서로 겹치고 엄지 끝을 서로 붙인 모양이다.

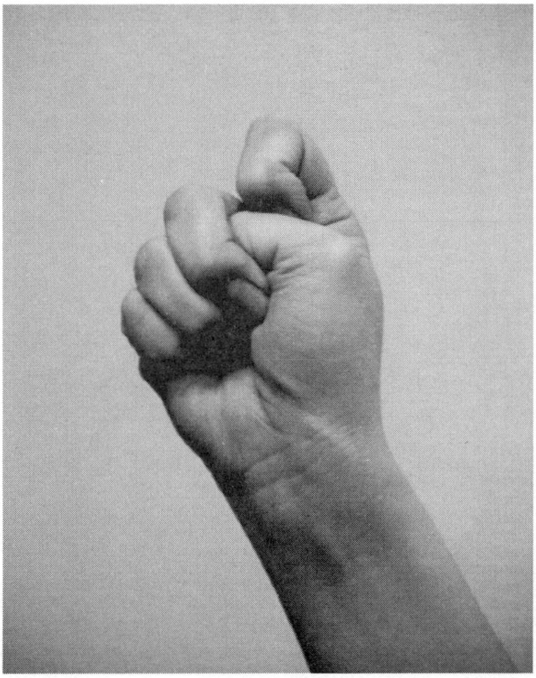

30. 입불삼매야|入佛三昧耶|진언

나망 사만따 붓다남 아삼메 뜨리삼메 삼마예 스봐하

|namaḥ samanta-buddhānām asame trisame samaye svāhā|

입불삼매야는 비밀|秘密|삼매야, 시삼매야|示三昧耶|라고도 한다. 이것은 태장계|胎藏界|법 총인|總印|의 진언으로서 행자가 부처님의 성태|聖胎|에 입주|入住|하고 행자의 삼업|三業|이 그대로 부처님의 삼밀|三密|로 정화되어 불신|佛身|을 얻는 것을 나타낸다.

따라서 태장법에서는 아주 중요한 진언이다.

수인- 허심합장 후 두 엄지를 나란히 세워 검지와 엄지 사이를 조금 벌린 모양이다.

허심합장한 네 손가락은 여의보|如意寶|의 몸을 나타내고 두 엄지는 보당을 나타낸다.

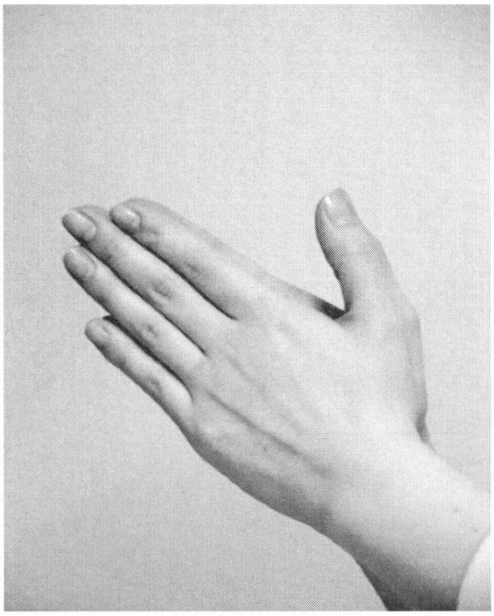

31.기계관|器界觀|진언-대연화왕|大蓮華王|진언

나망 사만따 붓다남 아 스봐하

|namaḥ samanta-buddhānām a svāhā|

대연화왕진언은 팔엽인|八葉印|을 결한체 왼다.
자신과 모든 것이 청정한 연꽃위에 있다고 관상한다.

수인- 두 손을 허심합장한 상태에서 엄지와 새끼손가락을 붙여두고 나머지 손가락을 활짝 펴 마치 연꽃이 활짝 핀 것처럼 한다.

32. 금강애|金剛愛|보살진언

아호 수카

|aho sukha|

사람들이 사랑에 쉽게 빠지는 것처럼 보살의 자비로 어리석은 중생들을 쉽게 불법에 물들게 하는 존|尊|이다.

수인-외박 후 두 엄지와 검지를 세워 서로 교차하여 붙인 모양이다.

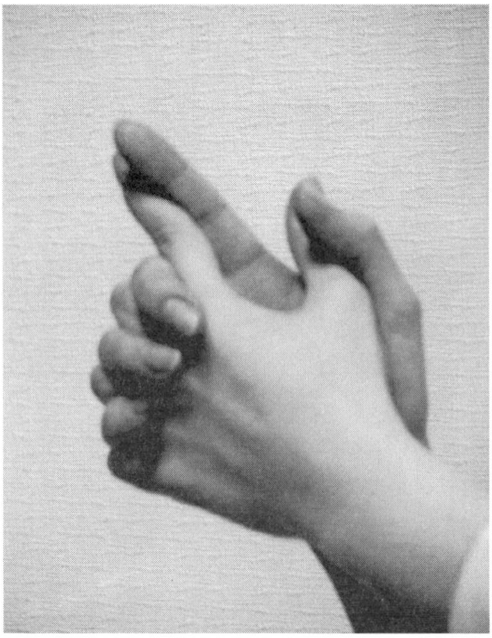

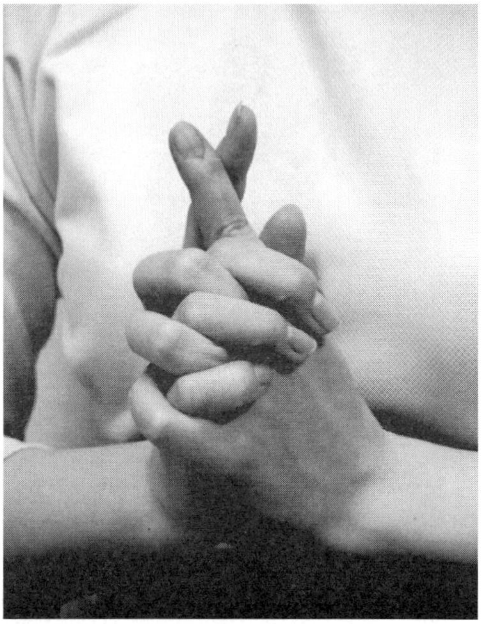

33. 연화좌|蓮華坐|진언

나망 사만따 붓다남 앙

|namaḥ samanta-buddhānām āḥ|

여래좌|如來座| 즉 금강불괴|金剛不壞|의 좌|座|를 나타낸 진언이다.

수인- 두 손을 허심합장한 상태에서 엄지와 새끼손가락을 붙여두고 나머지 손가락을 활짝 펴 마치 연꽃이 활짝 핀 것처럼 한다.

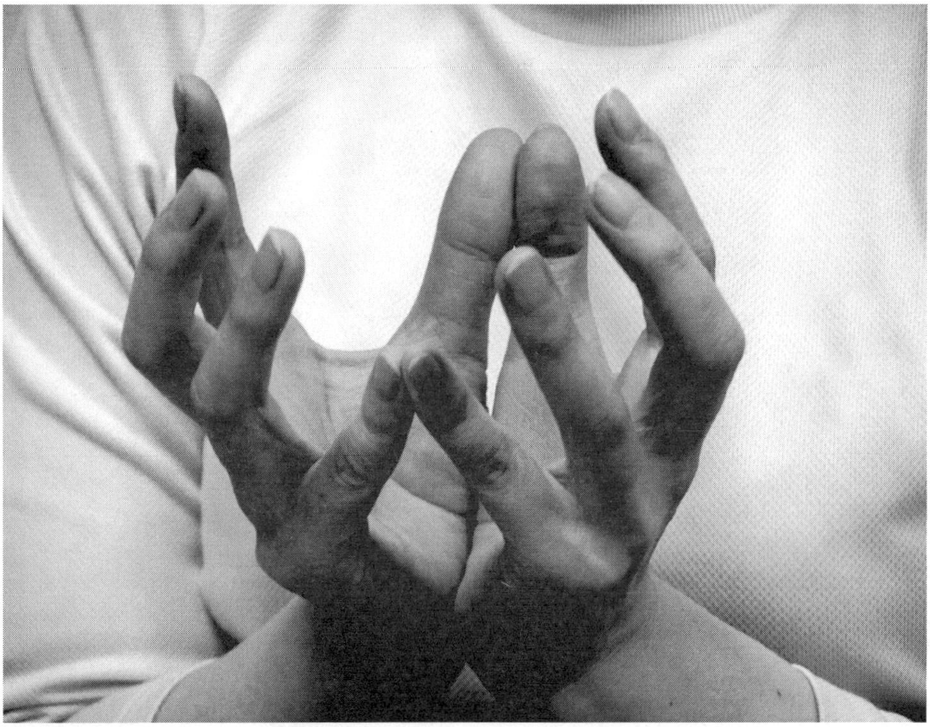

34. 불사의동자|不思議童子|진언

나망 사만따 붓다남 뷔스마야니예 스봐하

|namaḥ samanta-buddhānām āḥ vismayanīye svāhā|

불사의동자는 태장계만다라 문수원|胎藏界曼茶羅文殊院|의 남쪽에 위치한 오봉교자|五奉教者|중 하나이다.

수인- 내박해서 두 엄지를 두 검지로 잡는다.

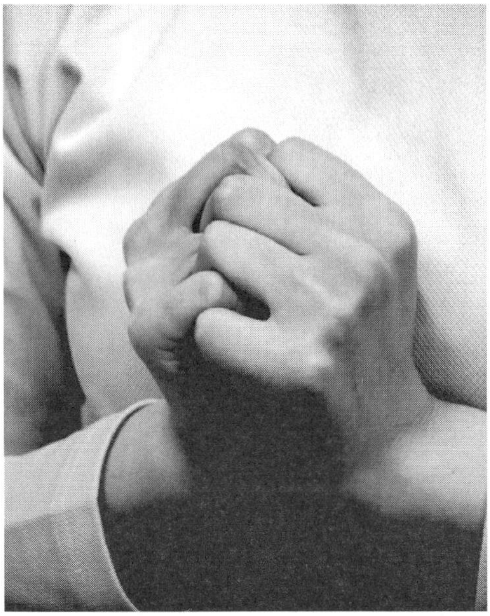

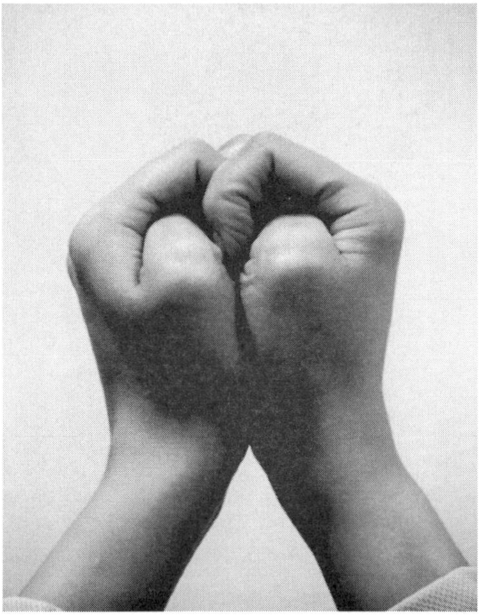

35. 제개장보살|除蓋障菩薩|진언

나망 사만따 붓다남 사뜨와 히따뷰드가따 뜨람 뜨람 람 람 스봐하

|namaḥ samanta-buddhānām āḥ sattva-hitābhyudgata traṃ traṃ raṃ raṃ svāhā|

태장계만다라 제계장원의 주존|主尊|으로 지용|智勇|을 가지고 일체의 장애를 제거한다.

수인- 허심합장 후 두 새끼손가락과 두 약지를 구부려 손에 넣고 두 중지와 두 검지를 나란히 세워 보주를 가진 것처럼 한다.

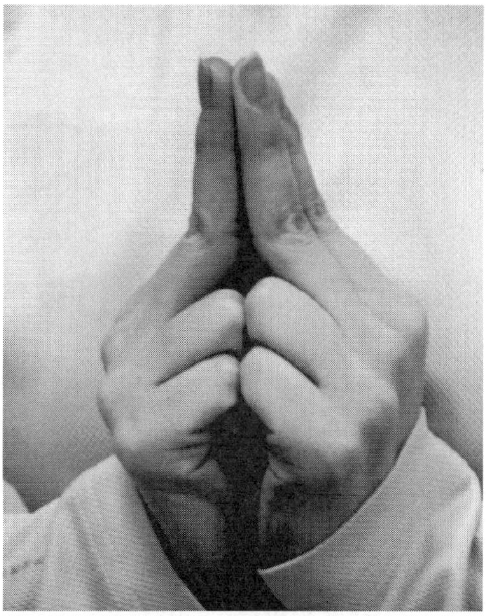

36. 금강구|金剛鉤|진언

나망 사만따 붓다남 앙 사르봐뜨라쁘라띠하따 따타가땅꾸샤 보디 짜르야 빠리뿌라까 스봐하

|namaḥ samanta-buddhānām āḥ sarvatrāpratihata tathāgatāṇ kuśa bodhi-carya-paripūraka svāhā|

여래섭소|如來攝召|의 덕|德|을 나타낸다. 이 진언을 염송하며 금강구인|金剛鉤印|을 결하면 제불보살이 도량에 왕림하시는데 그 공덕이 무량하여 대보리를 얻게 되며 많은 중생들을 불도에 들게 하여 고통에서 구제할 수 있게 된다고 한다.

수인- 내박 후 오른손 검지를 세워 갈고리 형태를 한 것이다.

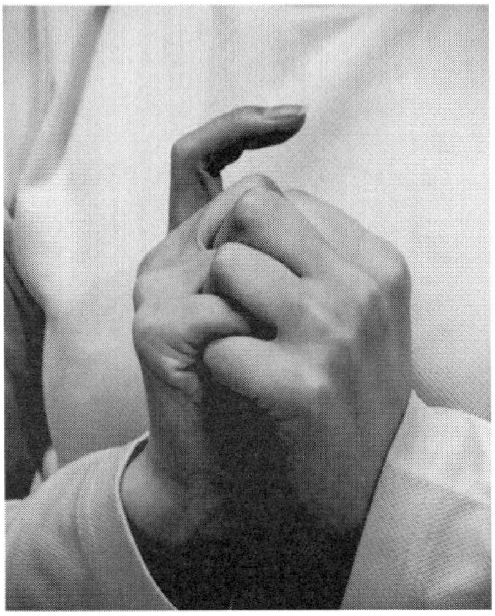

37. 본존가지|本尊加持|진언

나맣 사만따 븟다남 앟 함 잫

|namaḥ samanta-buddhānām āḥ haṃ jaḥ|

밀교 수행은 궁극적으로 수행자와 본존이 서로 입아아입|入我我入|하는 것이기 때문에 본존가지 진언이 중요하다.
또 호상장|毫相藏|진언이라고도 하는데 이는 여래의 미간백호|眉間白毫|의 상서러움을 일컫는 말이다.

수인- 오른손을 연화권 또는 금강권으로 해서 미간에 놓고 왼손은 가사의 끝을 쥐고 젖가슴 아래에 놓는다.

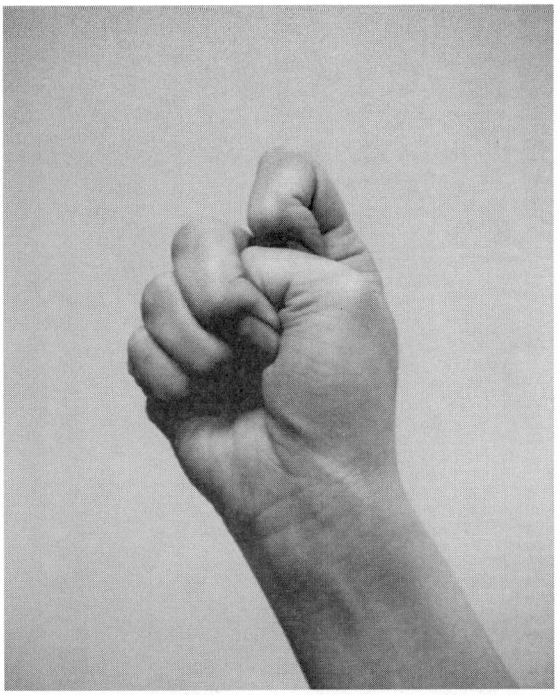

38. 소청동자|召請童子|진언

나망 사만따 붓다남 아까르샤야 사르봠 꾸루 아즈남 꾸마라 스야 스봐하

|namaḥ samanta-buddhānām ākarṣaya sarvāṃ kuru ājñāṃ kumārasya svāhā|

소청동자|ākarṣaṇī|는 문수보살의 5사자|使者|중 하나이며, 또 문수보살의 8대 동자중 하나이기도 하다.
문수보살은 지혜의 상징이다. 석가모니부처님의 협시보살이기도 하며, 석가모니부처님의 지혜를 대변하는 보살이다. 이 지혜로 모든 중생을 구제하는 방편을 얻어 가장 알맞은 설법으로 중생을 구제하신다.
문수보살님은 주로 동자의 모습을 하고 계시는데, 이는 중생에게 거부감 없이 다가가 자연스럽게 구제하려는 방편에서 나온 것이다.

수인- 오른손을 주먹 쥐고 검지를 펴 이것을 갈고리처럼 조금 구부린 모양이다.

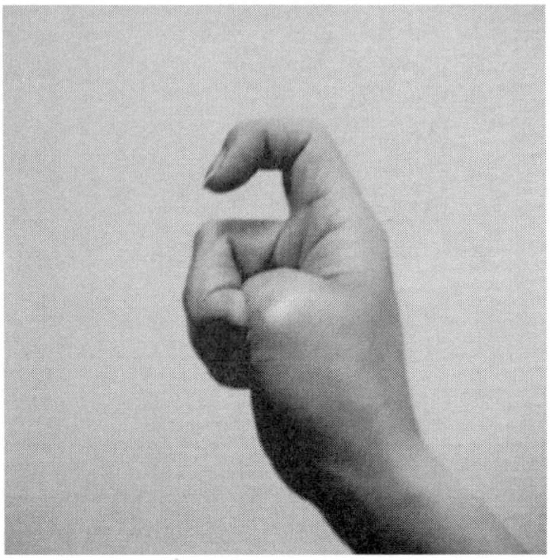

39. 허공장보살|虛空藏菩薩|진언

나망 사만따 붓다남 사만따누가따 뷔찌뜨람바라 다라 스봐하

|namaḥ samanta-buddhānām-samantānugata vicitrāmbara - dhara svāhā|

지혜의 창고가 마치 허공처럼 넓고 무한하여 허공장이라고 하며, 일체의 공덕을 포장|包藏|함이 허공과 같으므로 허공장이라 한다.

또 경에는 "실상혜장|實相慧藏|이 허공과 같다"고 되어 있다.

이 진언은 현상계의 모든 것을 공의 입장에서 관하라는 의미를 가지고 있다.

수인- 허공합장 후 두 엄지를 손바닥 가운데 넣고 두 검지로 두 엄지 위를 누른 모양이다.

40. 일천|日天|진언

나맣 사만따 붓다남 아디뜨야야 스봐하

|namaḥ samanta-buddhānām ādityāya svāhā|

일천은 열두 하늘 가운데 하나이며 태양을 신격화 한 것으로 태장계만다라가운데 금강부원의 동방에 있으며, 월화수목금토일의 칠요를 권속으로 하고 있다.
밀교에서는 어둠을 파괴하는 태양처럼 무지를 파괴하는 큰 지혜를 의미하며 또한 대자|大慈|의 육성을 의미하기도 한다.
대일경소에는 "항상 중생을 이롭게 하는 의|義|, 그것은 태양과 같다."고 되어 있다.
그 형상은 붉은 살색으로 좌우 손에 연꽃을 쥐고 다섯 마리 붉은 말이 끄는 수레를 타고 천의를 입고 있다.

수인- 두 손바닥을 모아 위로 향하게 펴 현로|顯露|합장한 상태에서 두 약지를 구부려 손 가운데 넣고 두 새끼손가락과 두 중지를 서로 붙이고 두 엄지로 구부린 두 약지의 옆을 누르며 두 검지를 열어 흩어지게 한 모양이다.

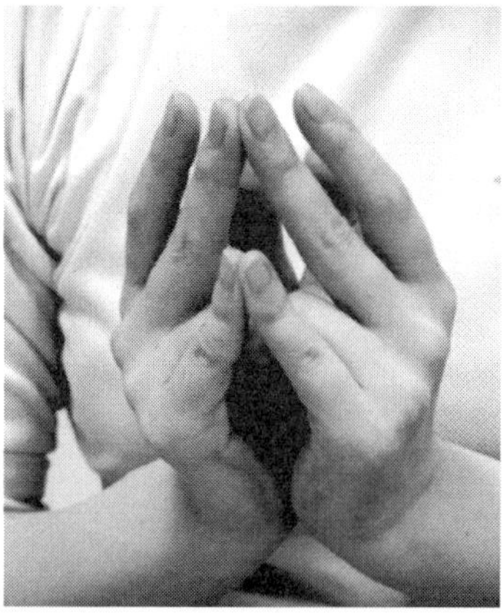

41. 금강왕|金剛王|보살진언

아나야스봐

|ānayasva|

금강왕보살은 금강계 만다라의 37존 가운데 한분으로 동방 아축불의 사친근|四親近|보살이다. 금강장|金剛藏|, 금강구왕|金剛鉤王|, 불공왕|不空王|, 묘각|妙覺|, 최상|最上|, 금강청인|金剛請引|이라고도 한다.

수인- 외박 후 두 검지를 세워 갈고리 형태로 한 모양이다.

42. 금강구|金剛鉤|보살진언

아나히 쟉

|ānāhi jaḥ|

금강계만다라의 37존 가운데 한분으로 집금강|集金剛|, 소집금강|召集金剛|이라고도 하는데 존의 이름처럼 모든 부처님과 보살님들을 부를 때 사용하는 진언이다.

수인- 외박 후 두 검지를 갈고리처럼 하여 주문을 세 번 왼다.

43. 문수보살|文殊菩薩|진언

나맣 사만따 붓다남 아 붸다 뷔데 스봐하

|namaḥ samanta-buddhānām ā veda-vide svāhā|

모든 부처님 법을 세간에 더욱 오래 머물 수 있도록 하는 문수보살의 진언이다. 문수보살은 상수보살로서 부처님 지혜의 대변자이며 길상 뜻하며 보현보살과 짝을 이루어 중생을 지혜와 방편으로 구제한다. 북방 상희세계|常喜世界|에 있는 환희장마니보적불이라고도 한다.

수인- 연화합장하여 두 중지를 살짝 벌린 모양이다.

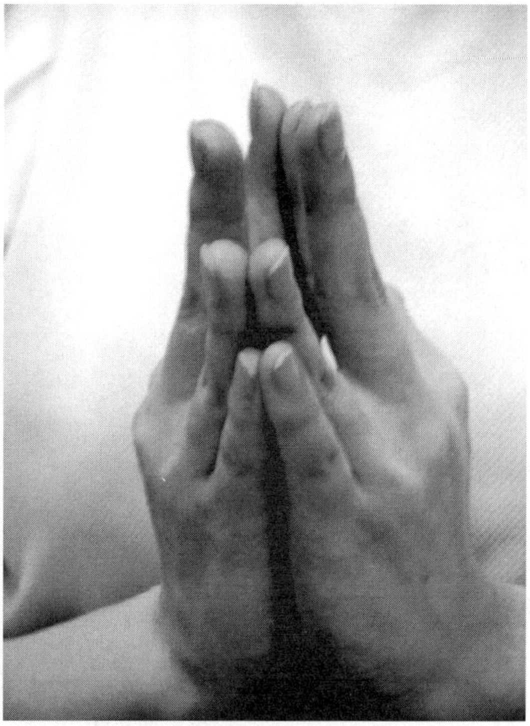

44. 금강색|金剛索|보살

아히 훔 훔

|āhi hūṃ hūṃ|

금강라색|金剛羅索|이라고도 하며 금강계만다라 37존 가운데 한분인데, '색'이란 명왕이나 보살등이 가지고 있는 법구의 하나로 쇠로 만든 밧줄을 의미하는데, 중생의 번뇌를 묶는 도구로 사용되고 있다. 밀호는 등인금강 혹은 자인금강이라고 한다.

수인- 외박인을 한 상태에서 오른손의 엄지와 검지를 고리처럼 둥글게 하여 왼손의 엄지를 잡은 모양이다.

45. 제열뇌보살|除熱惱菩薩|

나망 사만따 붓다남 이-

|namaḥ samanta-buddhānām ī|

제열뇌보살은 제개장보살|除蓋障菩薩|의 다른 모습으로 서원에 따른 자비의 힘이 번뇌장애의 열뇌|熱惱|를 제거하는 주력을 둔 존|尊|이다.
경에는 이존이"비력삼매|臂力三昧|를 가지고 생사광야|生死曠野|를 헤매이는 열뇌중생|熱惱衆生|을 인도 한다"고 설명하고 있다.

수인- 왼손을 펴서 밑으로 편안히 내린 모양을 한다.

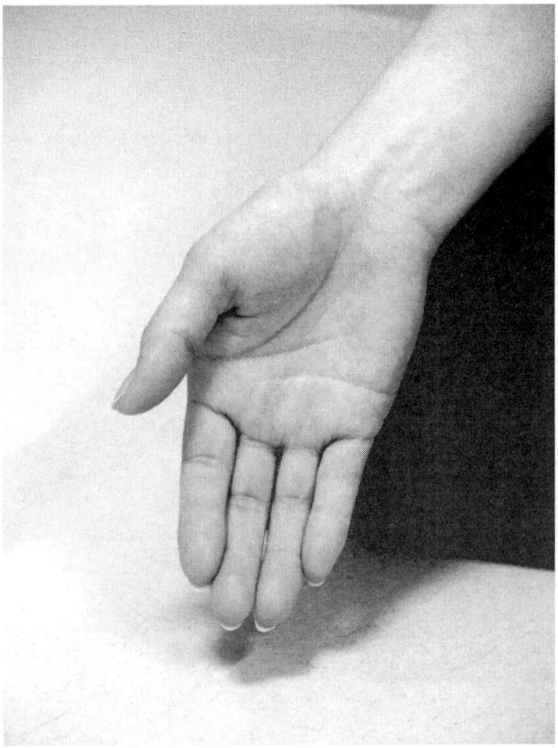

46. 오마비|烏摩妃|진언

나망 사만따 붓다남 우마데뷔 스봐하

|namaḥ samanta-buddhānām umā-devi svāhā|

대자재천|大自在天|의 비|妃|를 '오마비'라고 한다. 대자재천과 함께 번뇌장|煩惱障|, 소지장|所知障|의 두 가지 장애|障碍|를 나타낸다. 모든 밀교작법에서 빠지지 않는 것이 결계인데, 그 의식은 이들의 방해를 막기 위한 것이다.

대자재천은 흔히들 마왕이라고 부르는 존재다. 수행자가 만약 이들의 장애를 극복한다면 이들로부터 받았던 위해|危害|들이 모두 지혜의 장으로 변해 불과를 얻는데 큰 일익을 할 수 있게 된다.

수인- 외박을 해서 두 엄지와 새끼손가락을 세운다.

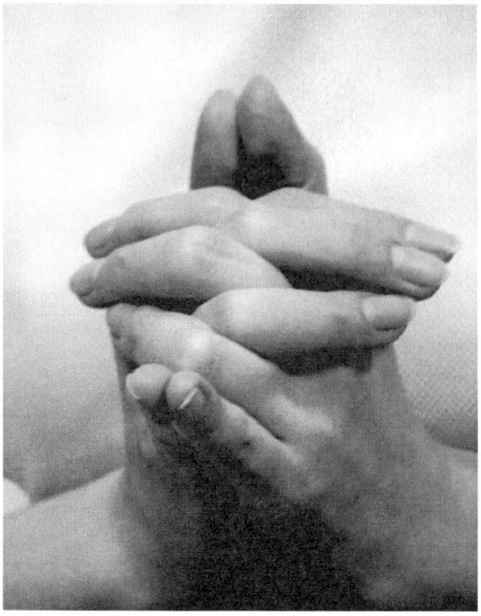

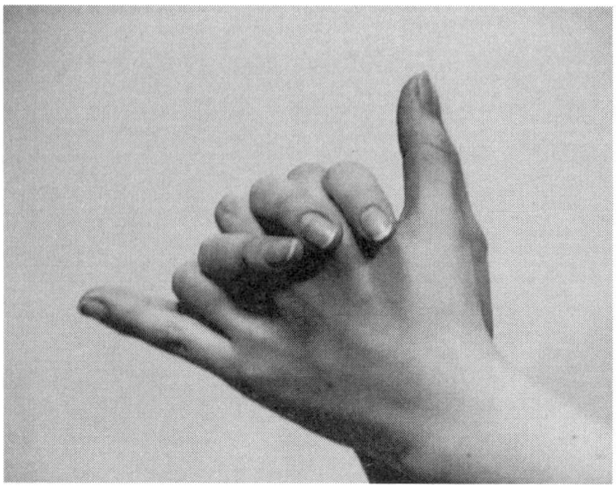

47. 비념자|悲念者|진언

나맣 사만따 붓다남 까루남르디따 스봐하

|namaḥ samanta-buddhānām karuṇāmṛḍita svāhā|

비시윤|悲施潤|이라고도 불리는데 이것은 대자비의 마음에 항상 물들어 있어 중생을 구제하는 데만 전념하는 존|尊|이기 때문이다. 태장계만다라제개장원에 있다.

수인- 오른손을 펴서 마음을 가리고 중지를 조금 구부려 마음에 기댄다. 이것은 오른손의 다섯 손가락에 수행자의 마음으로 오지|五智|를 가지|加持|하는데, 중지는 지혜의 불꽃|智火|으로서 자신의 바른 지혜|正智|를 개발하는 것을 나타낸 것이다.

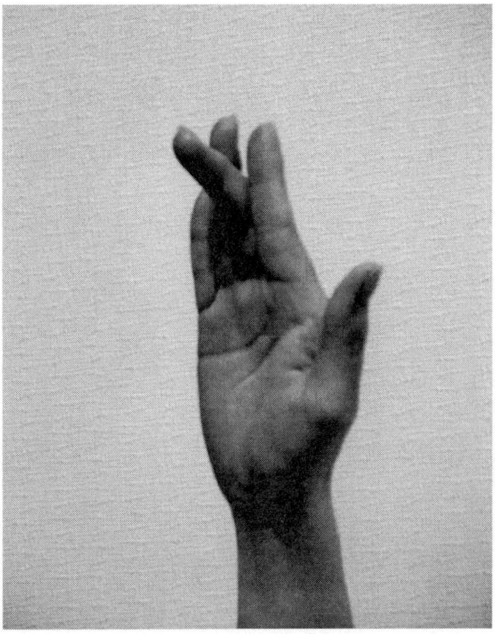

48. 다라|多羅|보살진언

나망 사만따 붓다남 까루노스드바붸 따레 따리니 스봐하

|namaḥ samanta-buddhānām karuṇosdbhave tāre tāriṇi svāhā|

다라는 관세음보살의 눈에서 나오는 광명을 일컫는 말이며, 대비의 힘으로 중생을 피안의 세계로 나아가게 하는 존|尊|이다. 비생금강|悲生金剛|, 행원금강|行願金剛|이라는 밀호를 가지고 있으며 인도에서는 시바신의 비|妃|인 'parvati'라 여겨지고 있다. 인도나 티벳불교에서 널리 믿고 있는 존|尊|이다. 태장계만다라 관음원에 있으며 대비의 덕을 나타내는 존으로 여겨진다.

수인- 내박 후 두 엄지와 두 검지를 세워 각각 그 끝을 맞춘다.

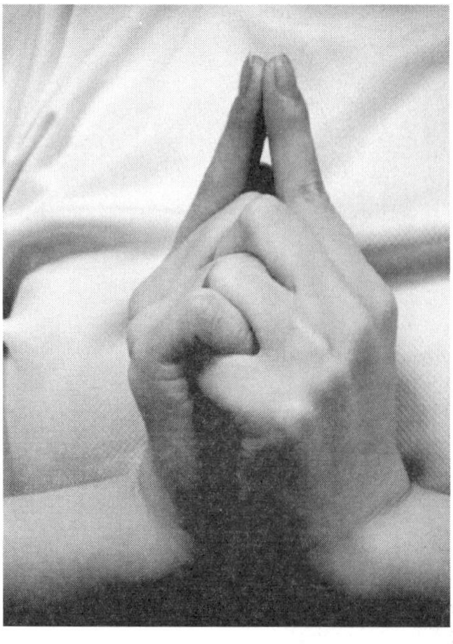

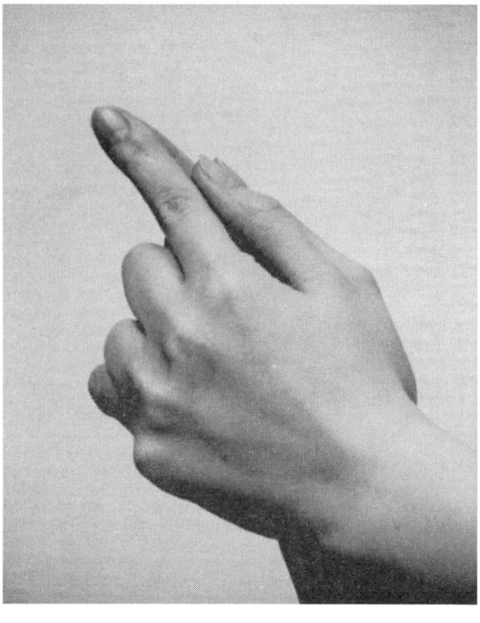

49. 대갈마|大羯磨|진언

까르마 뭏

|karma muḥ|

갈마회의 총인과 함께 외우는 다라니이다. 갈마|까르마|란 '업'이라고 직역하는데 '업'이란 금강의 사업|중생구제사업|을 뜻하기도 하며 중생이 가지고 있는 업장을 말하기도 한다.

수인- 갈마회 총인으로 두손을 깍지 끼고 손바닥을 편 상태에서 엄지와 새끼손까락 끝을 서로 맞댄 모양이다.

50. 갈마파라밀|羯磨波羅密|보살진언

까르마 봐즈리

|karma-vajri|

갈마파라밀 보살은 금강계만다라의 오월륜 가운데 중앙월륜의 북쪽에 머무는 존|尊|이다.
여기서 뜻하는 갈마란 자기완성의 금강예지|金剛叡智|의 움직임을 나타낸 것으로 이것을 인격화 시켜서 나타낸 것이 불공성취여래로 여겨지고 있다.
따라서 갈마파라밀은 불공성취여래의 대비구제|大悲救濟|의 덕을 역설적으로 표현한 것이다.

수인- 왼손을 펴서 배꼽 앞에 편안히 놓고 오른손은 시무외인을 한 모양이다.

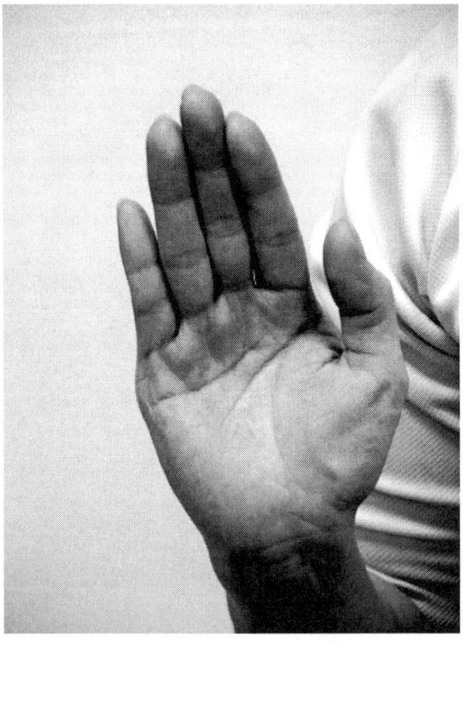

51. 흑야신|黑夜神|진언

나맣 사만따 붓다남 까라 라뜨리예 스봐하

|namaḥ samanta-buddhānām kāla-rātriye svāhā|

흑야신은 암야신|暗夜神|이라고도 하는데 태장계만다라에서 염마천의 시후|侍后|이다. 어두운 밤이 되면 누구나 어둠에 대한 공포가 생기는데 이 공포로부터 중생을 보호하고 어려운 환란을 제거하는 신이라 한다.

수인- 왼손을 주먹 쥐어 들고 검지와 중지를 나란히 세운다.

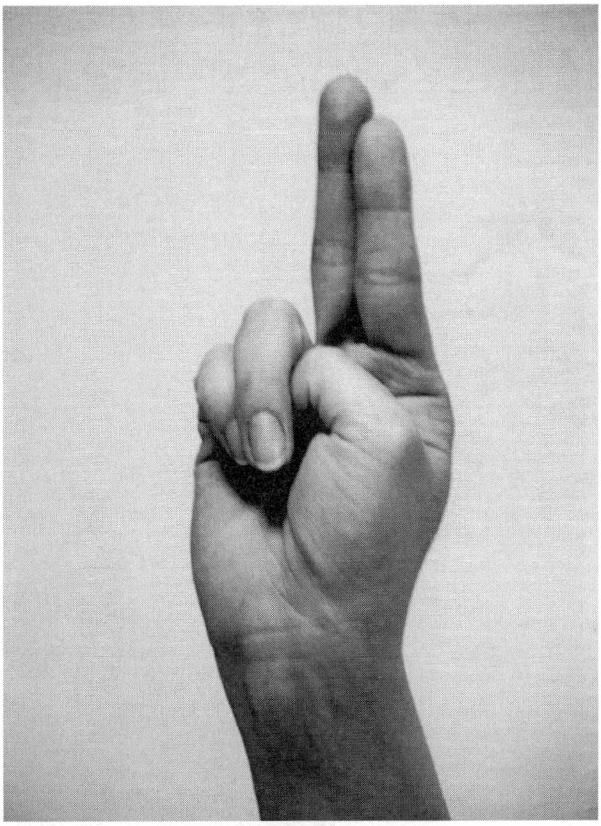

52. 금강궐|金剛橛|진언

옴 끼리 끼리 봐즈라 봐즈리 불 반다 반다 훔 파뜨

|oṃ kīli kīli vajra vajri bhūr bandha bandha hūṃ phaṭ|

금강궐이란 수행처인 도장|道場| 사방에 궐을 박아 넣어 결계의 도구로 사용하는 것으로 사궐|四橛|, 지결|地結|, 지계|地界|라고 부른다.

단순히 수행 도장을 결계|結界|하는 것만이 아니고 수행자의 보리심을 견고히 해서 장애를 제거하는 것을 참뜻으로 한다.

수인- 두 손을 외박하여 펴고 세끼손가락과 엄지손가락은 서로 맞대고 중지는 손바닥 안쪽으로 넣어 서로 잡은 모양이다.

53. 연화인|蓮華印|보살진언

나망 사만따 붓다남 구봐라야 스봐하

|namaḥ samanta-buddhānām kuvalaya svāhā|

연화인보살은 태장계만다라 허공장원|虛空藏院|에 계신 존|尊|이다.

수인- 외박한 상태에서 두 엄지와 세끼손가락을 나란히 세운다.

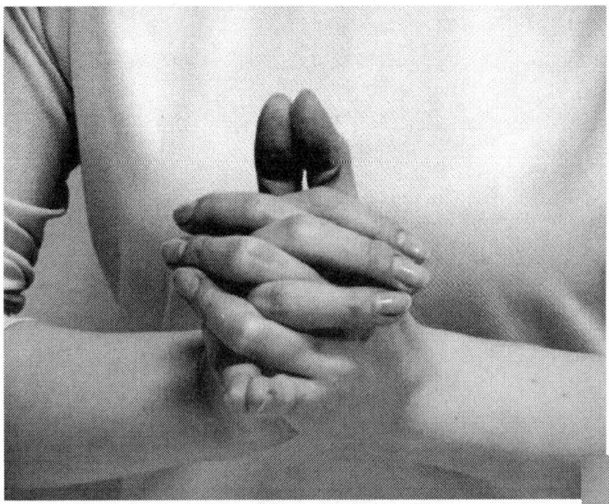

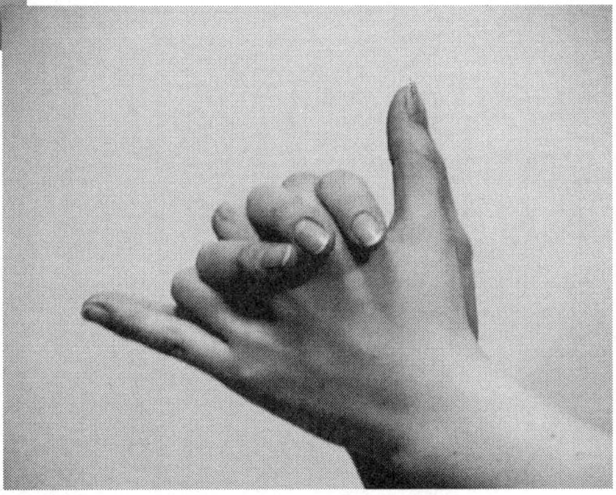

54. 발유|撥遣|진언

옴 끄르또 봤 사르봐 사뜨봐르탈 싣딜 닷따 야타 누가 가쩨 하드봠 붇다 뷔샤얌 뿌날 아가마나야 뚜 봐즈라 사뜨봐 뭏

|oṃ kṛto vaḥ sarva-satvārthaḥ siddhir dattā yathānugā gaceh adhvaṃ buddha-viṣayaṃ punar āgamanāya tu vajra satva muḥ|

발유는 봉송|奉送|이라고도 하는데, 소청|召請|으로 불러낸 본존성중들을 수법이 끝나고 나서 돌려보내는데 사용하는 진언이다. 이것은 본래 자신의 청정한 마음자리인 부처의 본향|本鄉|으로 봉송하는 것을 의미한다.

수행자는 이 봉송이 끝나면 모든 긴장을 풀고 보통의 마음으로 돌아간다.

수인- 외박해서 두 중지를 세운 다음 연엽처럼 둥글게 해 그 손가락 끝으로 꽃을 잡아 가슴 앞에 댄다.

55. 금시조|金翅鳥|진언

옴 끄쉬빠 스봐하 옴 빠끄쉬 스봐하

|oṃ kṣipa svāhā oṃ pakṣi svāhā|

금시조는 가루라|迦樓羅| garuda라고 하는데 천룡팔부|天龍八部|중의 하나이다. 날개가 금색이라서 금시조라고 한다.

아름다운 자태를 보고 봉황이라고도 하며 대붕|大鵬|이라고도 불린다. 인도신화에서는 불, 태양의 신격으로 용을 주식으로 한다하며, 불이 모든 것을 태워 없애는 것에 비유하여 금시조진언은 일체의 번뇌를 태워 없앤다고 한다.

수인- 두 손을 날개처럼 펴고 두 엄지는 마치 독수리 부리처럼 붙인 모양이다.

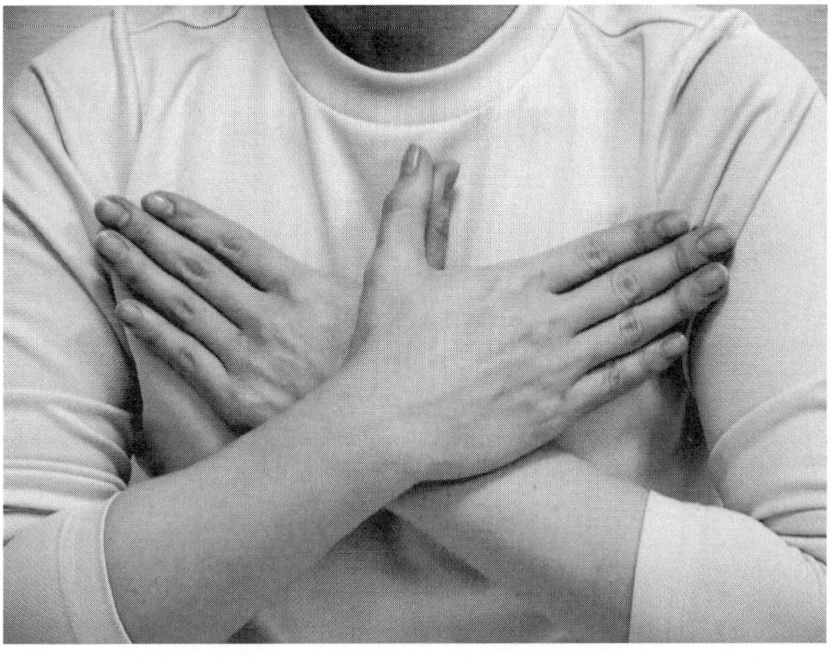

56. 업파라밀|業波羅蜜|보살진언

카 봐즈리니 훔
|kha-vajriṇi hoḥ|

불공성취불의 이상|理想|적인 마음을 표시한 진언이다. 불공성취불은 업|業-karma|의 실현을 나타낸 존인데, 여기서 업(業)은 금강|金剛-vajra-叡智|의 주체가 된다.

그 금강의 본질은 공|空|'kha'를 나타낸 것이다.

수인- 두 손을 외박 후 두 중지를 손바닥 쪽으로 넣고 두 엄지와 새끼손가락은 모아서 세운 모양이다.

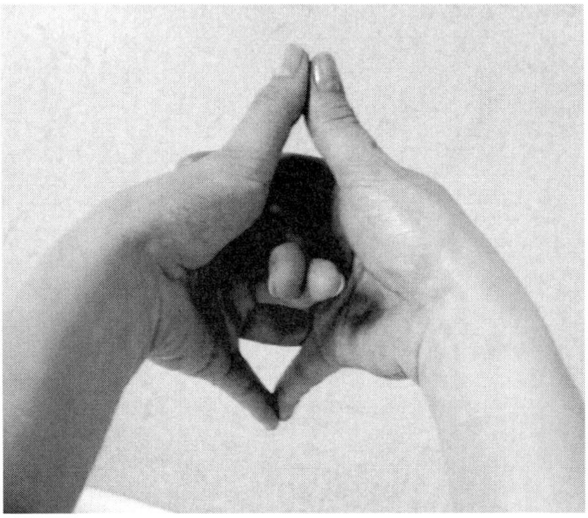

57. 비생안|悲生眼|진언

나망 사만따 붓다남 가가나 봐라 라끄샤나 까루나 마야 따타 가따 짜끄슈 스봐하

|namaḥ samanta-buddhānām gagana vara-lakṣana karuṇā-maya tathāgata-cakṣuḥ svāhā|

비생안은 불안인|佛眼印|이라고도 한다. 이 인의 다라니를 가지고 양쪽 눈을 가지하면 안근|眼根|이 청정해져서 불안|佛眼|을 얻어 부처님 세계를 볼 수 있다고 한다. 관정할 때 이 진언과 수인을 사용하여 양쪽 눈에 가지한다.

수인- 오른손을 펴서 들고 엄지와 검지 새끼손가락을 서로 맞댄 모양이다.

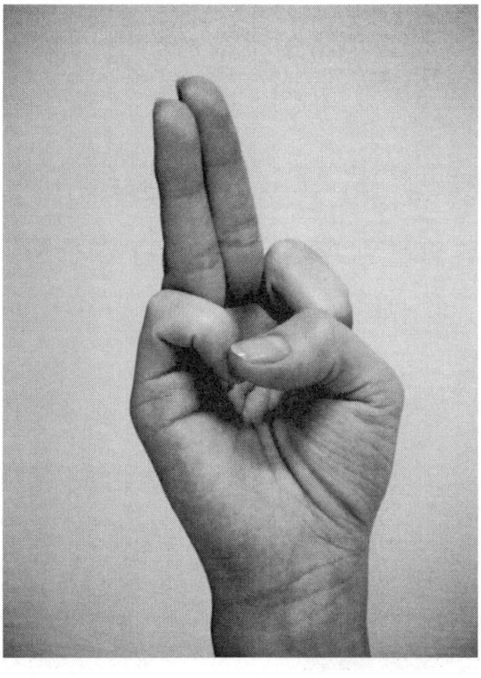

58. 허공안명비|虛空眼明妃|진언

나맣 사만따 븟다남 가가나 봐라 라끄샤네 가가나 삼메 사르봐뜯가따빟 사라 삼바붸 즈봐라 나모 모가남 스봐하

|namaḥ samanta-buddhānām gagana-vara-lakṣanegagana-same sarvatodgatābhiḥ sāra-sambhave jvala namo moghānāṃ svāhā|

허공안명비는 불안불모|佛眼佛母|라고도 하는데 부처님의 다섯가지 눈|五眼|이 가지고 있는 덕|德|을 나타낸다. 불교에서 눈은 지혜의 문으로 상징되기 때문에 불지를 나타내기도 한다. 불모|佛母|라고 하는 것은 그 곳에서 부처님의 지혜가 일어나기 때문에 부처님의 지혜를 생성한다는 의미에서 불모라 한 것이다.

불안불모는 세가지 존|尊|으로 표현되어 있는데 그 첫째는 대일여래소변|大日如來所變|으로 태장계만다라 편지원|遍知院|에 배치된 허공안|虛空眼|이다. 둘째는 태장계만다라 석가원|釋迦院|에 배치된 일체 여래보|여래보|이고 셋째는 금강살타로 불안신이라 불린다.

수인- 허심합장하여 두 검지를 조금 구부려 벌리고 두 중지 끝을 약간 비틀어 붙이고 두 엄지로 두 중지의 중간에 댄다.

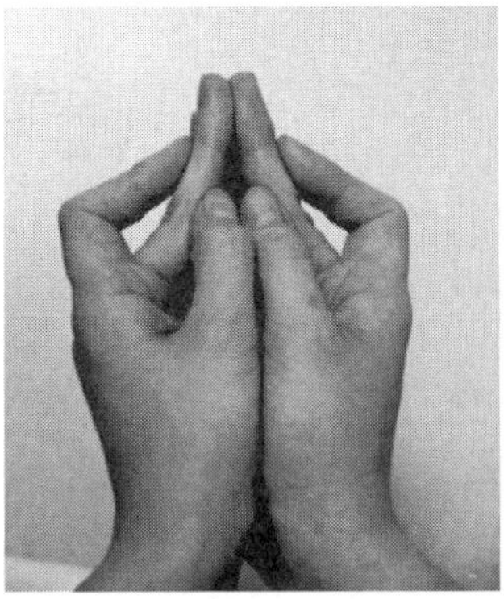

59. 알가|閼伽|진언

나맣 사만따 붇다남 가가나 사마사마 스봐하

|namaḥ samanta-buddhānām gagana-samāsama svāhā|

알가란 부처님께 바치는 정안수를 의미하는 말이다. 알가향수라고도 부르는데 이것은 물에 향을 넣거나 꽃을 띄워 바치기 때문에 생긴 말이다. 그러나 꼭 향이나 꽃을 띄우지 않고 향과 꽃을 넣었다는 상념만으로 바치는 경우도 있다.

물은 치성하는 불을 끄며 더러움을 씻어 내듯이, 번뇌의 치성함을 끄고 세속의 모든 욕망을 씻어내는 의미가 있다.

수인- 두 손을 허공합장하여 검지를 둥글게 말아 엄지로 잡고 마치 물을 받는 그릇처럼 한 모양이다.

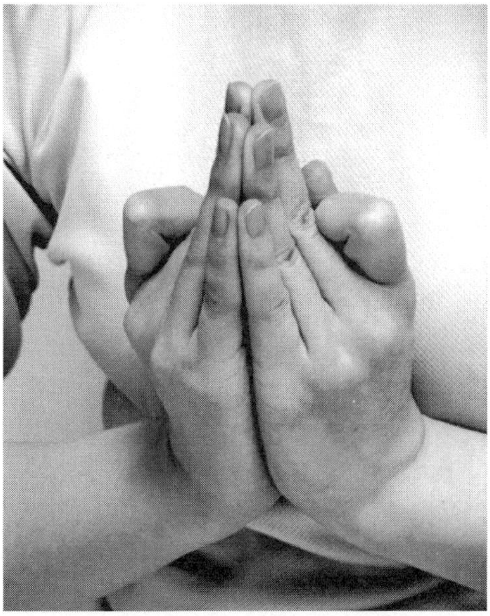

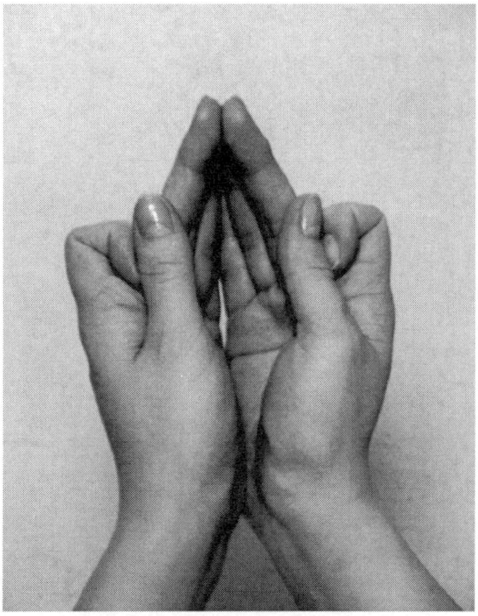

60. 허공장보살|虛空藏菩薩|진언

옴 가가나 삼바봐 봐즈라 훟

|oṃ gagana-sambhava-vajra hoḥ|

이 진언은 참된 성품의 허공에서 무한의 공양구|供養具| 즉 음식, 궁전, 의복등의 보배가 생기도록 하는 진언으로 궁극적으로는 세속의 보배를 초월하여 금강의 보배인 참된 진리를 얻는 것에 목적을 두고 있다.

수인- 합장해서 두 중지를 외박의 형태로 하고 두 검지를 보배 구슬처럼 둥글게 한 모양이다.

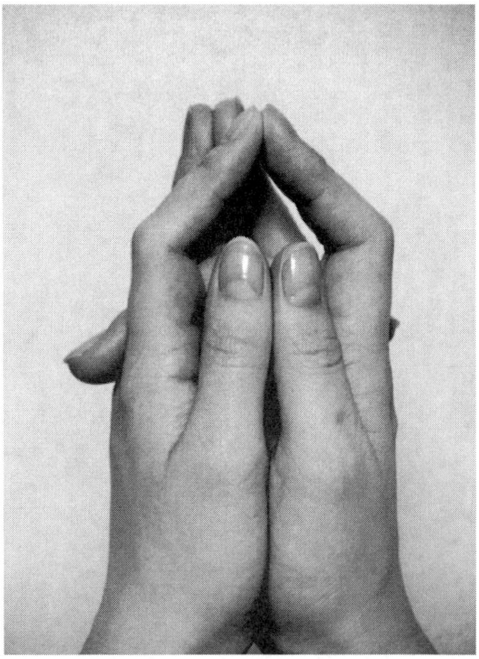

61. 허공무구|虛空無垢|보살진언

나맣 사만따 붓다남 가가나난따 고짜라 스와하

|namaḥ samanta-buddhānām gaganānanta-gocara svaha|

허공이 때 묻을 수 없는 것처럼 허공무구보살은 때 묻지 않는 청정함을 나타내는 존|尊|이다. 대일경소에는 "여기서 나온 지혜는 공의 청정함과 같기에 그 움직임도 공에 기인한다. 그러므로 그 움직임을 성취하는 것이 공의 성취함과 같다"고 되어있다.

수인- 대혜도인 이다. 금강합장해서 두 검지를 구부려 둥글게 하여 엄지로 그 옆을 누른 모양이다.

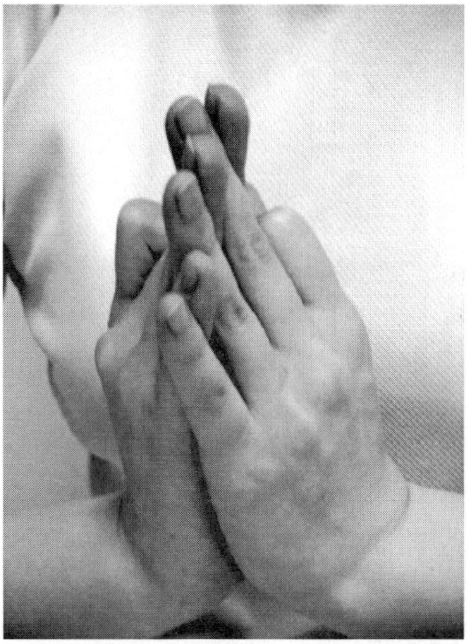

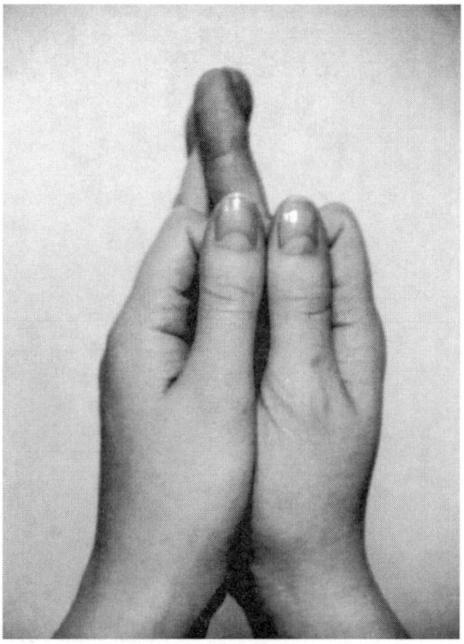

62. 여래정상|如來頂相|진언

나맣 사만따 붇다남 가가나난따 스파라나 뷔숟다 다르마 니르자따 스봐하

|namaḥ samanta-buddhānām gaganānanta-spharaṇa viśuddha-dharma-nirjāta svāhā|

부처님의 머리 위 육계를 여래정상이라고 하는데 여래의 정수리는 여래이외에 보살이나 다른 신들은 볼 수 없다.
부처님의 몸 크기는 허공의 크기와 같아서 그 길이를 알 수 없다. 경전에 의하면 관세음보살님의 몸 크기가 우주의 9,100배나 크고 아미타불의 몸 크기가 관세음보살님에 비해서 약 항하사 배나 더 크다고 한다. 항하사란 갠지스 강의 모래수를 일컫는 말이니 얼마나 크다는 것을 알 수 있을 것이다.
그렇기 때문에 비길 데 없이 위없이 높은 지혜를 가진 자의 의미로 쓰인다.

수인- 오른손을 주먹 쥐어 정수리 위에 놓는다.

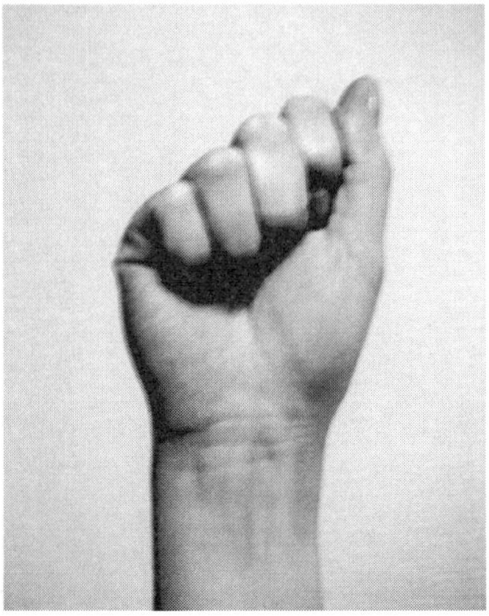

63. 부다중|部多衆|진언

나망 사만따 붓다남 굼 이 굼 이 맘 사네

|namaḥ samanta-buddhānām guṃ i guṃ i maṃ sane|

부다는 귀신의 한종류로 'gu'또는 'guṃ i' 는 음식을 먹는 소리를 나타낸 의성어로 추정된다. 'maṃ sane'는 식육귀|食肉鬼|로 해석하는데 그러면 식육귀가 고기를 먹을 때 내는 소리가 된다.

수인- 왼손을 편 상태에서 새끼와 약지 검지 등을 구부리고 엄지는 검지 끝에 붙인다.

64. 삼매박|三昧縛|진언

옴 구흐야 삼마야 따라 샇

|oṃ guhya-samaya-tāla saḥ|

견고호신인을 결하여 손을 풀고 두 손을 펴 강하게 손바닥을 치며 수인을 다시 결하며 진언을 외면 최상의 성취가 이루어진다.

수인- 박수치는 모양으로 서로 합장하여 금강박인을 한다.

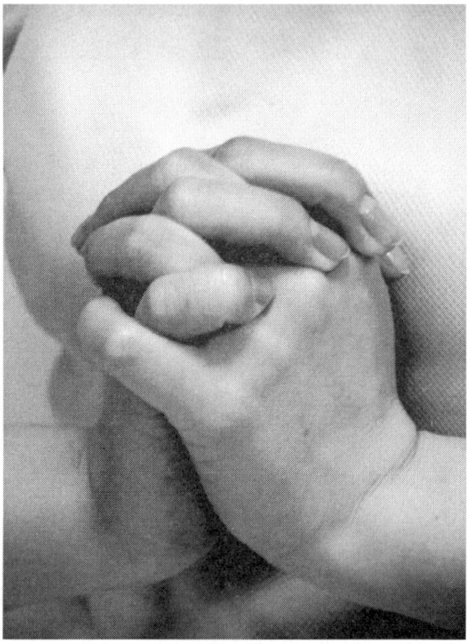

65. 교답마선|驕答摩仙|진언

나망 사만따 붓다남 가우따마 마하르심 스봐하
|namaḥ samanta-buddhānām gautama-mahārṣiṃ svāhā|

교답마선은 화천|火天|의 다섯 권속신선의 하나로 구담선이라고도 한다.

수인- 오른손을 펴서 위로 향하게 하여 새끼와 엄지손가락을 조금 앞으로 내민 모양이다.

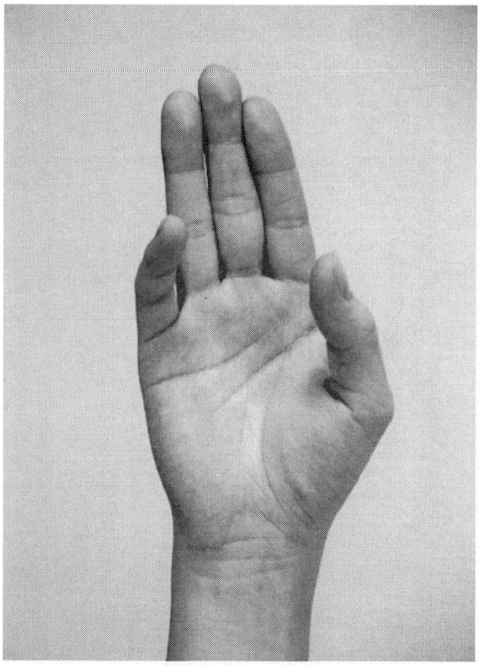

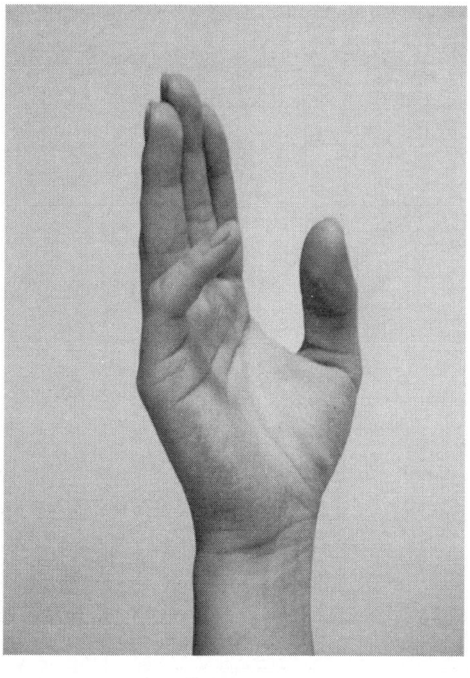

66. 일체집요|一切執曜|진언

나망 사만따 붓다남 그라헤스봐르야 쁘라빠따 죠띨 마야 스봐하

|namaḥ samanta-buddhānām graheśvarya-prapāta jyotir- maya svāhā|

모든 별자리를 관장하는 신을 불러 모을 때 하는 진언으로 태양계의 별과 일년의 추이|推移|를 나타내는 별들이 사람의 운명을 관장하는데 이 진언을 통하여 운명을 조절할 수 있다고 한다.

수인- 합장인

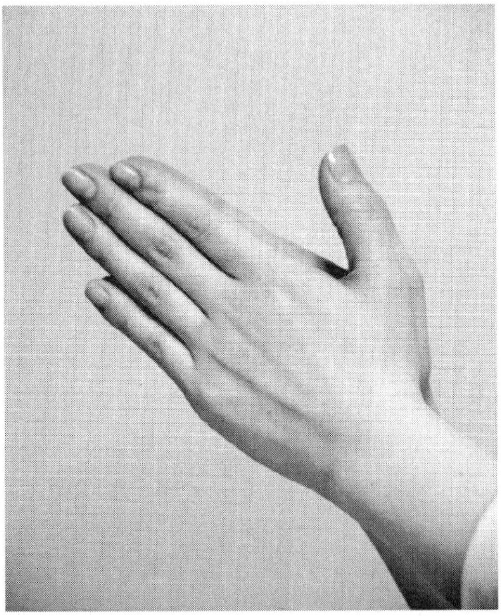

67. 금강령|金剛鈴|보살진언

간따 앟 앟

|ghaṇṭa aḥ aḥ|

금강령[19]을 울려 중생구제 하는 것을 나타내는데, 이것은 관음신앙과 많은 관계가 있다.

능엄경을 보면 부처님께서 여러 제자들과 보살들에게 "무슨 수행을 통하여 원만하게 통한 경계에 들었냐"고 질문하자, 여러 보살들이 차래대로 자신의 수행 경험을 토대로 유리한 수행방편을 이야기 하였는데, 마지막 차례가 관세음보살님이었다.

관세음보살님께서 이근원통|耳根圓通|으로 닦는 것이 제일 유리하다고 하자 부처님께서 문수보살에게 의견을 묻고 문수보살은 이근원통수행이 제일이라 이르고 곧 부처님께서도 이 이근원통 수행이 보리의 도를 닦아 원만하게 통한 경계에 드는 제일 빠르고 합리적인 방법이라고 하셨다. 그로부터 이근원통, 즉 귀로 소리를 들으며 수행하는 것이 불교 내에 크게 자리를 잡게 되어 매일 예불시간마다 법고를 치고, 운판, 목어, 목탁, 금강령등으로 모든 중생이 그 소리를 듣고 깨달음을 얻을 수 있도록 인도하고 있다.

수인- 외박 후 두 엄지를 손안에 넣고 흔드는 모양이다.

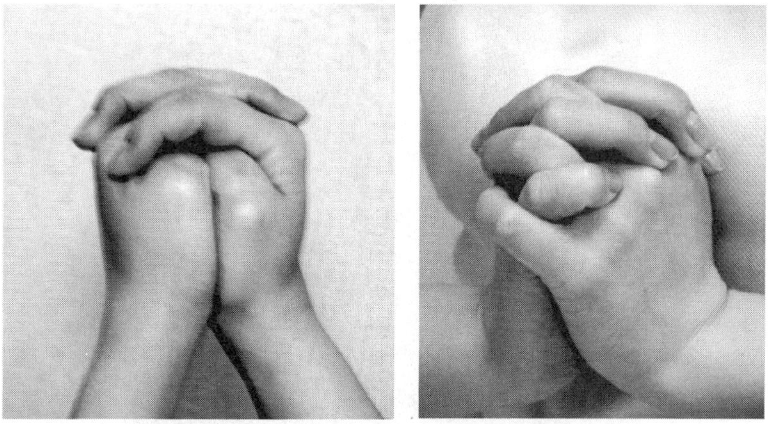

19) 금강령: 일반적으로 요령이라고 하며, 손으로 흔드는 조그만 종

68. 허공혜|虛空慧|보살진언

나망 사만따 붓다남 짜끄라 봐르띠 스봐하

|namaḥ samanta-buddhānām cakra-varti svāhā|

허공혜보살은 허공과 같은 무변무애|無邊無礙|의 과덕|果德|을 나타낸다. 대일경소|大日經疏|에는 "허공은 무변무애하며, 보살의 지혜도 이와 같다."고 되어 있다.

수인- 전법륜인이다. 양손 다섯 손가락을 펴고 왼손은 밑으로 향하게 하고 손등을 서로 맞댄 상태에서 두 손의 검지와 중지, 약지, 새끼손가락을 서로 얽어서 걸고 왼손 엄지를 오른손바닥으로 가져와 오른손엄지 손가락 끝과 맞닿게 한 모양이다.

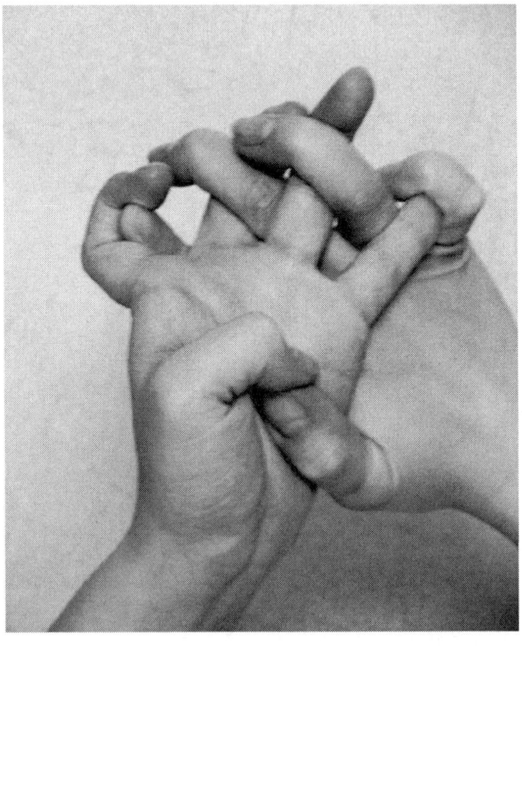

69. 부동능성취|不動能成就|진언

나망 사만따 봐즈라 남 짠다 옴 아짜라 까나 짜루 사다야 훔 파뜨

|namaḥ samanta-vajrānām caṇḍa oṃ acala-kaṇa cāru- sādh aya hūṃ phat|

모든 마장을 항복받고 파괴시켜 수행자에게 실지|悉地|를 성취하게 한다.

수인- 왼손을 들어 검지와 엄지를 둥글게 하여 서로 붙이고 나머지 손가락은 편다.

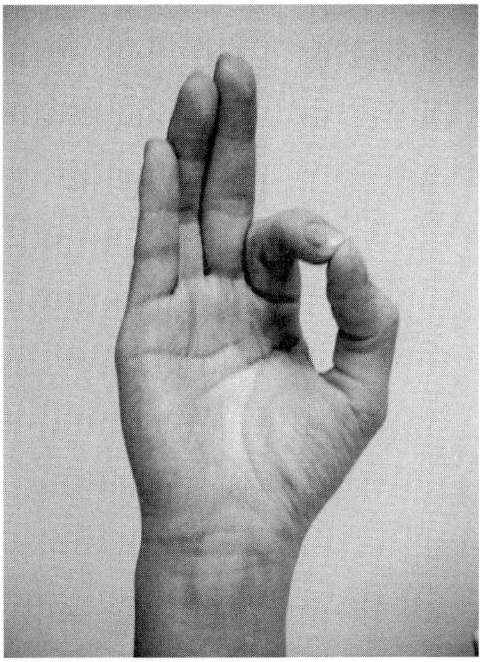

70. 부동결계호신|不動結界護身|진언

나망 사만따 봐즈라 남 짠다 마하 로사나 스포따야 훔 뜨라뜨 함 맘

|namaḥ samanta-vajrānām caṇḍa-mahā-roṣaṇa sphoṭaya hūṃ traṭ hāṃ māṃ|

자비로 중생을 구제하는 이 진언은 부동명왕 진언의 하나이다. 부동명왕은 비로차나부처님의 교령륜신으로 대자비의 분노|忿怒|를 지닌 분이며 업|業|이 많고 어리석어 구제하기 힘든 중생을 분노의 힘으로 강압적으로 구제하시는 분이다.

또 부동명왕은 모든 마|魔|들을 굴복시켜 항복받는 힘이 있기 때문에 수행자를 보호하는 결계를 위한 진언이 된다.

수인- 부동검인|不動劍印|이다.
양손 검지와 중지를 세워 마치 검|劍|처럼 하고, 엄지로 구부린 약지와 새끼를 잡은 상태에서 오른손의 검지와 중지를 왼손의 손바닥 가운데 넣고 왼손의 약지와 새끼로 잡은 모양이다.

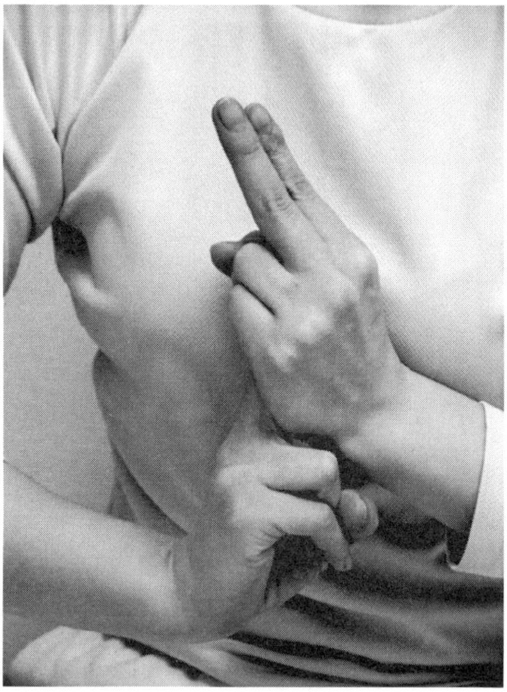

71. 금강수|金剛手|보살진언

나망 사만따 봐즈라 남 짠다 마하 로사나 훔

|namaḥ samanta-vajrānām caṇḍa-mahā-roṣaṇa hūṃ|

금강수'Vajra-pāṇi' 보살은 금강살타 보살의 이명으로 대부분의 밀교 경전에서 부처님께 질문하는 보살이다. 문수보살의 이명이라고도 한다.

수인- 내오고인|內五股印|이다. 두 손을 안으로 결박하여 엄지를 나란히 세우고 검지는 갈고리 모양을 하여 옆으로 벌리고 중지와 새끼손가락은 서로 맞댄 모양이다.

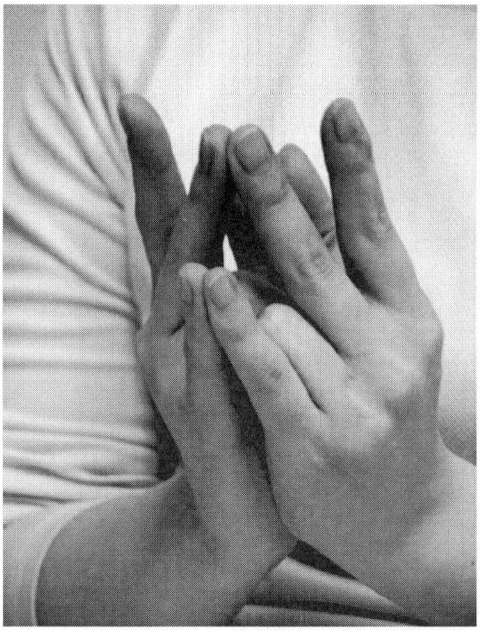

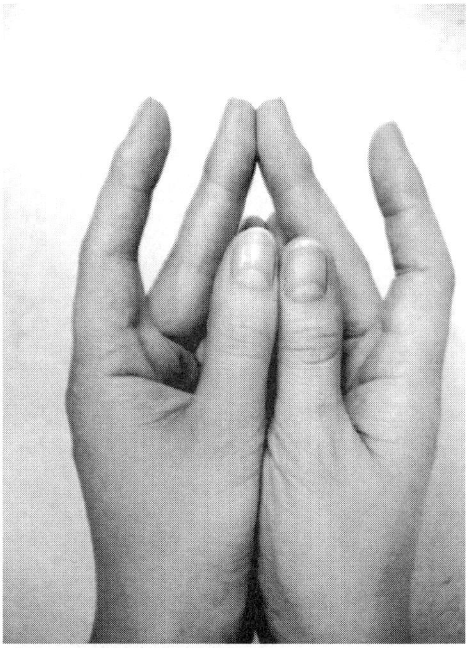

72. 월천|月天|진언

나망 사만따 붓다남 짠드라야 스봐하

|namaḥ samanta-buddhānām candrāya svāhā|

월천은 12천의 하나이다. 달의 신격|神格|으로 가애|可愛|, 쾌락|快樂|, 광명|光明|을 의미한다. 달의 정기는 번뇌의 독과 세간의 독을 식히는 힘이 있다고 하는데, 관세음보살의 사십이수주 가운데 월정마니수진언은 모든 열병을 치료하는 주문이기도 하다. 밀교에서 달은 청정한 성품과 보리심을 나타낸다.

수인- 왼손바닥을 펴고 약지를 구부리고 엄지로 약지의 2번째 마디를 누른다.

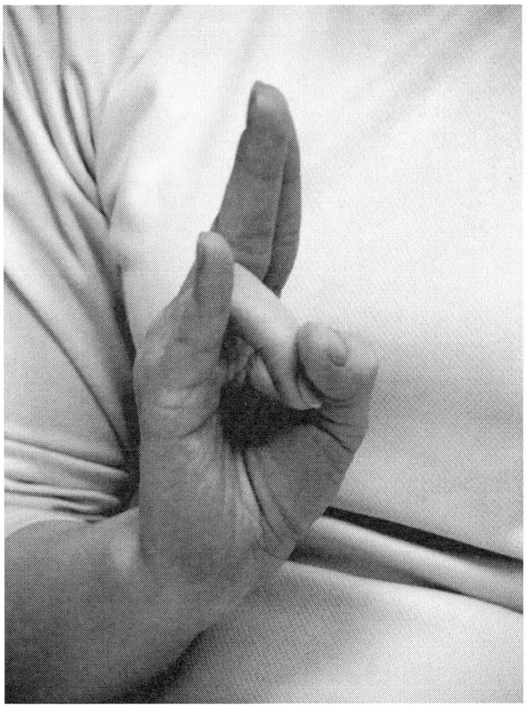

73. 성보리심|成菩提心|진언

옴 짠드로따레 사만따 바드라 끼라네 마하 봐즈리니 훔

|oṃ candrottare samanta-bhadra-kiraṇe mahā-vajriṇi- hūṃ|

정보리심|淨菩提心|을 나타내는 진언이다. 심월륜|心月輪| 위에 보리심의 금강이라고 하는 보현금강|普賢金剛|의 덕을 나타내고, 보현금강살타|普賢金剛薩埵|가 되기를 원하는 진언이다.

수인- 금강연화인, 두 손을 외박하여 쥐고 엄지와 새끼손가락을 세운다.

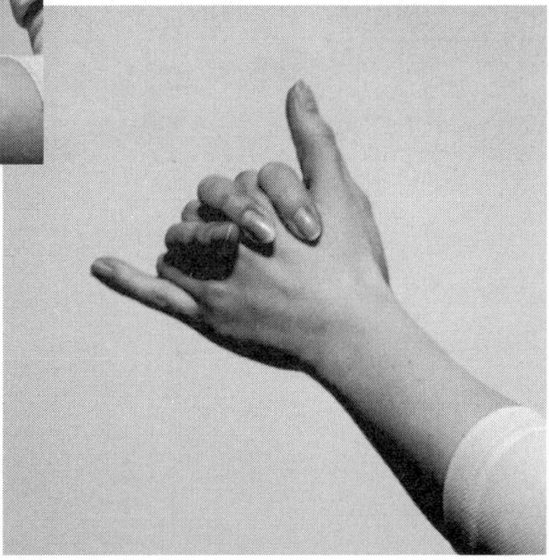

74. 보리행발혜|菩提行發慧|진언

나망 사만따 붓다남 짜르야 아 나 나 나 나 마 스봐하

|namaḥ samanta-buddhānām carya ā ṅā ńa ṇa nā mā svāhā|

진언 속에 나오는 'ṅā ńa ṇa nā mā' 5자(字)를 후두부에 상염|像念|으로 관한다. 보살행을 함으로 생기는 지혜.

수인- 화륜인|火輪印|, 두 손을 금강권으로 해 검지를 펴고 서로 붙인다.

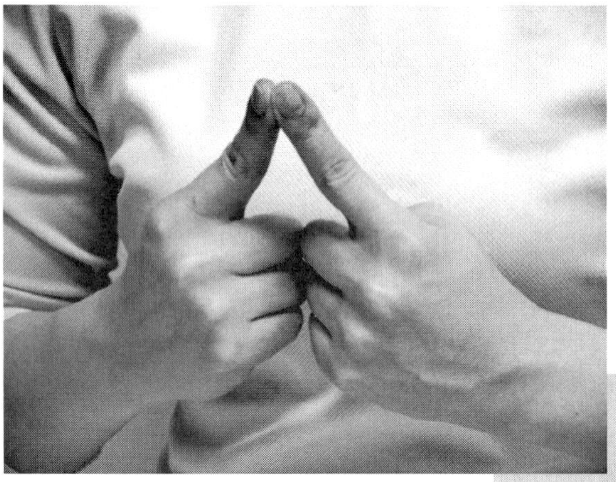

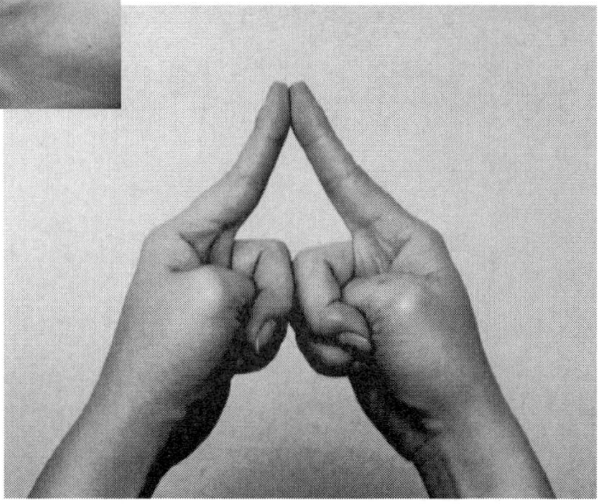

75. 차문다진언

나망 사만따 붓다남 짜문다야이 스봐하

|namaḥ samanta-buddhānām cāmuṇḍāyai svāhā|

차문다는 시체를 일으키는 야차|夜叉|귀를 뜻한다.
칠모천|七母天|의 하나이다. 분노와 폭악을 나타내는 존이지만 밀교에서는 번뇌를 부수는 덕을 나타낸다.

수인- 왼손을 펴서 가슴 앞에 편안히 둔다.

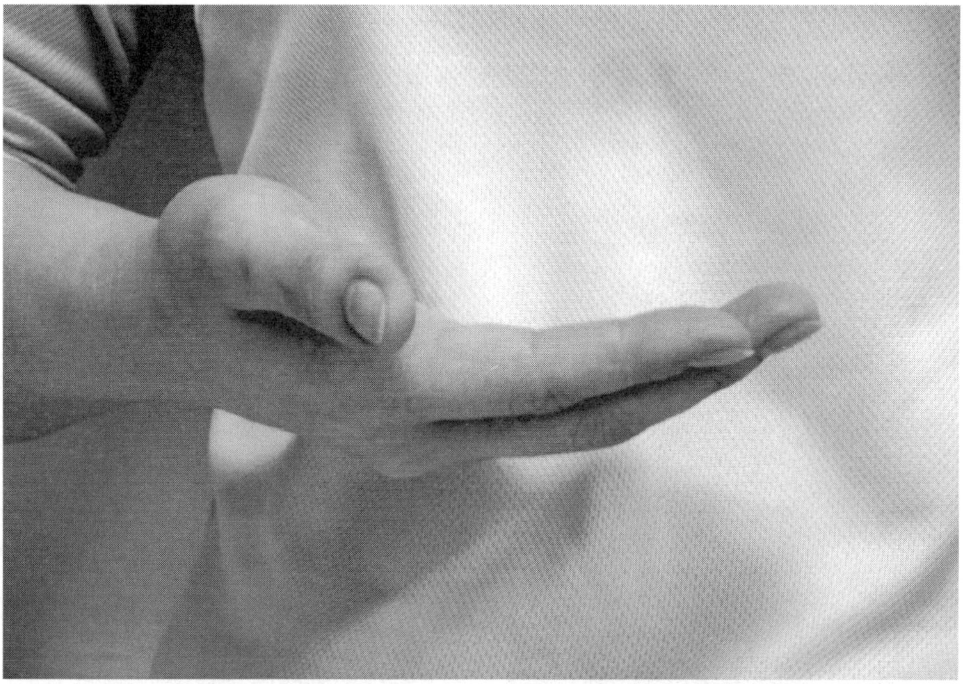

76. 득대세|得大勢|보살진언

나망 사만따 붓다남 잠 잠 삵 스봐하

|namaḥ samanta-buddhānām jaṃ jaṃ saḥ svāhā|

득대세는 대세지보살이라고도 한다. 관세음 보살과 함께 서방정토 극락세계의 아미타불 협시보살이기도 하다. 아미타불에게는 자비문과 지혜문이 있는데 관음보살은 자비문을 대표하고 대세지보살은 지혜문을 대표한다.
이 보살의 지혜광명이 모든 중생에게 비치면 모든 번뇌가 녹고 어리석음이 지혜로 바뀌어 3악도를 여의고 위 없는 힘을 얻게 되므로 대세지라 하며, 또 발을 디디면 삼천 세계와 마군|魔羣|의 궁전이 진동하므로 대세지라 한다.
형상은 정수리에 보배병을 얹고 있으며 아미타불의 오른쪽에 계신다.

수인– 미수연화인. 합장한 상태에서 두 손을 조금 오므려 마치 꽃 봉우리와 같이 하고 두 중지를 살짝 벌린다.

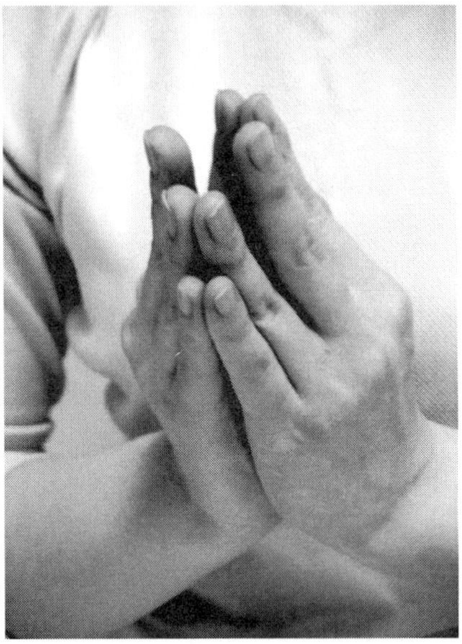

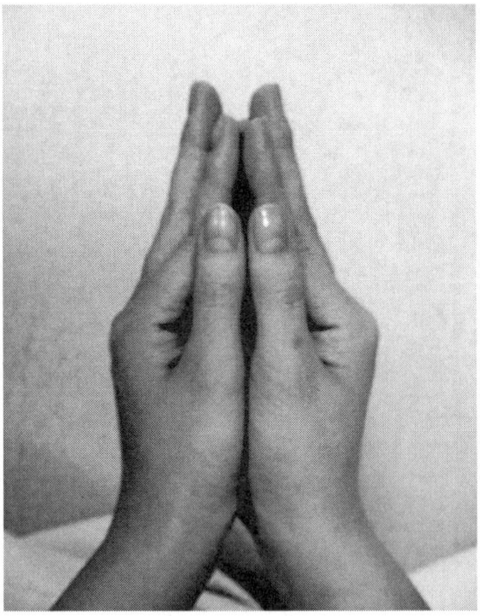

77. 사섭보살|四攝菩薩|진언

잫 훔 밤 혹

|jaḥ hūṃ vaṃ hoḥ|

위의 잫, 훔, 밤, 혹은 사섭보살의 종자진언이다. jaḥ은 금강구보살의 덕을 타나태고, hūṃ은 금강색보살, vaṃ은 금강쇄보살, hoḥ은 금강환희보살의 덕을 각각 나타낸 것인데, 금강구는 번뇌와 고뇌에 찌들린 중생을 잡아들이고 금강색은 번뇌와 고뇌를 묶고 금강쇄는 번뇌와 망상으로 인한 고뇌들을 부수고 금강환희는 보리심을 얻게 하여 환희의 세계로 이끈다는 의미를 담고 있다.

수인- 항삼세수인과 동일하다. 두 손을 분노권으로 해서 등을 맞대고 두 새끼손가락을 걸고 두 검지는 조금 구부려 갈고리처럼 하고 먼저 '잫'을 외우고, 두 검지의 등을 서로 버티며'훔'을 외우고, 그다음 서로 갈고리를 결해서 '밤'을 외우고 마지막으로 '혹'을 외며 수인을 위로 올리며 펴 흩트린다.

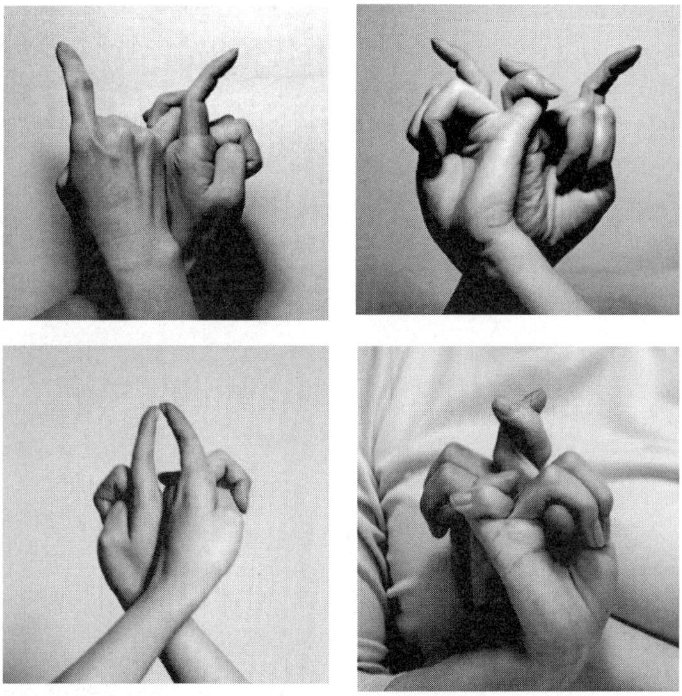

78. 광만천자|光鬘天子|진언

나맣 사만따 붓다남 자 드요띠스야남 스봐하

|namaḥ samanta-buddhānām ja dyotisyānāṃ svāhā|

오정거천의 하나이다.

수인- 오른손 엄지를 손바닥 가운데를 향해 붙이고 나머지 손가락은 펴서 흩트린 모양이다.

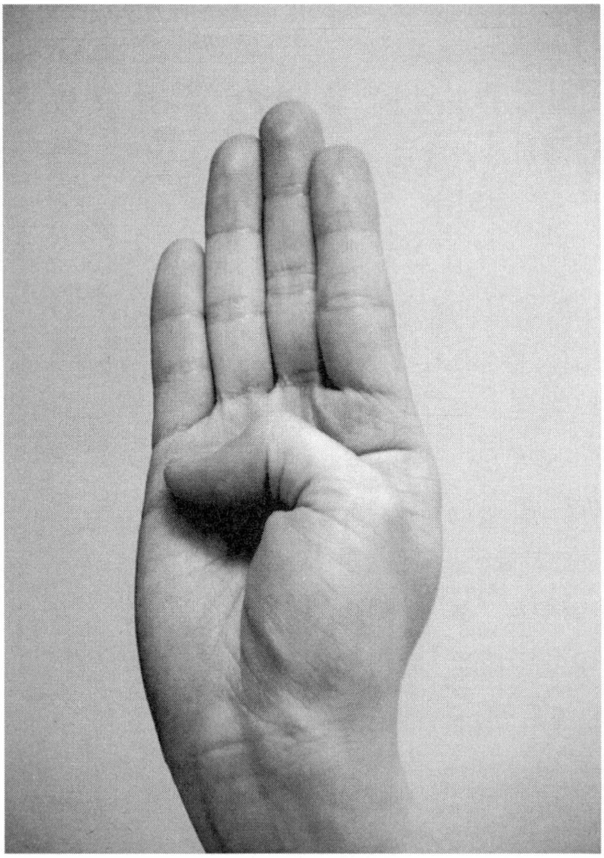

79. 불부심삼매야|佛部心三昧耶|진언

옴 지나 직 에혜히 스봐하

|oṃ jina-jik ehyehi svāhā|

삼부 각각 따로 작법할 때 불부의 진언이다.

수인- 두 손을 내박한 후 검지는 서로 밖으로 교차하고 엄지는 세운다.

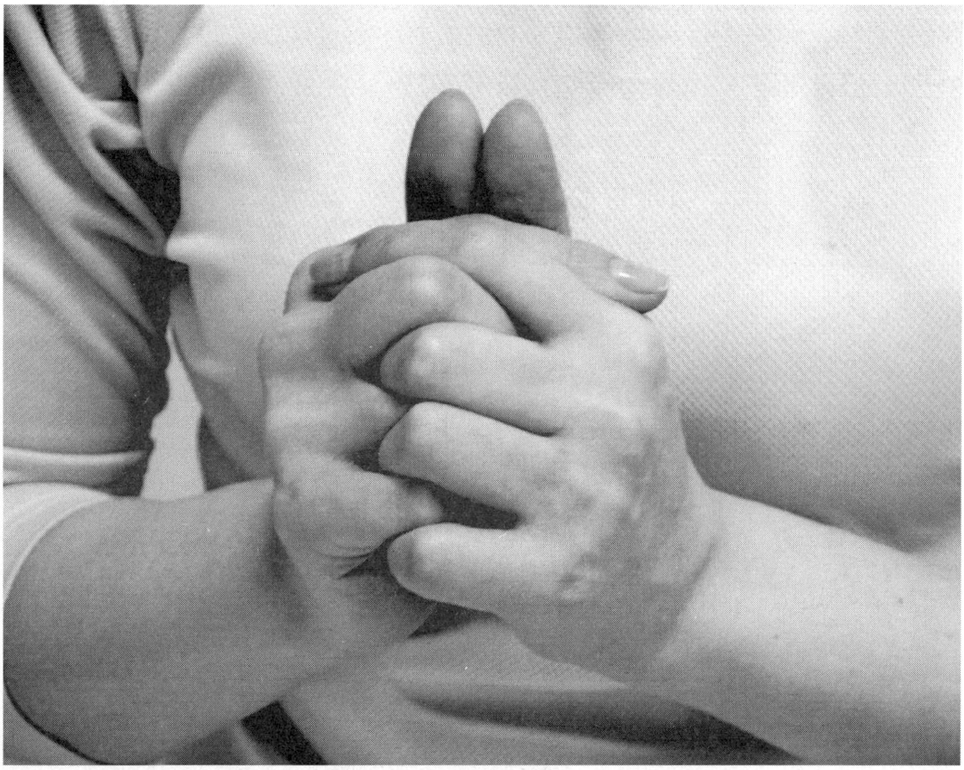

80. 출현지|出現智|진언

나망 사만따 붓다남 지 봐즈라 스티라붇데 뿌르봐 봐 아뜨마 만뜨라 사라 스봐하

|namaḥ samanta-buddhānām ji vajra sthira-buddhe pūrva-vā -ātma-mantra-sara svāhā|

지혜를 출현시키는 진언이다.

수인- 금강합장

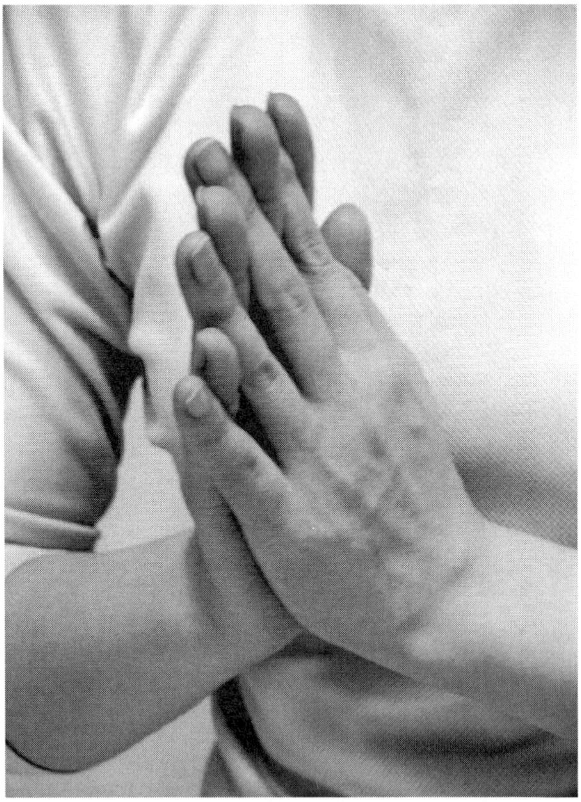

81. 여래심|如來心|진언

나망 사만따 붓다남 즈나노 드바봐 스봐하

|namaḥ samanta-buddhānām jñānodbhava svāhā|

안주혜|安住慧|진언이라고도 한다.

수인-내박 후 두 검지와 중지를 나란히 붙여 세운 모양이다.

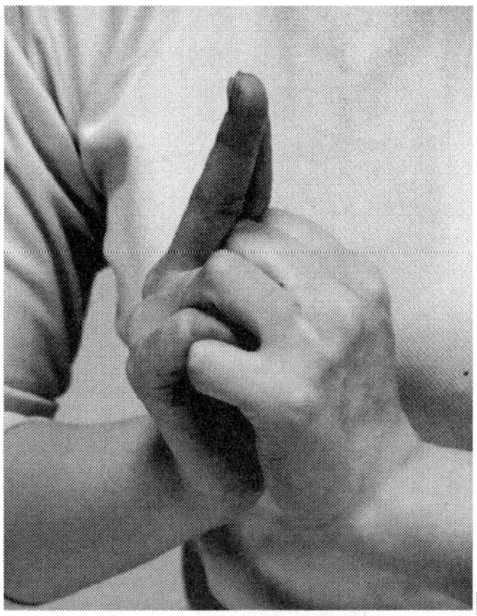
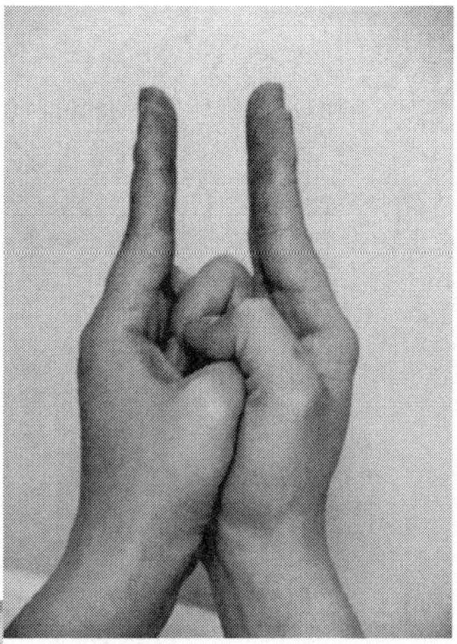
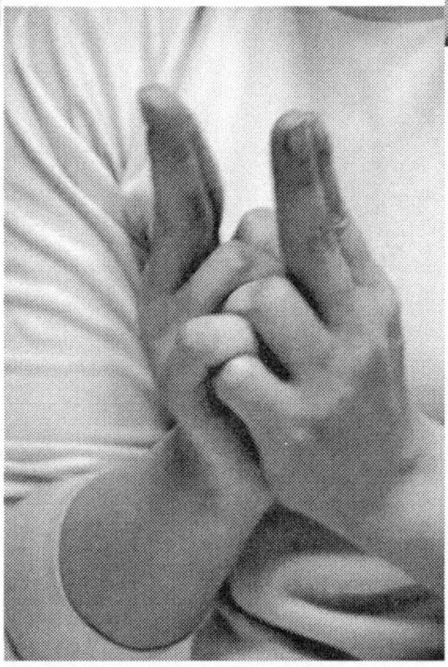

82. 여래보광|如來普光|진언

나망 사만따 붓다남 즈봐라 마리니 따타가따르찌 스봐하

|namaḥ samanta-buddhānām jvala-mālini tathāgatārci svāhā|

여래원광|如來圓光|, 여래염광|如來焰光|이라고도 한다. 여래의 대지혜|大智慧|가 지혜의 등불이 되어 법계에 두루 비추는 것을 말한다.

수인- 허심합장해서 엄지와 중지를 손바닥 안에 넣고 중지를 서로 교차시키고 약지, 검지는 펴서 마치 방광|放光|하는 것처럼 흩트리고 두 새끼손가락을 세워 서로 붙인 모양이다.

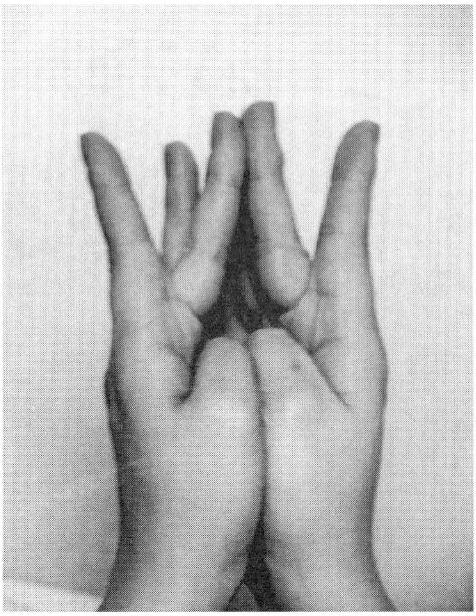

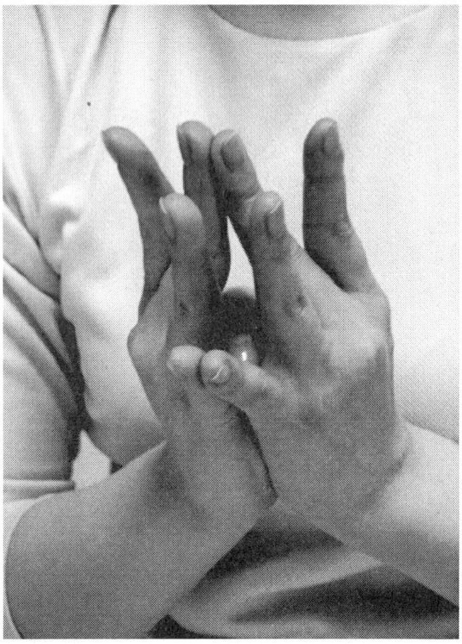

83. 여래안|如來眼|진언

나망 사만따 붓다남 따타가따 짜꾸수 브야봐로까야 스봐하

|namaḥ samanta-buddhānām tathāgata-cakṣu- vyavalokāya svāhā|

여래관|如來觀|이라고도 하는데 부처님의 지혜안|智慧眼|을 말한다. 수행자가 이 진언을 외우면 불안가지|佛眼加持|로 인해 청정한 지혜의 눈을 얻는다.

수인- 불안인|佛眼印|. 양손을 합장한 상태에서 두 검지를 옆으로 벌리고 엄지는 서로 그 끝을 붙인다.

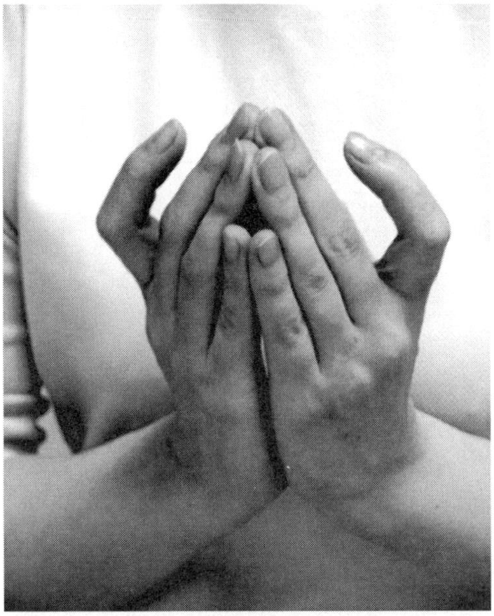

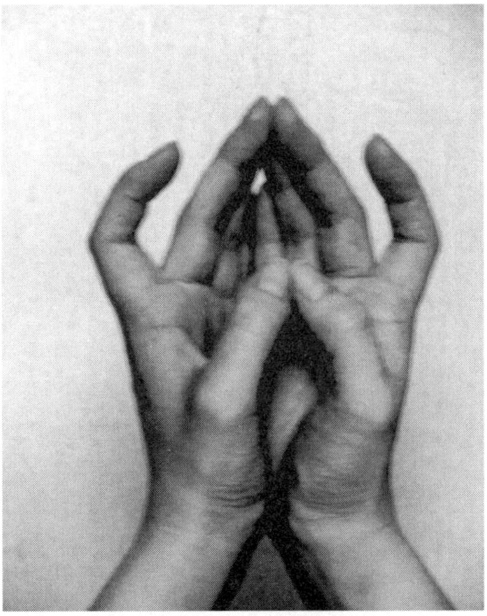

84. 여래설|如來舌|진언

나망 사만따 붓다남 따타가따 지흐봐 사뜨야 다르마 쁘라띠 슈티따 스봐하

|namaḥ samanta-buddhānām tathāgata-jihva satya dharma-pratiṣṭhita svāhā|

부처님의 설법은 언제나 진리인 것을 상징적으로 표현한 것.

수인- 허심합장해서 두 약지를 구부려 손톱이 서로 닿게 붙이고 엄지로 약지 옆을 누른 모양이다.

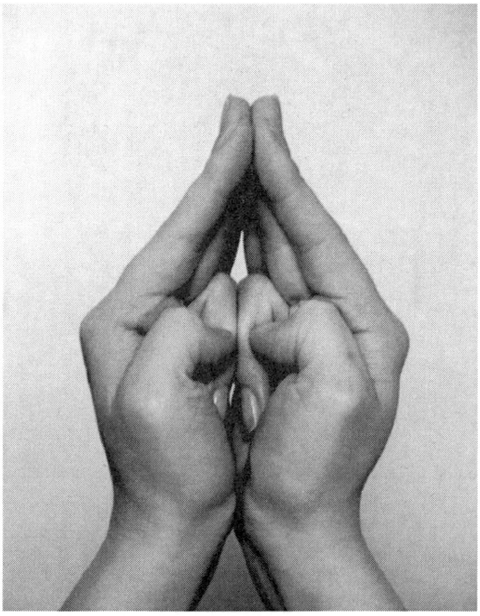

85. 여래아|如來牙|진언

나맣 사만따 붓다남 따타가따 담스뜨라 라사 라사그라 삼쁘라빠까 사르봐 따타가따 뷔사야 삼바봐 스봐하

|namaḥ samanta-buddhānām tathāgata-daṃṣṭra rasa-rasāgra-samprāpaka sarva-tathāgata-viṣaya-sambhava svāhā|

호법금강|護法金剛|, 조복금강|調伏金剛|이라고도 하는데 불법을 수호하는 금강야차를 일컫는 말이기도 하다. 밀교에서는 대자비의 살해자라고 하는데 업이 강한 중생을 제도 시킬 때 현생에서 제도되기 힘들거나 그냥두면 지옥갈 수도 있는 중생을 강제로 죽음으로 인도하여 정화해 악도에 떨어지지 않게 하는 존|尊|으로 가장 무서운 존|尊|이기도 하다.

수인- 허심합장해서 두 검지를 구부려 서로 등이 닿게 붙이고 두 엄지는 끝을 조금 세워 검지 옆에 붙인다.

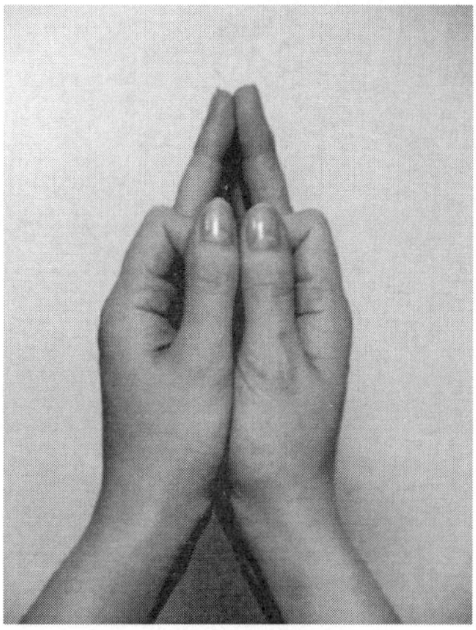

86. 여래어|如來語|진언

나망 사만따 붓다남 따타가따 마하 봑뜨라 뷔스봐 즈나나 마호다야 스봐하

|namaḥ samanta-buddhānām tathāgata-mahā-vaktra viśva -jñāna-mahodaya svāhā|

여래어는 비로차나 부처님의 법은 항상하여 변함이 없는 것을 나타낸 것이다.

수인- 허심합장한 상태에서 두 검지와 두 약지를 장중|掌中|에 넣고 두 엄지를 나란히 세워 조금 구부려 구|口| 형태로 한다.

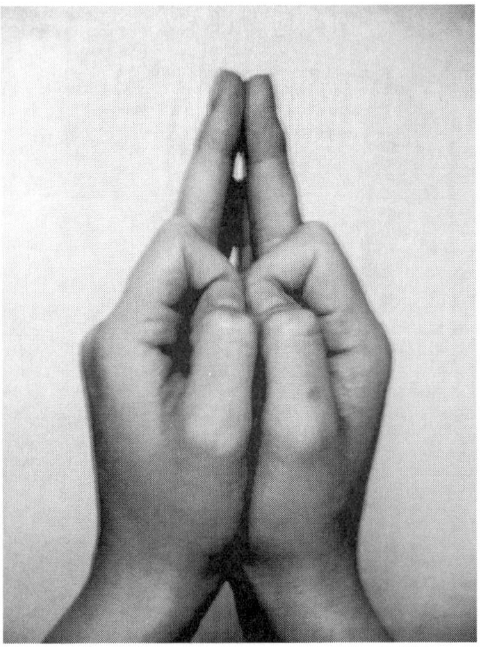

87. 백의관음|白衣觀音|보살진언

나망 사만따 붓다남 따타가따 뷔샤야 삼바붸 빠드마 마리니 스봐하

|namaḥ samanta-buddhānām tathāgata viṣaya- sambhave padma-mālini svāhā|

백의 관음은 관세음보살님의 33응신 가운데 한분으로 항상 흰옷을 입고 흰 연꽃 위에 앉아 계시기 때문에 붙여진 이름이다. 백처관음이라고도 하며 흰 색은 정보리심|淨菩提心|을 나타내고 이 정보리심은 모든 부처님의 대비|大悲|를 낳는다고 한다. 태장계만다라의 관음원 가운데 3번째 줄에 그려져 있다.

수인- 허심합장해서 두 약지와 두 엄지를 장중|掌中|에 넣은 모양이다.

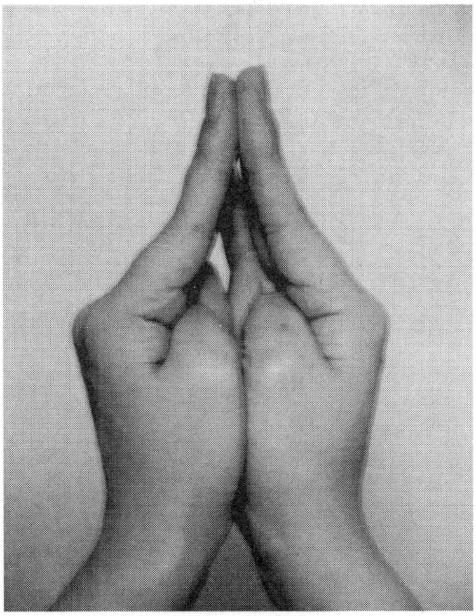

88. 여래요|如來腰|진언

나맣 사만따 붓다남 따타가따 삼바봐 스봐하

|namaḥ samanta-buddhānām tathāgata sambhava svāhā|

여래요는 태장법의 여래신회|如來身會| 가운데 하나이다. 밀교는 이법|理法|과 지법|智法|의 두 가지로 되어 있는데 그 가운데 지법을 나타낸 것이다.

수인- 내박해서 두 약지를 세워 서로 붙인 모양이다.

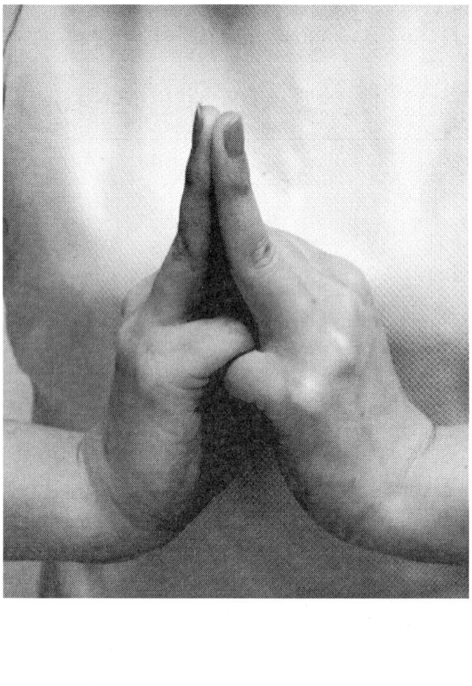

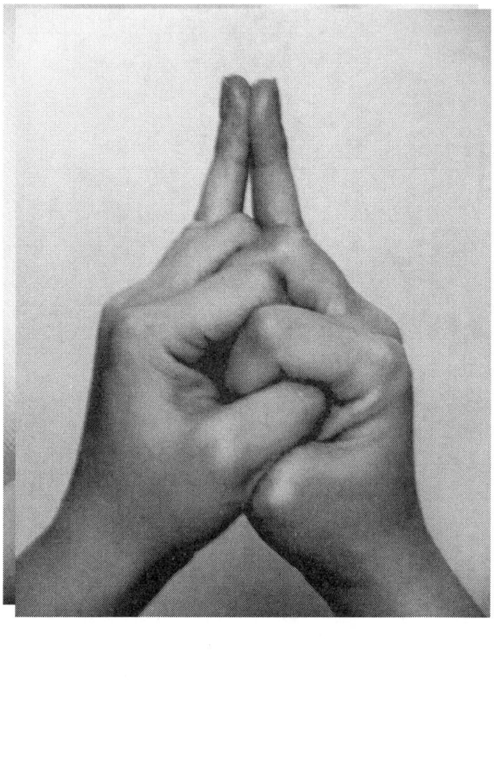

89. 여래념처|如來念處|진언

나망 사만따 붓다남 따타가따 스므르띠 사뜨봐 히따뷰드가따 가가나 사마사마 스봐하

|namaḥ samanta-buddhānām tathāgata-smṛti sattva-hit ābhyudgata-gagana samāsama svāhā|

여래염처는 여래의 대비이타|大悲利他|의 념|念|이 법계에 두루 퍼져 가는 것을 나타낸 것이다.

수인- 허심합장해서 두 검지를 둥글게 말아 엄지 끝에 맞춘다.

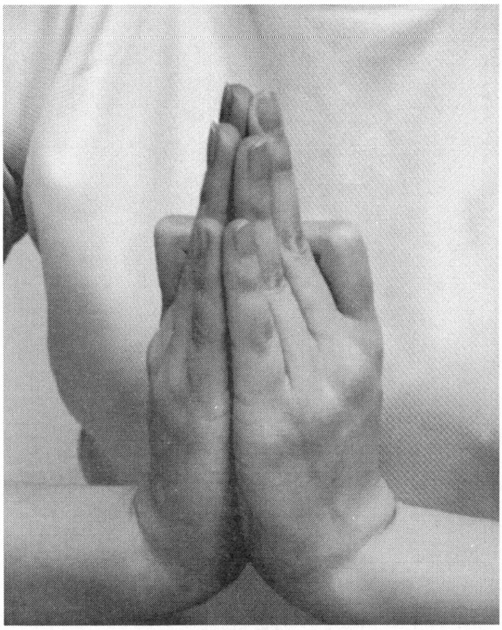

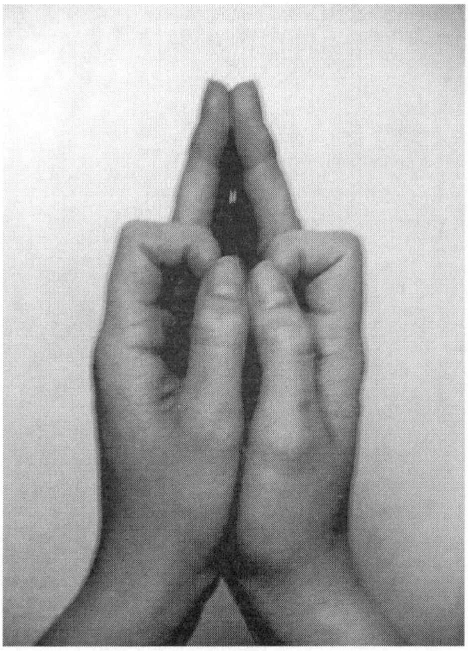

90. 등명|燈明|진언

나맣 사만따 붓다남 따타가따르찌 스푸라나봐바사나 가가노 다르야 스봐하

|namaḥ samanta-buddhānām tathāgatārci- sphuraṇāvabhāsa na gaganodārya svāhā|

등명은 부처님께 올리는 다섯 가지 공양[20] 가운데 하나이다. 불보살님께 등불을 올리는 것은 어두운 무명 가운데서 헤매는 중생들의 어리석음을 부처님의 태양처럼 밝은 지혜로 밝혀달라는 의미에서다.

수인- 왼손은 주먹을 쥐어 허리에 붙여두고 오른손은 들어 엄지로 약지와 새끼를 눌러 잡고 검지로 중지 등을 누른 모양이다.

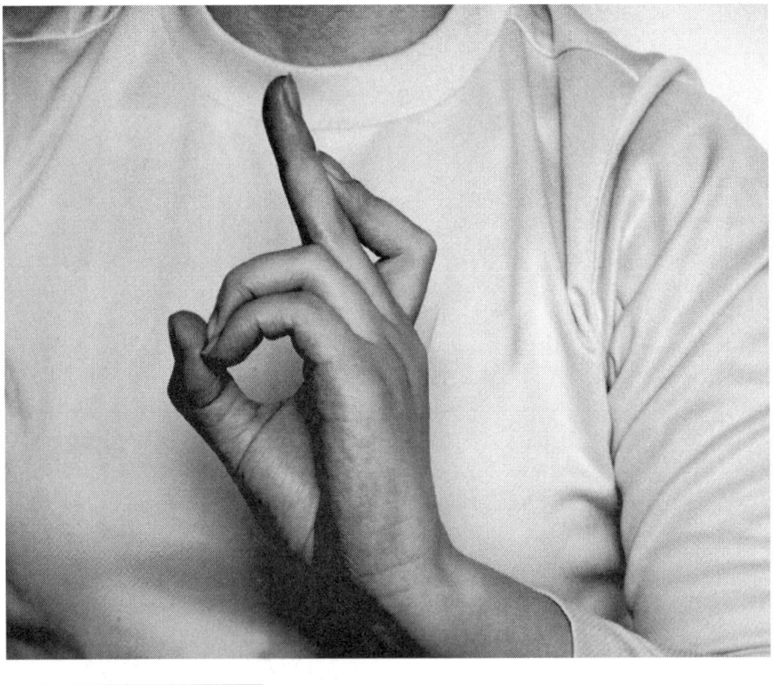

20) 다섯 공양: 도향|塗香|, 화만|華鬘|, 소향|燒香|, 음식, 등명|燈明|

91. 불부삼매야|佛部三昧耶|진언

옴 따타가또드바봐야 스봐하

|oṃ tathāgatodbhavāya svāhā|

불부|佛部|의 모든 존|尊|을 가지|加持|하여 수행자의 신업|身業|을 청정히 하도록 하는 진언이다.

수인- 합장한 상태에서 두 손을 조금 벌려 받드는 모양을 한다. 이때 엄지는 검지 밑을 누르고 검지는 중지 옆에 붙인다.

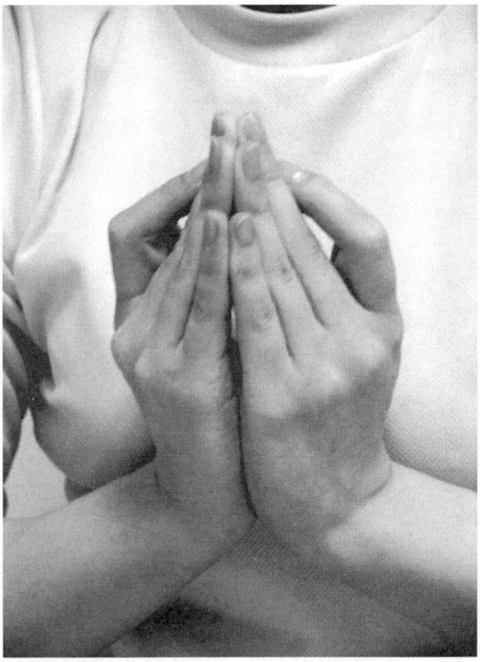

92. 삼세무애력명비|三世無礙力明妃|진언

따드야타 가가나사메 쁘라띠사메 사르봐 따타가따 사만따누가떼 가가나 삼마봐라 락끄샤네 스봐하

|tad yathā gagana-same pratisame sarva-tathāgata-samantā nugate gagana-sama-vara-lakṣaṇe svāhā|

일체무명번뇌|一切無明煩惱|를 파괴하고 모든 고뇌|苦惱|를 제거하는 힘의 움직임을 나타낸다. 참된 성품처에서 제불의 지혜와 덕이 일어나 모든 장애를 없애는 것에 비유해 비|妃|라 하였다.

수인- 여래정인|如來頂印|이다. 내박해 두 중지를 세워 서로 붙여놓고 검지는 갈고리모양으로 벌려 중지 등에 붙이고 두 엄지는 나란히 세워 두 중지를 누른 모양이다.

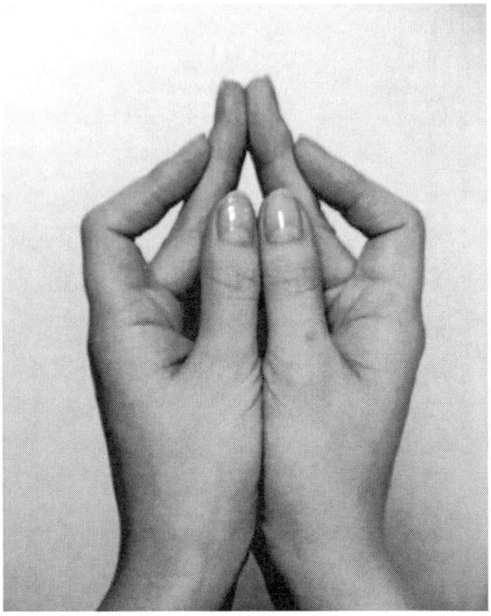

93. 보차로|寶車輅|진언

옴 뚜루 뚜루 훔

|oṃ turu turu hūṃ|

도량에 단을 차려놓고 모든 준비가 끝났을 때 본존을 모시기 위해 외는 진언이다.

수인- 두 손을 엮어 손가락을 서로 교차하고 양손 엄지는 옆으로 벌리고 두 검지는 끝을 서로 맞댄다.

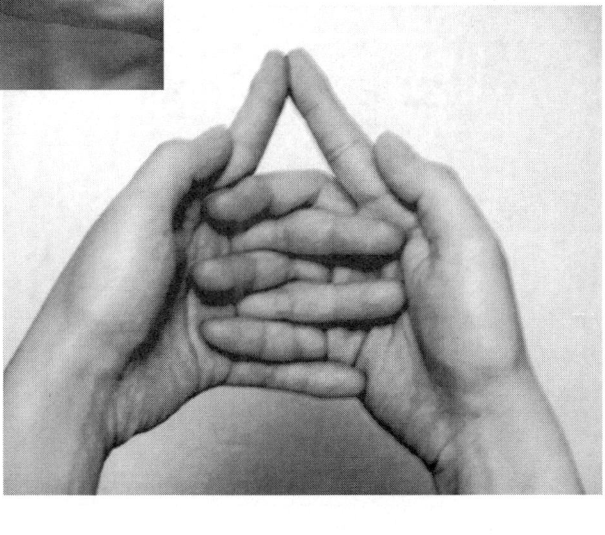

94. 망망계|忙莽界|보살진언

나망 사만따 봐즈라 남 뜨리뜨 뜨리뜨 자얀띠 스봐하

|namaḥ samanta-vajrānām triṭ triṭ jayanti svāhā|

금강모|金剛母|, 다모|多母|라 번역하는데 일체제불보살의 금강모|金剛母|로서 반야|般若|의 지|智|를 표시하는 보살이다.

수인- 허심합장해서 두 엄지, 두 새끼손가락을 장중|掌中|에 넣고 나머지 손가락을 펼쳐 삼고저 모양을 한 것이다.

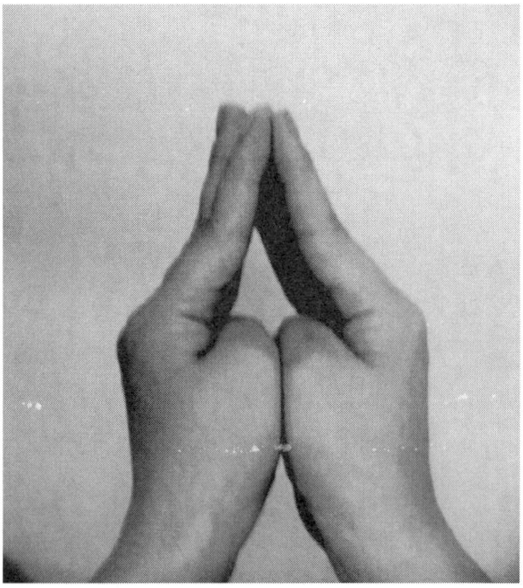

95. 화취불정|火聚佛頂|진언

나망 사만따 붓다남 뜨림

|namaḥ samanta-buddhānām trīṃ|

화취불정|火聚佛頂|은 광취불정|光聚佛頂|이라고도 하는데 종자 진언인 trīṃ은 여여|如如|와 무구|無垢|, 대공|大空|을 나타낸 것으로 여여무구|如如無垢| 즉 일체청정|一切清淨|한 공|空|의 세계를 나타낸 것이다.

수인- 허심합장해서 엄지는 나란히 세우고, 두 새끼손가락과 두 약지는 구부려 서로 등을 맞대게 하고 중지는 세워 그 끝을 붙이고, 검지는 갈고리모양으로 만들어 중지 옆에 붙인다.

96. 경발지신|驚發地神|진언

뜨봠 데뷔 사끄사부따 시 사르봐 붇다나 따이남 짜르야 나야 뷔세세수 부미빠라미따수 짜 마라 사인얌 야타 바그남 사끄야 심헤나 따이나 따타함 마라 자얌 끄르뜨봐 만달람 레르크야미 아함

|tvaṃ devi sākṣa-bhutā si sarva-buddhāna tāyinaṃ caryā -naya-viśeṣeṣu bhūmi-pāramitāsu ca māra-sainyaṃ yathā bhagnaṃ śākya-siṃhena tayinā tathāhaṃ māra-jayaṃ kṛtvā maṇdalaṃ lelkhyāmy aham|

경발지신진언은 만다라를 건립할 때 지신|地神|을 깨우는 작법인데 이때 지신은 정보리심을 의미한다.

석가모니 부처님께서 성불하려 할 때 많은 마|魔|들의 방해를 받았는데 이때 부처님께서는 손으로 땅을 가리키는 촉지인을 지어서 모든 마군을 항복받았다고 한다. 이것은 땅이 비바람에도 움직이지 않는 것처럼 모든 마의 유혹을 벗어남도 이와 같다는 의미를 지니고 있다.

수인- 장궤|長跪|합장 후 오른손으로 오고저를 잡아 검지, 중지, 약지를 펴 오고저를 왼손으로 넘겨 쥐고 가슴 앞에 놓은 후 오른손 끝을 땅에 세 번 닿게 한다.

97. 보처|寶處|보살진언

나망 사만따 붓다남 담

|namaḥ samanta-buddhānām daṃ|

보생|寶生|, 보작|寶作|, 보광|寶光|이라고도 부른다. 보처의 종자 진언인 'daṃ'은 일체 법보|法寶|를 생하는 것을 나타낸다. 보배가 바다에서 나오는 것과 같으므로 보처라 이름 한다. 태장계만다라 지장원 9존 가운데 한분이다.

수인- 오른손을 금강권으로 해 거수하고 중지, 약지, 새끼를 들어 삼고저형태를 한 모양이다.

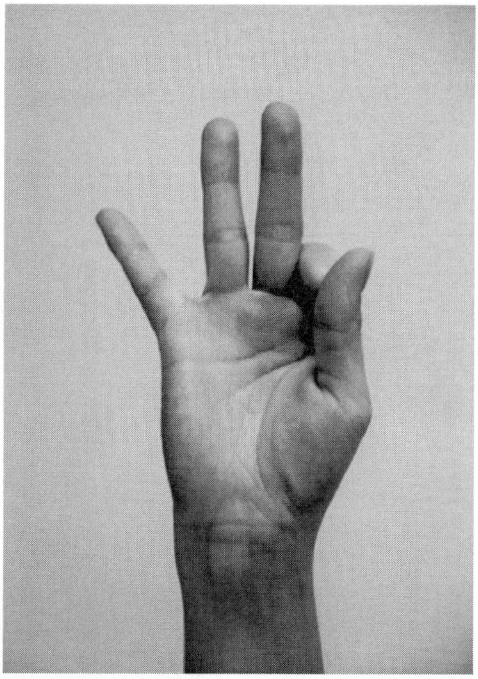

98. 역파라밀보살|力波羅蜜菩薩|진언

옴 다마니 모디떼 훔 하하하 훔 작 스바하

|oṃ damani-modite hūṃ ha ha ha hūṃ jaḥ svāhā|

열분의 파라밀 보살가운데 한 분이다. 현교에서는 보살행의 실천을 육|六|파라밀로 표현한데 반해 밀교에서는 십10.5파라밀로 표현하고 있다.

수인- 외박권에서 두 중지와 두 검지, 두 엄지를 세워 서로 맞붙인 모양이다.

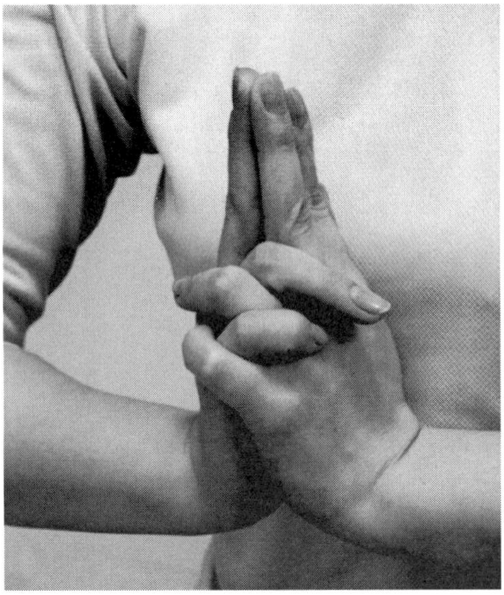

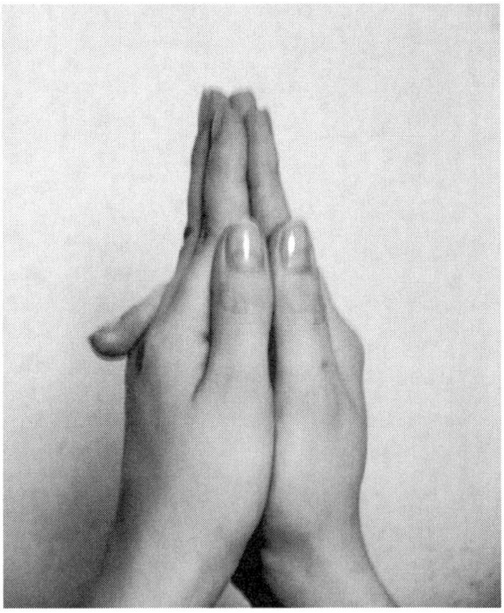

99. 여래지십력|如來持十力|진언

나맣 사만따 붇다남 다쉬아-바랑가-다라 훔 삼 잠 스봐하

|namaḥ samanta-buddhānām daśa-balāṅga-dhara hūṃ saṃ jaṃ svāhā|

여래십력이라고도 하는데 태장계만다라 가운데 여래신회에 있는 진언과 다라니의 하나이다.

♧여래십력이란

1. 처비처지력|處非處智力|
2. 업이숙지력|業異熟智力|
3. 정려해탈등지등지지력|靜慮解脫等持等至智力|
4. 근상하지력|根上下智力|
5. 종종승해지력|種種勝解智力|
6. 종종계지력|種種界智力|
7. 편취행지력|遍趣行智力|
8. 숙주수념지력|宿住隨念智力|
9. 사생지력|死生智力|
10. 누진지력|漏盡智力|

수인- 허심합장하여 두 새끼손가락과 두 엄지를 구부려 손안에 넣고 엄지로 새끼 옆을 누른 모양이다.

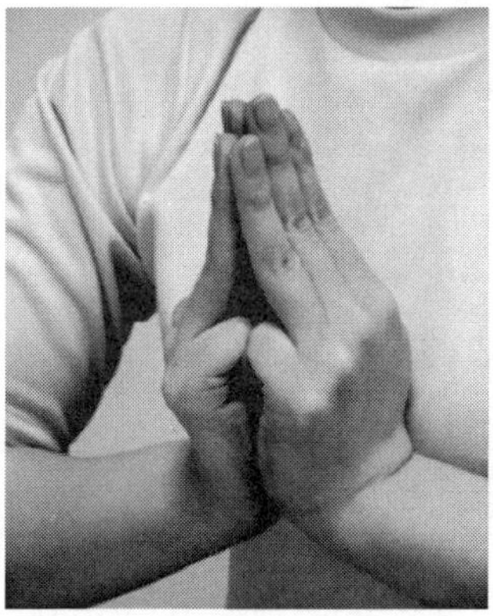
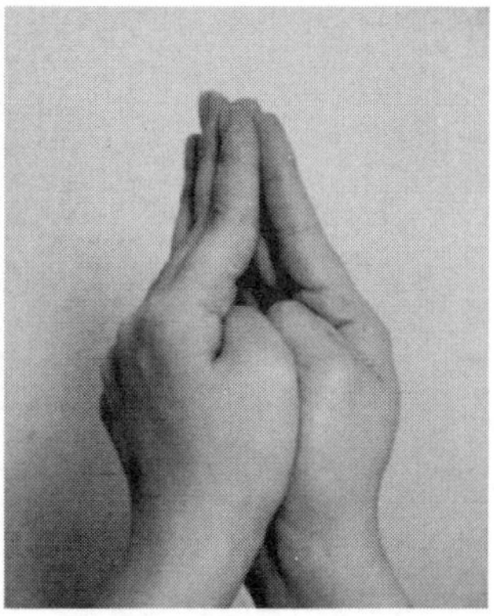

100. 오파계설니|烏波髻設尼|진언

나망 사만따 붓다남 디리

|namaḥ samanta-buddhānām dili|

오파계설니|Upakeśini| 는 문수보살의 다섯 사자 가운데 하나이다. 문수보살의 한 가지 지혜를 나타낸다. 밀호는 묘혜금강이다.

수인- 오른손은 들어 중지를 펴서 갈래진 창의 형태를 하고 엄지로 검지, 약지, 새끼손가락을 누른다.

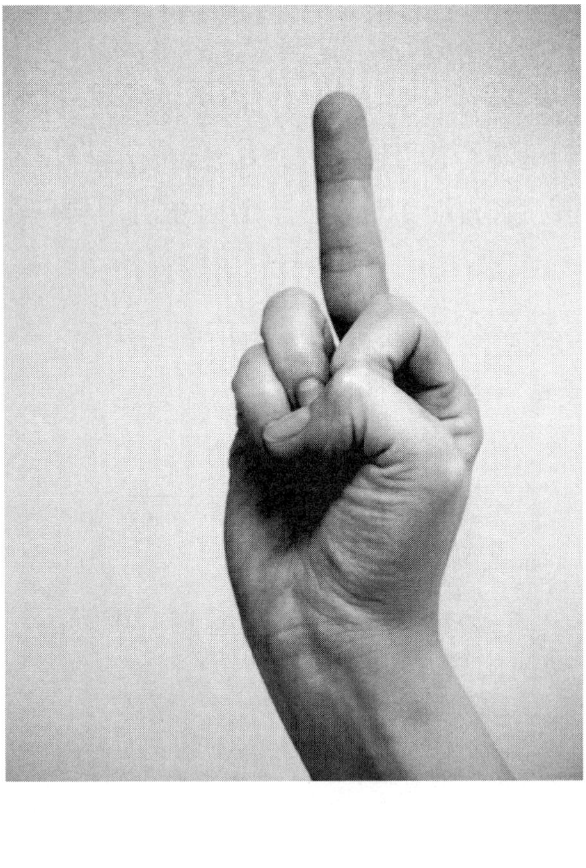

101. 금강리보살|金剛利菩薩|진언

둑카 체다

|duḥka-ccheda|

금강리보살은 문수보살의 삼매야형이다. 금강계만다라 37존 가운데 한분이다. 수행자의 습기|習氣|를 영원히 단절시켜 고|苦|를 없애고 참됨을 깨닫게 하는 분이다.

수인- 외박해서 두 중지를 세워 첫 번째 마디를 구부려 서로 붙인다.

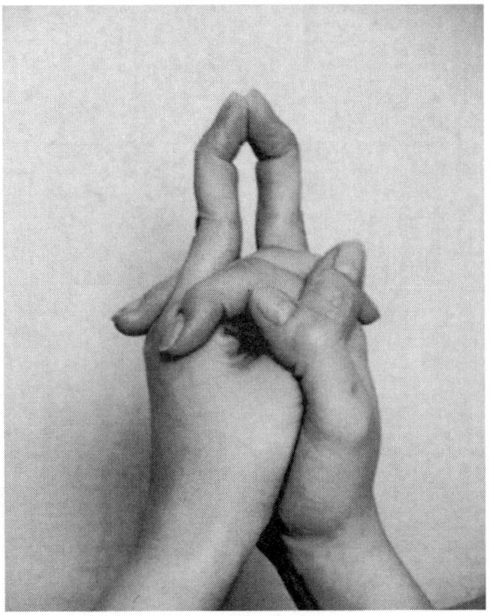

102. 무능승보살|無能勝菩薩|진언

나맣 사만따 붇다남 두르다르샤 마하 로사나 카다야 사르봠 따타가따즈냠 꾸루 스봐하

|namaḥ samanta-buddhānām durdharṣa -mahā-roṣaṇa khād aya sarvāṃ tathāgatājñāṃ kuru svāhā|

팔대명왕의 하나이며 항마|降魔|의 덕을 갖춘 존|尊|이다.

수인- 오른손은 연꽃을 잡은 모양을 한다, 즉 엄지와 검지는 서로 잡고 중지를 손바닥 안으로 넣은 다음 나머지 손가락은 펴서 흩은 모양을 하고 왼손은 조금 높게 들어 올린다.

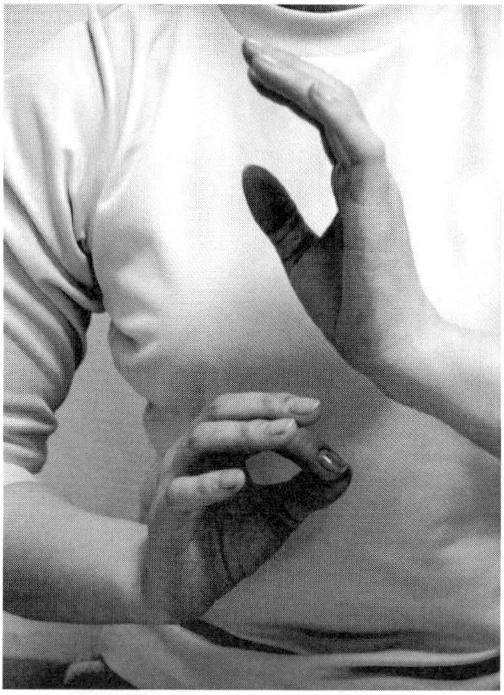

103. 지지보살|持地菩薩|진언

나망 사만따 붓다남 다라니 다라 스봐하

|namaḥ samanta-buddhānām daraṇi-dhara svāhā|

석가모니 부처님께서 어머니인 마야부인에게 설법하시려고 도리천으로 올라갈 때에 이 보살이 세 갈래의 보배계단을 만들었다고 함.

수인- 왼손을 엎고, 오른손을 손등이 서로 맞대게 올려, 엄지와 새끼 손가락을 서로 교차해서 삼고저형태를 한 모양이다.

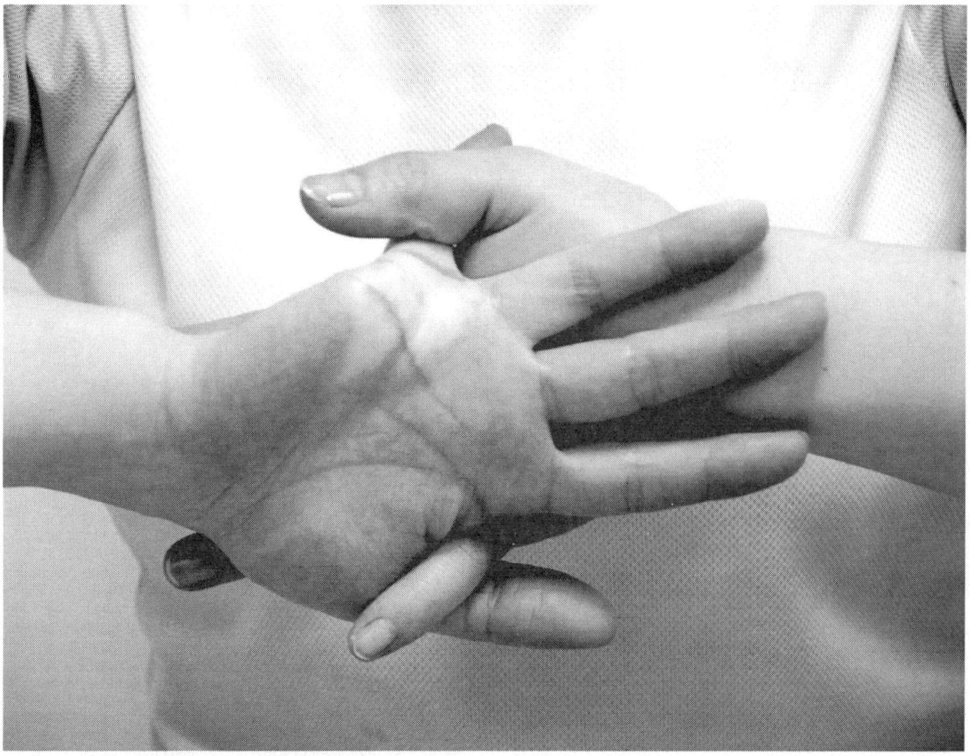

104. 법계생|法界生|진언

나망 사만따 붓다남 다르마 다뚜 스봐바봐꼬 함

|namaḥ samanta-buddhānām dharma-dhātu-svabhāvako ha m|

법계생은 정법계|淨法界|, 견법계|見法界|, 법계청정|法界淸淨|, 청정법신|淸淨法身|이라고도 한다. 수행자가 아성|我性|을 잃어버리고 자신의 청정한 성품속으로 들어가면 여래가 되는 것을 나타낸 것이다.
밀교 수행자가 금강살타의 원만한 가지를 위해 아|我|를 버리고 법성을 취하는 것을 말한다.

수인- 두 손을 각각 금강권 으로 한 후 검지를 세워 그 끝을 곁으로 맞댄다.

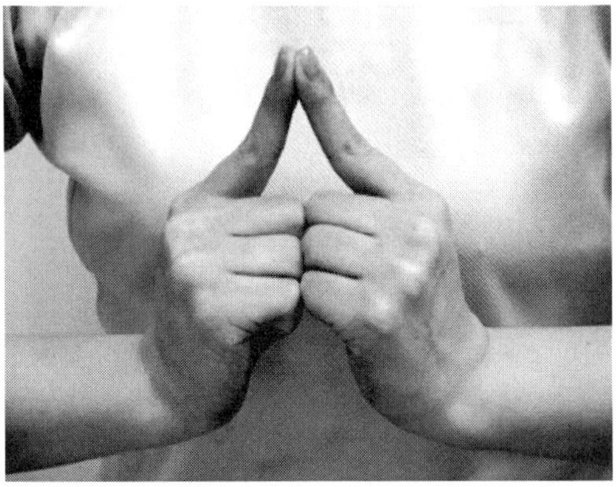

105. 범향|梵香|진언

나맣 사만따 붇다남 다르마 다뜨브 아누가떼 스봐하

|namaḥ samanta-buddhānām dharma-dhātv-anugate svāhā|

향을 태우면 넓은 곳이 향기로 가득 차 맑게 정화되므로 수행자가 올린 공양의 공덕이 넓게 사회로 퍼져 많은 이들이 함께 정화됨을 뜻한다.

수인- 두 손을 손바닥이 위로 향하게 하고 새끼손가락, 약지, 중지의 세손가락을 서로 등을 맞춰 나란히 세우고, 두 검지는 측면을 서로 붙이며, 엄지는 두 검지 측면에 붙인 모양이다.

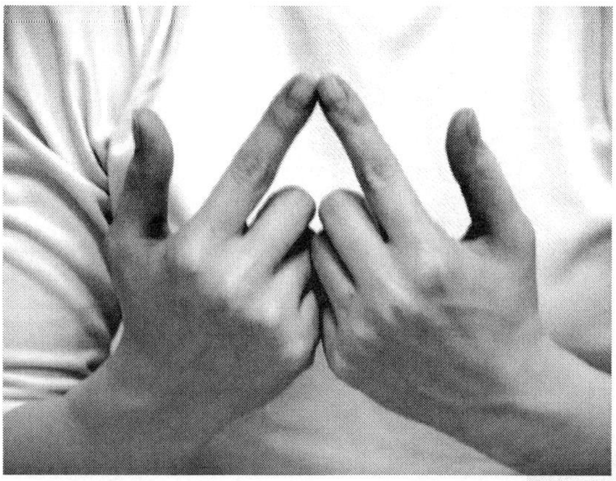

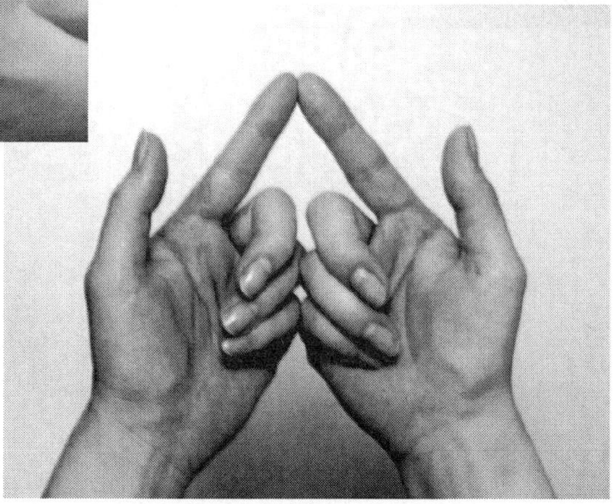

106. 법파라밀보살|法波羅蜜菩薩|진언

다르마 봐즈리

|dharma-vajri|

금강계만다라 37존 가운데 한분으로 청정금강 또는 연화금강이라고도 한다.

수인- 미타정인, 왼손위에 오른손을 얹어 손가락을 포개어 놓고 검지는 서로 그 끝을 맞닿게 하고 검지는 둥글게 말아서 엄지에 붙인 모양이다.

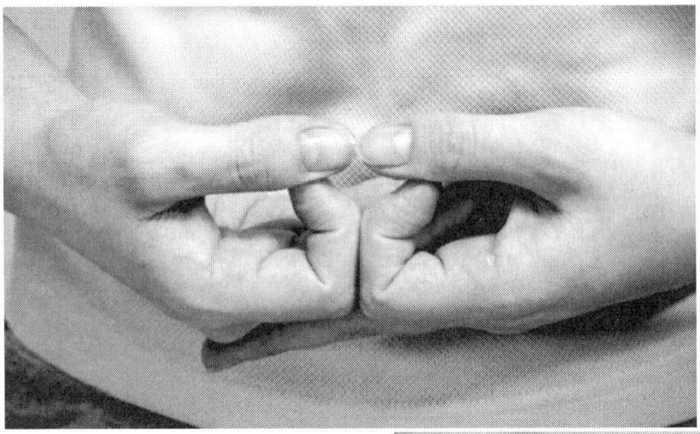

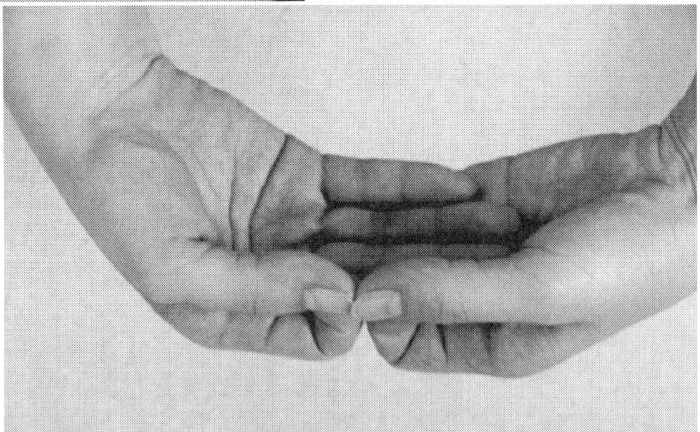

107. 청정혜보살|清淨慧菩薩|진언

나맣 사만따 붓다남 다르마 삼바봐 스봐하

|namaḥ samanta-buddhānām dharma-sambhava svāhā|

자성청정|自性淸淨|을 보살로 승화시켜 표현한 것이다.

수인- 허심합장해서 두 엄지를 손바닥에 넣고 두 검지를 둥글게 말아서 엄지 위를 누른 모양이다.

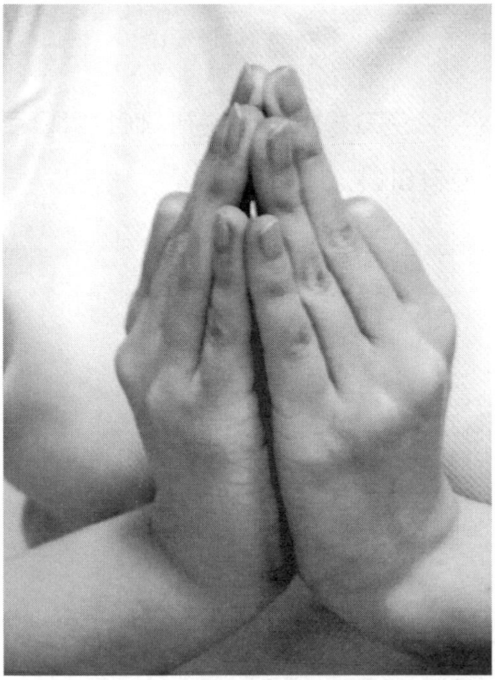

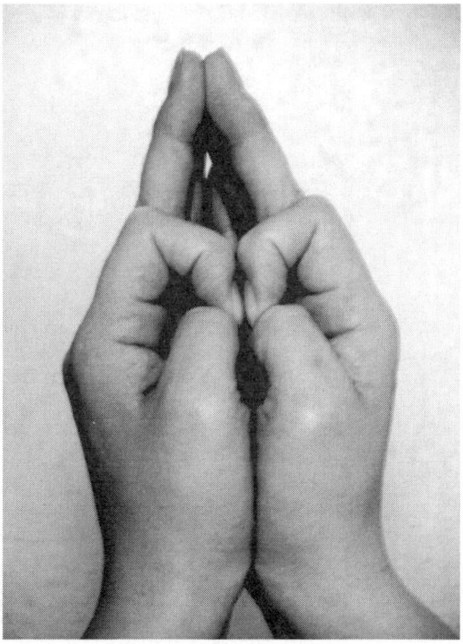

108. 무능승금강|無能勝金剛|진언

딤 딤 림 림 지리 지리

|dhiṃ dhiṃ riṃ riṃ jiri jiri|

무능승보살이라고도 하며 그 위덕|威德|이 광대하여 능히 이길 자가 없다하여 무능승|無能勝|이라고 한다.
무능승은 석가모니 부처님의 교령륜신|敎令輪身|이기도 한데 이는 여래의 교령|敎令|을 받들어 분노의 모습을 나타내 모든 장애를 없애고 악마를 항복받고 험악한 중생을 강제로 다스린다.

수인- 오른손은 지화인을 하고 왼손은 오지를 펴서 손바닥이 밖으로 향하게 해 머리보다 조금 높게 올린 모양이다.

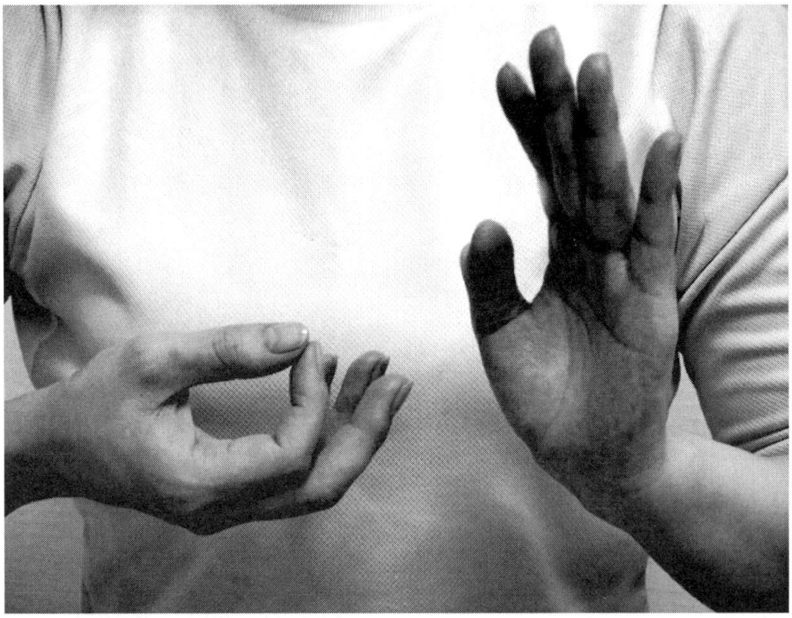

109. 반야보살|般若菩薩|진언

옴 디쉬리스루따 뷔자예 스봐하

|oṃ dhi śrī-śrūta-vijaye-svāhā|

반야보살은 반야|般若|의 지혜|智慧|를 인격화하여 나타낸 것으로 태장계만다라가운데 지명원의 중앙에 계신 존이다.
대반야경|大般若經|의 본존|本尊|으로 밀호[21]는 대혜금강|大慧金剛|이다.
사|四|파라밀보살 가운데 금강파라밀보살과 동체이며 비로차나여래의 정법륜신|正法輪辛|이다.
형상은 머리에는 보관을 쓰고 몸에는 갑옷을 입고 있으며 팔이 여섯 개 달려 있는데 왼편 첫 번째 손은 범협|梵篋|을 쥐고 두 번째 손은 손바닥을 위로하여 배꼽 앞에 두고 있으며, 세 번째 손은 약지를 구부려 엄지손가락과 합한 수인을 하고 있다.
오른쪽의 첫 손은 약지를 구부려 지화인을 하고 둘째 손은 여원인을 하고 있으며 셋째 손은 약손가락을 구부린 수인을 하고 있는 모습이다.

수인- 범협인. 왼손을 평평하게 펴 밑에 놓고 오른손을 왼손 위에 덮은 모양이다.

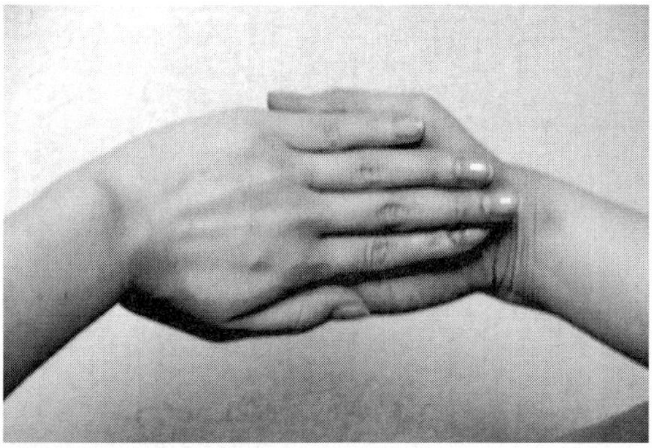

21) 밀교에서 따로 부르는 존의 명칭

110. 지국천왕|持國天王|진언

나망 사만따 붓다남 드르따 라스뜨라 라라 쁘라마다나 스봐하
|namaḥ samanta-buddhānām dhṛta-rāṣṭra-rārā- pramadana svāhā|

사천왕|四天王|의 하나로 동방을 수호하는 수호신이다.

수인- 엄지를 비스듬히 펴 검지에 붙지 않게 하고 팔을 서로 교차시킨다.

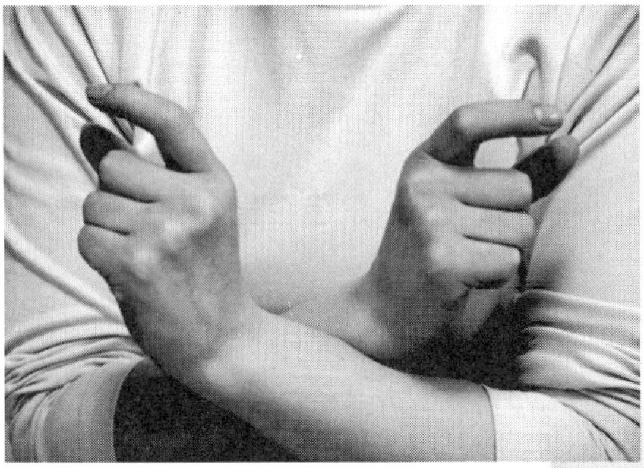

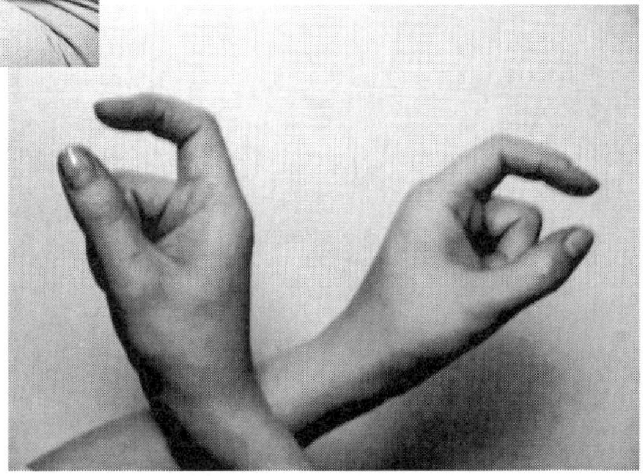

111. 이십팔숙|二十八宿|진언

나맣 사만따 붓다남 나끄샤뜨라 니르나다니예 스봐하

|namaḥ samanta-buddhānām nakṣatra-nirnādaniye svāhā|

하늘의 28가지 별자리에 해당한다. 28숙이란 인도 천문학에서 붙여진 이름인데 중국과 한국 일본등지에서 이렇게 부르고 있다.
하늘을 12궁으로 나누고 이것을 12개월에 상응시켜 태양의 위치를 나타낸 12가지 궁|宮|과, 태음력으로 1월에 위치한 성좌를 28숙이라 부르고 태양태음을 기점으로 력|曆|이 작성되었다.

수인- 허심합장해서 두 중지와 두 엄지를 밖으로 교차하여 손등에 붙이고 좌우를 누른 모양이다.

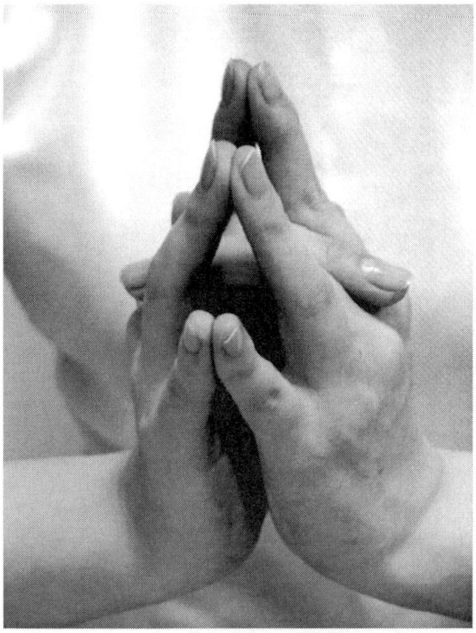

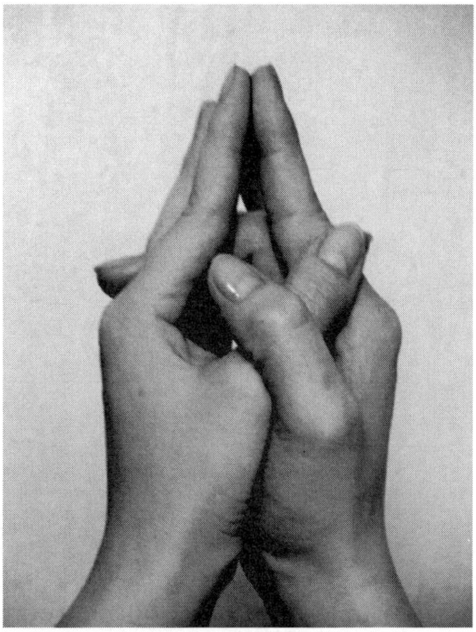

112. 작단|作壇|진언

옴 난다 난다 나띠 나띠 난다바리 스바하

|oṃ nanda nanda naṭi naṭi nanda-bhari svāhā|

수행자가 도량을 건립하기 위해 단을 만들때 사용하는 진언 우리나라에서는 건단|建壇|진언으로 알려져 있다.
이 진언으로 말미암아 건립하려는 도량이 청정해짐과 동시에 안락하게 된다.

수인- 왼손을 주먹 쥐어 엄지를 세우고 오른손으로 감싸 쥐는데 오른손 엄지 끝과 왼손 엄지 끝이 닿아야 한다.

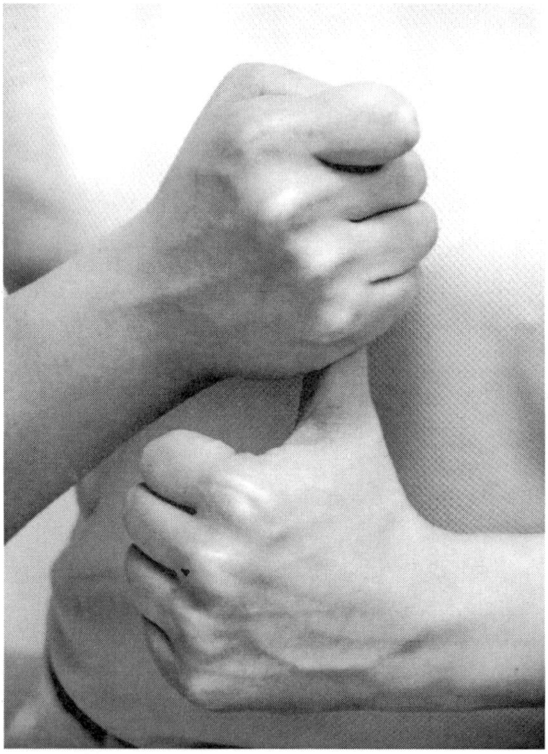

113. 난다용왕진언

나맣 사만따 붓다남 난도빠난다예 스봐하

|namaḥ samanta-buddhānām nandopanandaye svāhā|

난다|nanda|용왕은 8대용왕의 하나로 불법을 수호하는 호법신의 일종이다. 발리타|upananda|용왕과는 형제간이다. 용왕이 가뭄에 비를 내려 세상을 이롭게 하는 것처럼, 여래의 자비의 덕으로 중생을 참된 길로 이끄는 힘이 있다고 한다.

수인- 두 손의 오지를 각각 펴서 왼손을 위로 향하게 한 후 오른손으로 왼쪽 손바닥으로부터 팔목까지 덮는다. 그런 후 다시 손을 바꾸어 반대로 수인을 맺는다.

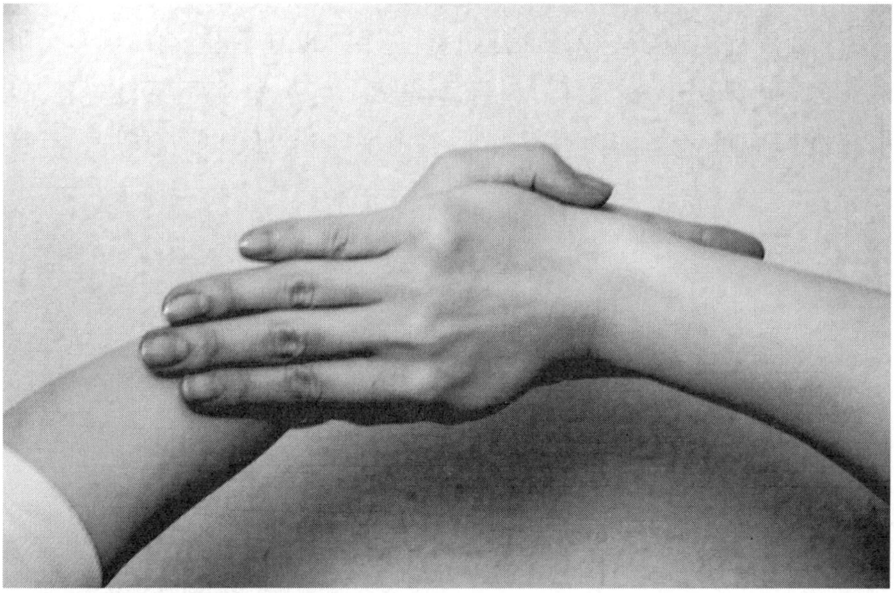

114. 작례방편|作禮方便|진언

옴 나말 사르봐 따타가따 까야 빡 찌따 빠다 봔다남 까로미

|oṃ namaḥ sarva tathāgata-kāya-vāk-citta-pāda-vandanaṃ karomi|

귀명방편 이라고도 하고, 삼보|三寶|와 여래의 삼밀|三密|에 예를 표하는 진언인데 작법시 결계진언으로 쓰인다.

수인- 왼손바닥을 밑으로 향하게 하고 오른손으로 그 위를 덮되 손등이 서로 맞대게 하여 엄지와 새끼를 서로 교차시킨 상태에서, 머리로 들어 올려 정수리에 놓고 다시 팔을 벌려 수인을 풀고 가슴 앞에서 한 바퀴 돌려 금강합장한 후 정수리에 올려놓은 상태에서 진언을 왼다.

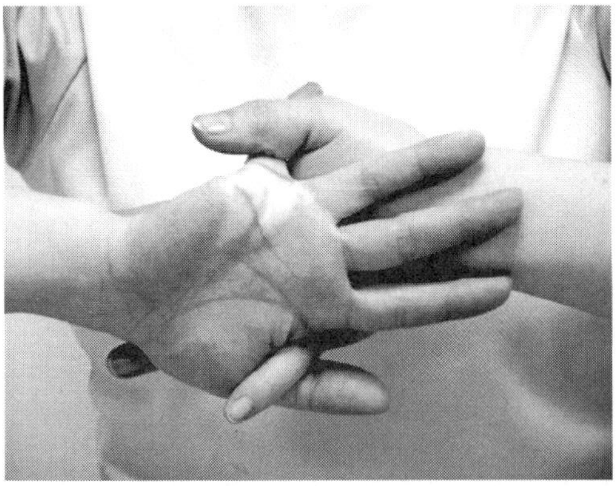

115. 금강광보살진언

옴 나맣 사르봐 따타가따 수르예뵤 봐즈라 떼지니 즈봐라 흐

|oṃ namaḥ sarva tathāgata sūryebho vajra-tejini jvala hriḥ|

일체여래관정공양 진언이라고도 한다. 금강광보살의 공양을 나타낸 것이다.

수인- 일륜인. 두 손을 활짝 펴 엄지와 검지 끝을 서로 닿게 한 모양이다. 이는 마치 태양빛이 사방으로 펼쳐지는 모양을 표현한 것이다.

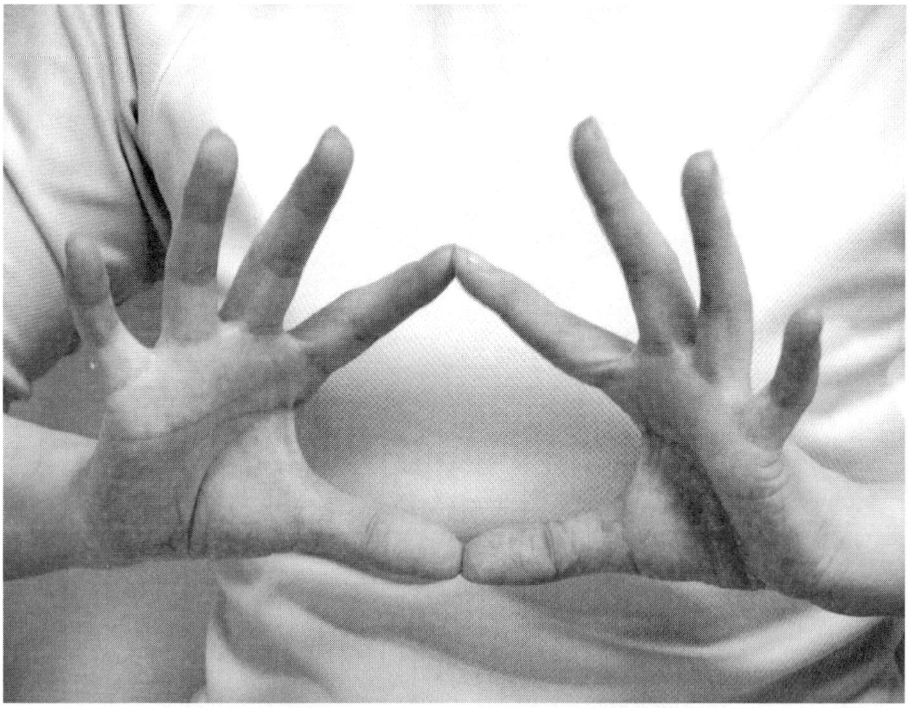

116. 금강당보살|金剛幢菩薩|진언

옴 나맣 사르봐 따타가따사 빠리뿌라나 찐따 마니 드흐봐자 그레뵤 봐즈라 드봐자그레 뜨람

(oṃ namaḥ sarva tathāgatāśā-paripūraṇa-cintā-maṇi -dhvajā grebhyo vajra-dhvajāgre traṃ)

일체관정공양 진언이라고도 하는데 금강당보살의 공양을 의미한다.

수인-외박인을 해서 두 팔을 펴고 정수리 위에 올려놓은 모양이다.

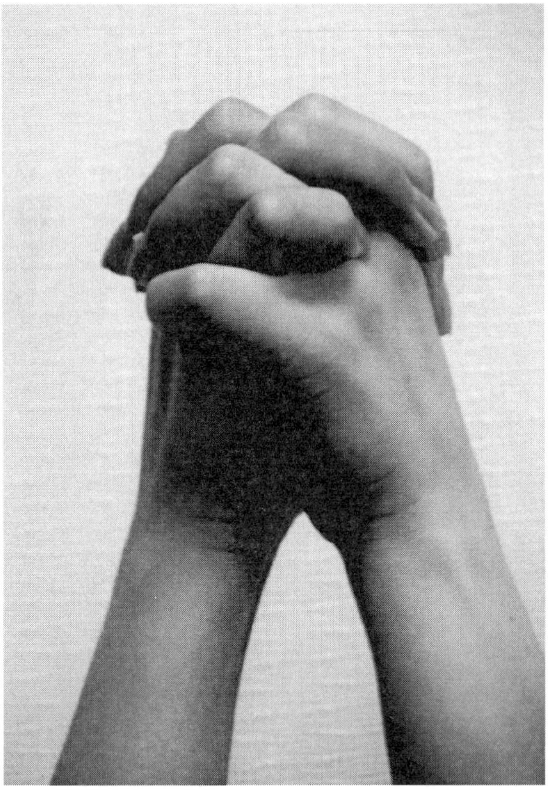

117. 무감인|無堪忍|진언

나맣 사르봐 따타가떼 봐흐 사르봐 바야 뷔가떼뱧 뷔스봐 무케뱧 사르봐타함 캄 라끄샤 마하 바레 사르봐 따타가따 뿐야 니르자떼 훔 훔 뜨라뜨 뜨라뜨 스쁘라띠하떼 스봐하

|namaḥ sarva tathāgatebhyaḥ sarva-bhaya-vigatebhyaḥ viśva-mukhebhyaḥ sarvathā haṃ khaṃ rakṣa-mahā-balesarva-tathāgata-puṇya nirjāte hūṃ hūṃ traṭ traṭ spratihate svāhā|

무감인대호|無堪忍大護|, 무감인|無堪忍|, 대력대호|大力大護|, 리감인결대계|離堪忍結大界|, 사대결호|四大結護|, 무감인삼매야|無堪忍三昧耶|라고도 불린다. 태장계만다라의 사방사대호|四方四大護| 총인|總印| 다라니이다. 또는 사대호 가운데 남방무감인대호의 수인과 다라니이다. 만다라의 세계를 보호하는 신들인데 이 수인과 다라니를 외면 수행자 자신을 보호 할뿐 아니라 정보리심을 지켜 모든 마들의 유혹이나 핍박으로부터 안전하게 된다.

수인- 허심합장해서 두 약지와 두 검지를 펴고 두 중지를 안으로 넣어 서로 교차시키고 두 엄지와 새끼는 붙인 상태에서 나란히 세운 모양이다.

118. 무능해력명비|無能害力明妃|진언

나망 사르봐 따타가떼뱧 사르봐 무케뱧 아사메 빠라메 짜레 가가네 사마라네 사르봐뜨라누가떼 스봐하

|namaḥ sarva tathāgatebhyaḥ sarva-mukhebhyaḥ asame para me cale gagane smaraṇe sarvatrānugate svāhā|

이 진언은 대비로차나신불가지경의 전자륜만다라행품에 비로차나여래가 무량승삼매|無量勝三昧|에 안주해 설한 것이다. 무량승|無量勝|은 무능해|無能害|의 뜻을 지니고 있고 이 진언을 외면 모든 장애를 제거하고 참된 성품을 지키는 것이 가능하다.

수인- 범협인, 왼손을 평평히 해서 오지를 펴 위를 향해 펴고 오른손으로 왼손 위를 덮은 모양이다.

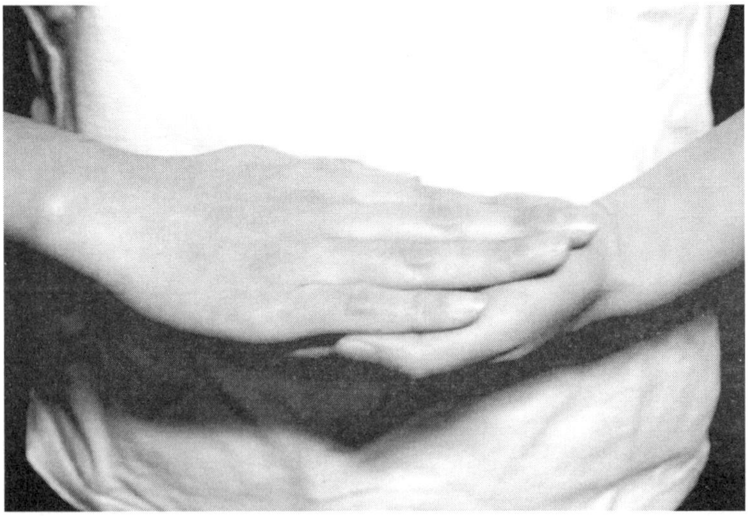

119. 부동화계|不動火界|진언

나맣 사르봐 따타가떼뱌 사르봐 무케뱌 사르봐타 뜨라뜨 짠다 마하 로사나 캄 카히 카히 사르봐 뷔그남 훔 뜨라뜨 함 맘.

|namaḥ sarva tathāgatebhyaḥ sarva-mukhebhyaḥ sarvathā trat caṇḍa-mahā-roṣana khaṃ khāhi khāhi sarva-vighnaṃ hūṃ traṭ hāṃ māṃ|

부동명왕화계는 화륜|火輪|속에 계시는 부동명왕의 마음을 나타낸 것이다. 모든 장애를 불로써 정화하고 모든 더러움을 불로써 태워 없애는 것처럼 이 진언으로 수행하면, 수행자의 장애와 번뇌를 태워 없앰도 이와 같다.

수인- 부동근본인. 두 손을 내박권으로 해서 두 검지를 세워 끝을 서로 붙인다.

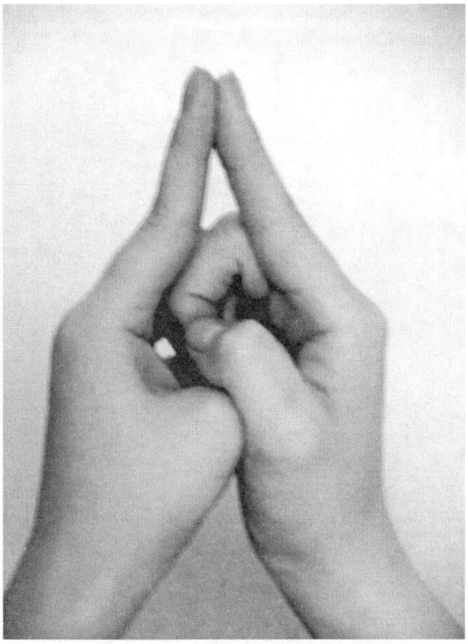

120. 입불삼매야(入佛三昧耶)진언

나망 사르봐 따타가떼뵤 뷔스봐 무케뱧 옴 아사메 뜨리사메 사마예 스봐하

(namaḥ sarva tathāgatebhyo viśva-mukhebhyaḥ oṃ asame tri same samaye svāhā)

입불삼매야는 밀교삼매야(密敎三昧耶) 시삼매야(示三昧耶), 일체여래무능장애신무등삼매명비라고도 한다.
본래 여래의 삼밀과 중생의 삼업은 평등하여 행자의 신구의(身口意) 삼업(三業)을 정제해 가는 것을 나타낸다.

수인- 허심합장해서 새끼와, 약지는 두 번째마디를 구부려 손가락 끝을 맞닿게 하고 중지는 세워 붙인 상태에서 검지는 구부려 손톱이 맞닿게 하고 엄지로 잡은 모양이다.

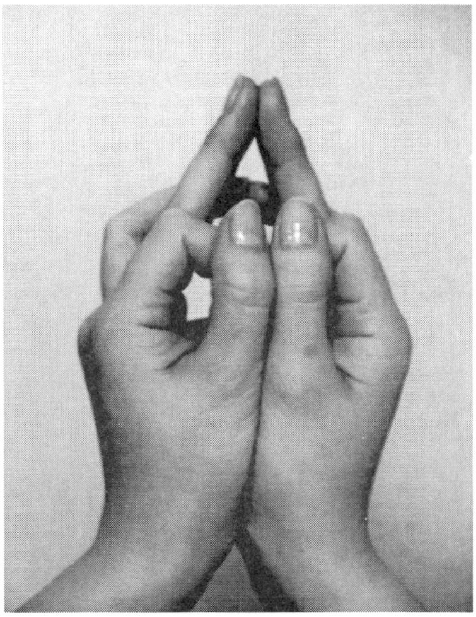

121. 무소부지|無所不至|진언

나망 사르봐 따타가떼뵤 뷔스봐 무케뱍 사르봐타 아 아 암 앟

|namaḥ sarva tathāgatebhyo viśva-mukhebhyaḥ sarvathā a ā aṃ aḥ|

무소부지는 비로차나부처님의 궁극적인 세계를 나타낸 것이어서 그 공덕이 널리 시방삼세에 이르지 않는 곳이 없어 편법계무소부지인|遍法界無所不至印|이라고도 불린다.

종자진언인 a, ā, aṃ, aḥ은 발심, 수행, 보리, 열반, 혹은 인|因|, 행|行|, 증|証|, 입|入|이라는 비로차나부처님의 수행문으로 가는 길을 나타낸다.

수인- 외오고인. 금강외박하여 엄지와 중지, 새끼손가락을 세워 서로 붙이고 두 검지와 약지는 그대로 둔 모양이다.

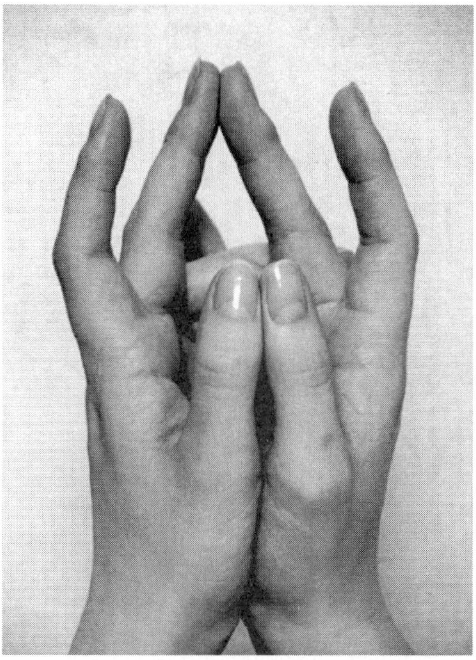

122. 허공장전명비|虛空藏轉明妃|진언

나망 사르봐 따타가떼뵤 뷔스봐 무케뱌 사르봐타 캄 우드가떼 스파라 헤맘 가가나 캄 스봐하

|namaḥ sarva tathāgatebhyo viśva-mukhebhyaḥ sarvathā kham udgate sphara he maṃ gagana-khaṃ svāhā|

보공양진언이라고도 하는데, 허공장전명비는 허공장보살의 공성|空性|을 인격화하여 나타낸 것으로 공|空|의 성품 즉 법성|法性|으로 법계에 공양하는 것을 나타낸 것이다.

수인- 금강합장

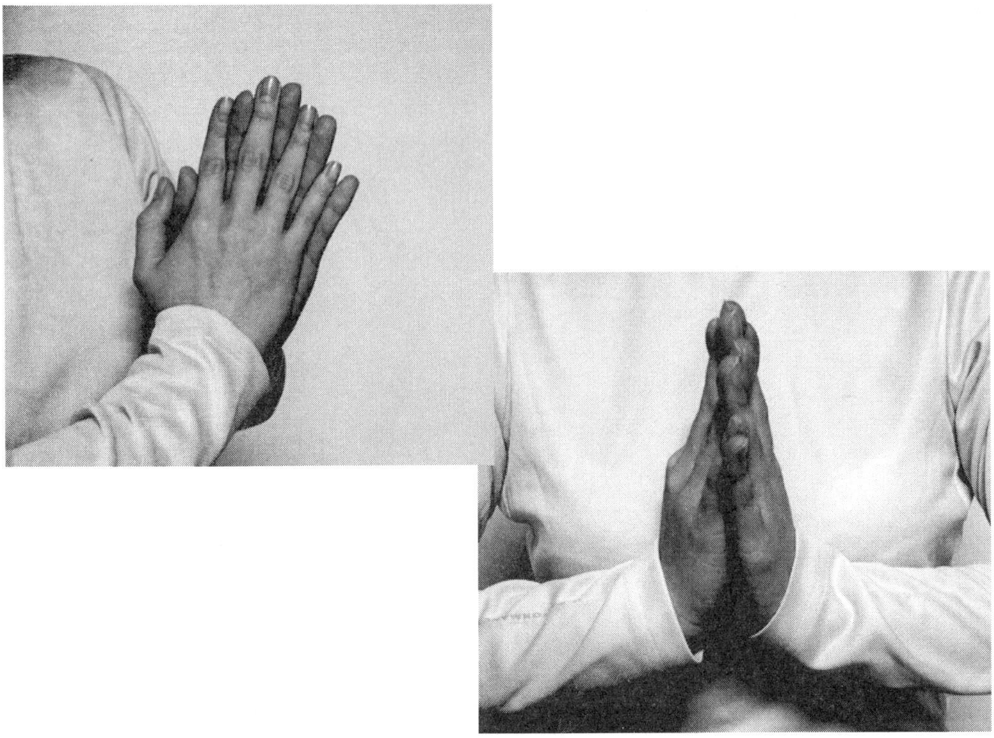

123. 청차로|請車輅|진언

나마스 뜨리 아드흐뷔까남 따타가따남 옴 봐즈라그니 아까르사야 스봐하

|namas try-adhvikānāṃ tathāgatānāṃ oṃ vajrāgny ākarṣaya svāhā|

밀교의식에 있어서 청차로는 보차로|寶車輅|다음으로 하는 진언이다. 행자 자신의 마음을 도장|道場|으로 삼고 본존을 모시는데 본존을 영접하기 위하여 차|車|를 보내, 이 차에 본존을 모셔 오게 하는 것이다.

수인- 두 손바닥을 올려 안으로 서로 교차하고 두 검지를 세우고 검지 측면으로 서로 지탱하고, 두 엄지를 몸 쪽으로 조금 굽힌다.

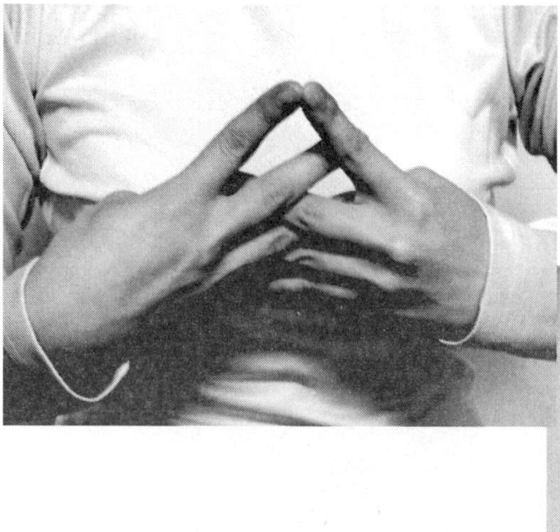

124. 금강대륜|金剛大輪|진언

나마스 뜨리 아드흐뷔까남 따타가따남 옴 시끄사 사무짜야 뷔라지 뷔라지 마하 짜끄라 봐즈리 사따스 사따스 사라떼 사라떼 뜨라이 뜨라이 뷔다마니 삼반자니 뜨라마띠 싣다그르야 뜨봠 스봐하

|namas try-adhvikānāṃ tathāgatānāṃ oṃ śikṣā- samuccaya viraji viraji mahā-cakra-vajri sattas sattas sārate sārate trāyi trāyi vidhamani sambhañjani tramati- siddhāgrya tvaṃ svāhā|

대금강륜이라고도 하는데 수행자가 수인을 결하고 이 다라니를 염송하면 많은 죄업이 소멸되고 오히려 보리심이 견고하게 된다.

이 금강대륜은 수행자의 본래 마음의 표현이며, 보리심, "a"자|字|의 체|體|이며, 제불과 제본의 근본 마음의 표현이다.

또 아성|我性|의 체를 단절하여 참된 성품처로 돌아가는 법이며, 고로 금강대륜의 단(壇)은 번뇌업장을 소멸시킨다고 할 수 있다.

그러므로 이 진언을 외우면 자아의 번뇌장|煩惱障|을 벗어나서 여래의 성품처|性品處|로 들어가 하나가 된다. 또 중생의 더러움과 때를 모두 벗어버리고 삼업|三業|이 삼밀|三密|로 바뀌어 참된 지혜와 금강불괴지신|金剛不壞之身|인 허공성의 본질을 체득하게 된다.

수인- 내박해서 두 검지를 세우고 중지로 검지를 감싸 안고 엄지를 나란히 세워 붙인 모양이다.

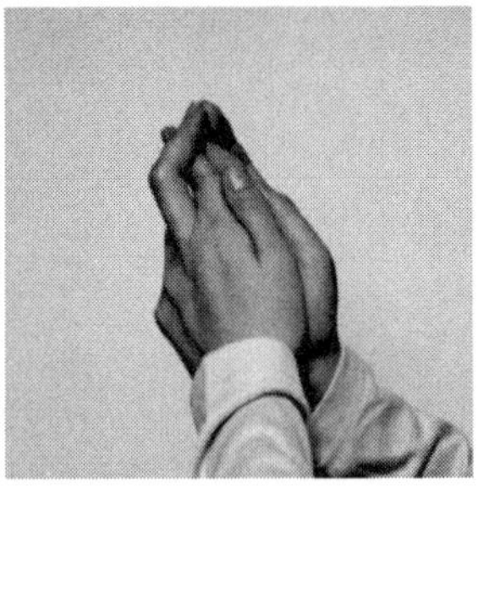

125. 불모금강길상근본|佛母金剛吉祥根本|진언

나모 바가봐떼 우스니샤 옴 루 루 스퓨라 즈봐라 띠스타 싣디 로짜네 살봘타 사다니예 스봐하

|namo bhagavate uṣṇīṣa oṃ ru ru sphura jvala tiṣṭha siddhi locane sarvārtha sadhaniye svāhā|

불안|佛眼|, 불안불모|佛眼佛母|라고도 하는데, 불안은 편지안|遍知眼|으로도 불린다. 안|眼|은 지혜의 눈을 의미하는 것이므로 법안|法眼|을 의미한다.

수인- 합장해서 두 검지를 옆으로 조금 벌리고 엄지와 새끼 손가락은 그 끝을 맞대고 조금 굽혀 둥글게 눈 모양처럼 만든 형상이다.

126. 여의륜근본|如意輪根本|진언

나모 라뜨나 뜨라야야 나마 아르야 봐로끼떼쉬봐라야 보디사 뜨봐야 마하 사뜨봐야 마하 까루니까야 따드 야타 옴 짜끄라 봐르띠 찐따마니 마하 빠드메 루 루 띠스타 즈봐라까르사야 훔 파뜨 스봐하

|namo ratna-trayāya nama āryāvalokiteśvarāya bodhisattvāya mahā-sattvāya mahā-kāruṇikāya tad yathā oṃ cakra-varti ci ntāmaṇi mahā-padme ru ru tiṣṭha jvalākarṣāya hūṃ phaṭ svā hā|

본존삼종인언|本尊三種印言|[22], 여의륜관음|如意輪觀音|의 근본인언|根本印言|. 여의륜관음의 인언|印言|은 이것 외에 심비밀|心秘密|인언과 심중심|心中心|인언이 있다.

수인- 합장해서 두 중지 끝을 서로 붙인 상태에서 첫마디를 굽히고 두 검지는 끝을 서로 붙인 상태에서 둘째마디를 굽히며 엄지를 가지런히 붙여 세운다.

22) 인언|印言|은 수인과 다라니를 의미

127. 초|鍬|진언[23)]

옴 니카나 봐수데 스봐하

|oṃ nikhana vasudhe svāhā|

호마|護摩|[24)]때 사용하는 진언이다. 호마는 제불과 모든 존께 공양을 올리는 의식인데, 행자가 올리는 공양물을 가져다가 모든 존께 바치는 분이 화천이다. 이 화천은 불을 주재하는 신으로서 공양물을 불에 태우면 화천이 그 공양물을 가져다 모든 존께 바친다. 이 진언과 수인은 불 피운 화로를 화천으로 만드는 진언이다.

수인- 외박해서 두 엄지와 검지를 각 각 나란히 세운다.

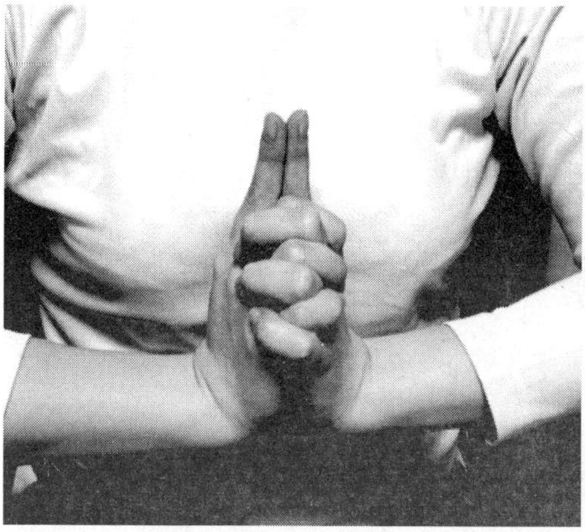

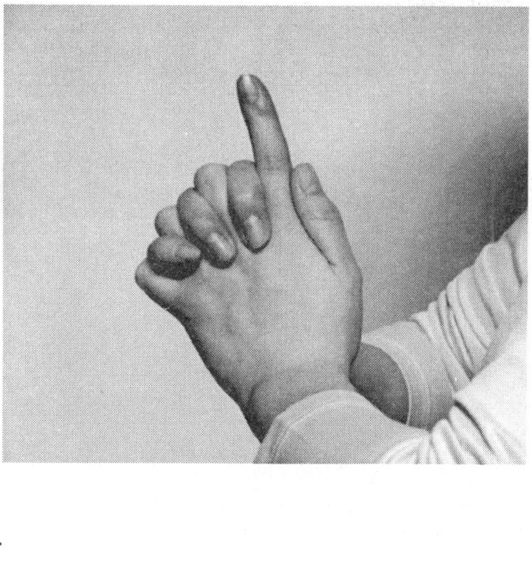

---

23) 호마때 화로를 화천|火天|의 몸으로 삼는 진언.
24) 밀교의 공양의식 전반을 이르는 말.

128. 금강호보살|金剛護菩薩|진언

니르바야스 뜨밤

|nirbhayas tvam|

금강계만다라의 37존 가운데 한분으로 밀호|密號|[25]는 정진금강|精進金剛|이다. 밀교수행자를 위한 호신주|護身呪|[26]가운데 108명찬이란 주문이 있는데 그 주문을 수호하는 신중|神衆|들 가운데 한분이기도 하다.

수인- 외박권을 해서 두 검지를 세워 바늘처럼 하여 가슴 앞에 놓는다.

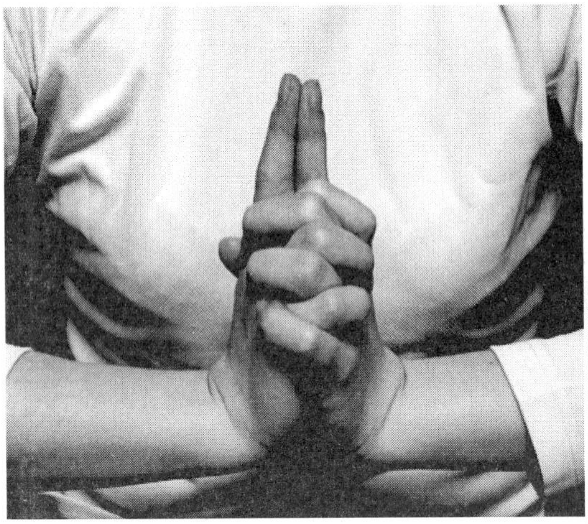

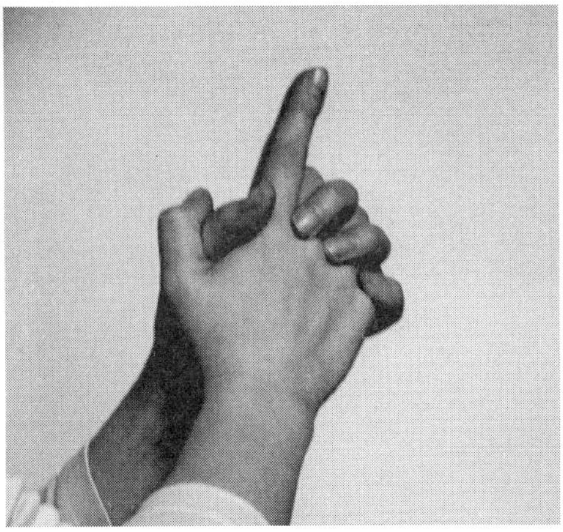

25) 현교에서 불리우는 명호 이외에 밀교에서 따로이 불리우는 명호.
26) 수행자의 몸과 마음을 보호하는 주문.

129. 적정열반|寂靜涅槃|

나맣 사만따 붓다남 니르봐나 앟 낳 냫 냫 낳 맣 스봐하

|namaḥ samanta-buddhānām nirvāṇa aḥ ṅaḥ ñaḥ ṇaḥ naḥ maḥ svāhā|

삼부자륜관|三部字輪觀|수행 진언가운데 하나이다. 삼부자륜관은 삼부사처관|三部使處觀|이라고도 하는데 대비로차나성불신변가지경 자륜품에 자세한 설명이 있다.

삼부란 불부|佛部|, 연화부|蓮華部|, 금강부|金剛部|를 말한다.

수인- 두손을 금강권을 하여 두 검지를 펴서 끝을 서로 버틴다.

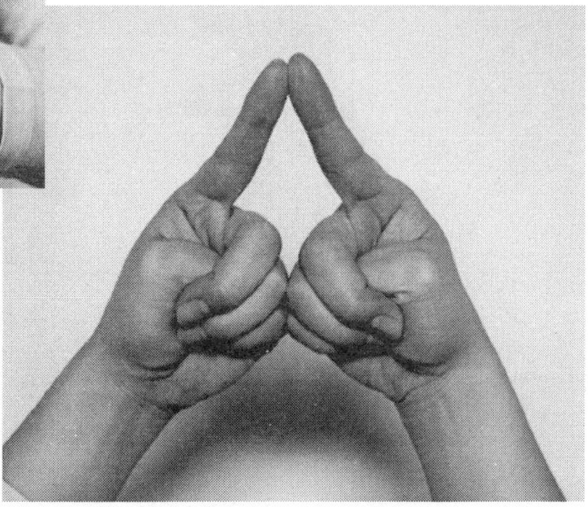

130. 강삼세|降三世|진언

옴 니슘바 봐즈라 훔 파뜨

|oṃ niśumbha-vajra hūṃ phaṭ|

대금강삼매|大金剛三昧|진언이라고도 하며, 강삼세분노|降三世忿怒|진언이라고도 한다. 강삼세는 강삼세명왕을 일컫는 말로 강삼세명왕은 아축여래의 교령륜신인 분노신이며, 부동명왕의 사자이기도 하다.

대분노|大忿怒|의 교화로 업이 강하여 교화하기 힘든 중생을 제도하고 모든 마|魔|의 장난으로부터 수행자를 보호하며, 도량을 결계|結界|하는 힘이 있다.

수인-강삼세 반고저 인. 외오고인을 쪼개어 반으로 한 것을 말하는데 즉 왼손은 금강권으로 허리에 두고 오른손은 올려 중지를 안으로 들여 세우고 나머지 손가락은 그대로 편 모양이다.

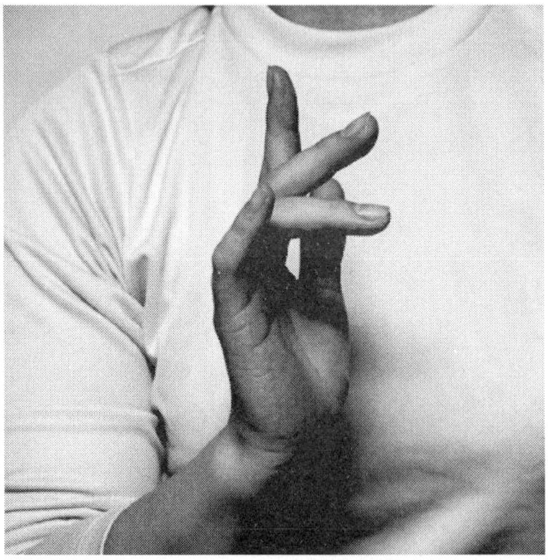

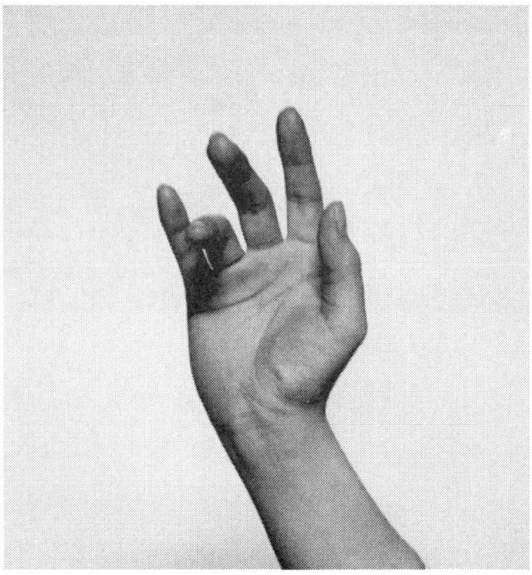

131. 사인회|四印會|진언

니스쁘라빤짜-봑 시디르 바봐뚜 사르봐 따타가따 삼마다요 메 아자얀땀

|niṣprapañca-vāk-siddhir bhavatu sarva-tathāgata- samādha yo me ājayantām|

사인회는 금강계만다라|金剛界曼荼羅| 9회 중 하나로 아축, 보생, 무량수, 불공성취의 사불의 지혜로 일체제존을 만다라에 거두어들인 것을 나타낸다.

수인- 무량수인|無量壽印|. 외박해서 두 중지를 연화|蓮華|처럼 둥글게 세워 붙인다.

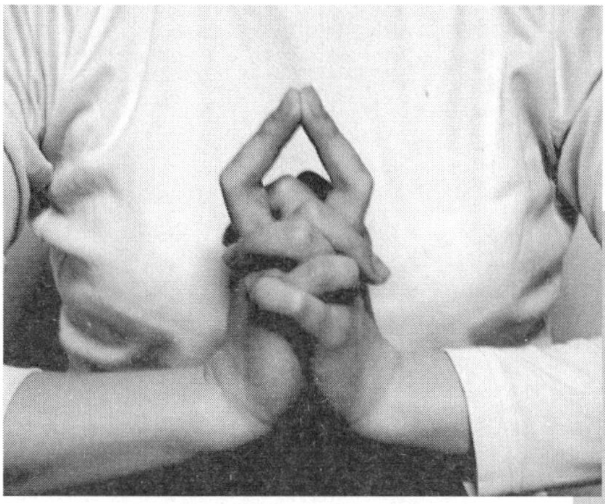

132. 여의륜보살|如意輪菩薩|진언

옴 빠드마 찐따마니 즈봐라 훔

|oṃ padma-cintāmaṇi jvala hūṃ|

본존삼종|本尊三種|인언|印言|의 하나이며 여의륜관음|如意輪觀音|보살의 심비밀|心秘密|진언이기도 하다.

수인- 여의륜 근본인|根本印|. 합장해서 두 검지를 구부려 보형|寶形|[27]을 하고 두 중지를 구부려 서로 버텨 연꽃잎 모양을 하며, 새끼손가락, 약지는 밖으로 서로 교차해 맞잡은 모양이다.

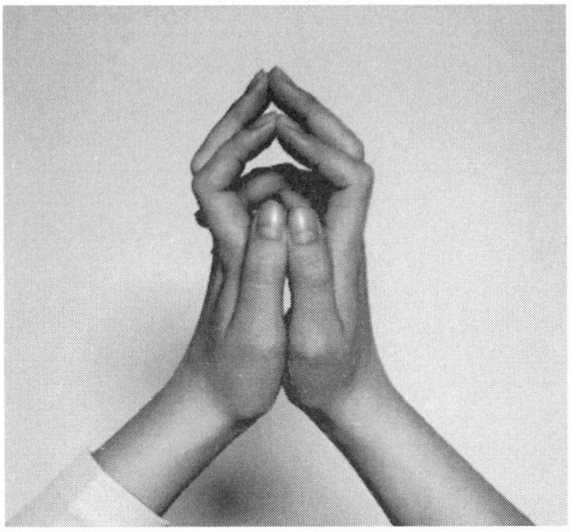

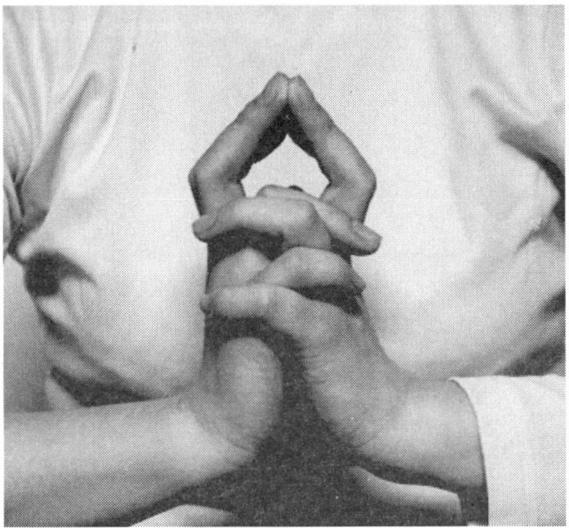

27) 둥근 여의주 모양을 뜻함.

133. 연화부삼매야|蓮華部三昧耶|진언

옴 빠드모드바봐야 스봐하

|oṃ padmodbhavāya svāhā|

수행자가 연화부의 모든 존|尊|을 가지하면 말로지은 업장을 정화하고 설법자재|說法自在|의 힘을 얻게 된다.

수인- 개부|開敷|연화인. 허심합장해서 두 엄지, 두 새끼손가락을 서로 붙이고 나머지 손가락은 조금 구부려 펼쳐 세운다.

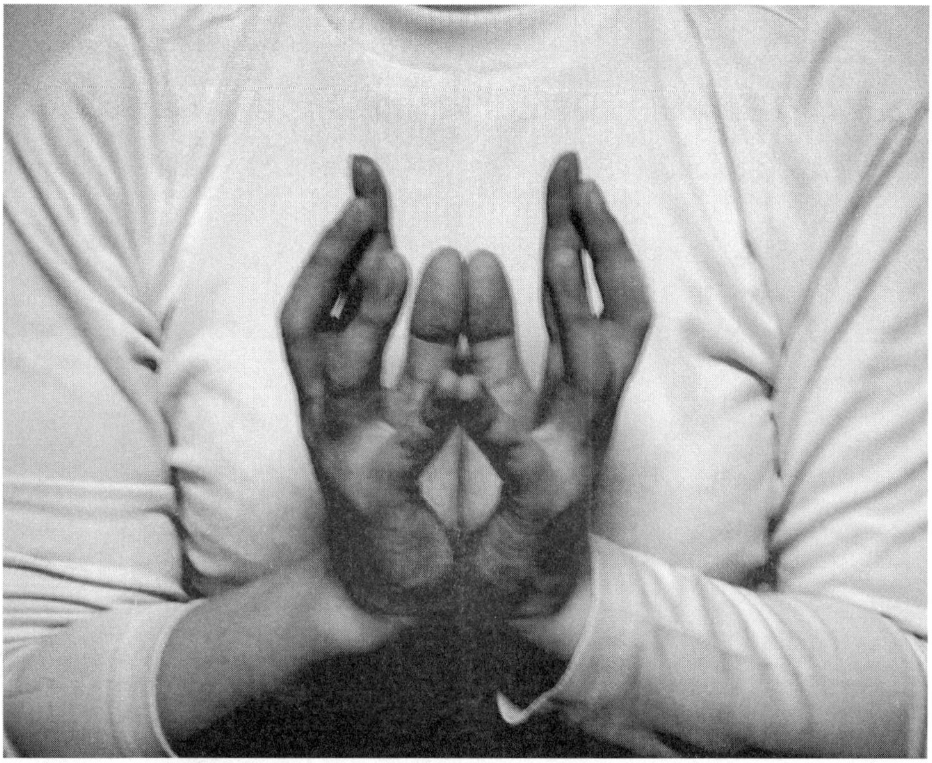

134. 자재천자|自在天子|진언

옴 빠라디 아뜨마 라띠뱧 스봐하

|oṃ parādy-ātma-ratibhyaḥ svāhā|

자재천자는 오정거천|五淨居天|의 하나이다.
오정거천이라 함은 무번천|無煩天|, 무열천|無熱川|, 선현천|善現天|, 선견천|善見天|, 색구경천|色究竟天|을 일컫는 말로 오직 성인이 거처하는 곳이며, 이성과 잡스런 종류가 없으므로 정거라 한다.

수인- 사유인|思惟印|. 오른손을 펴서 오른쪽 뺨에 대고 머리를 약간 기운 모양을 한다.

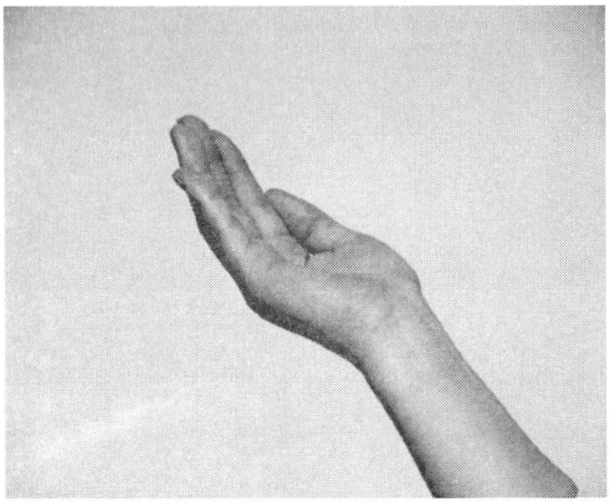

135. 가지공물|加持供物|진언

옴 빠다까르사나 봐즈라 훔

|oṃ pādakarṣaṇa vajra hūṃ|

진언행자가 존법|尊法| 수행시에 존께 바칠 공물|供物|을 가지|加持|할 때 사용하는 진언인데, 만약 가지|加持|하지 않으면 날아다니는 야차와 나찰, 귀신등이 와서 모두 음식을 훔쳐가고 혹은 더럽히기 때문이다.
이 진언은 강삼세명왕이 대자재천28)과 그 비|妃|를 밟고 항복 받을 때 사용하는 것이기도 하다.

수인- 소삼고저|小三鈷杵|인. 오른손을 들어 손바닥을 펴고 엄지로 약지를 잡은 모양이다.

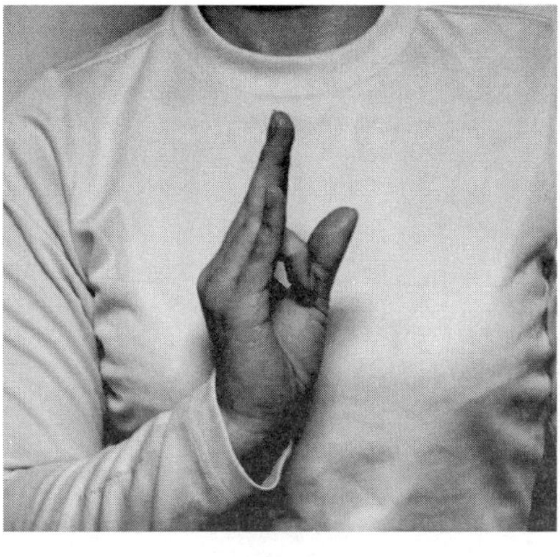

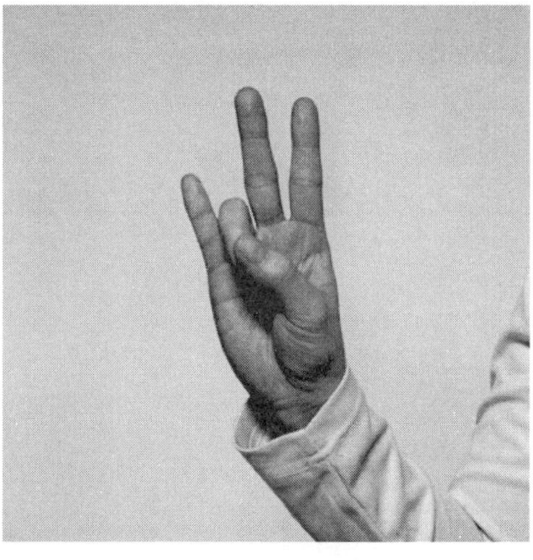

28) 욕계 제 6천의 천주로 마왕을 의미한다.

136. 제비사지|諸毘舍支|진언

나망 사만따 붓다남 삐찌 비찌

|namaḥ samanta-buddhānām pici pici|

비사지|piśāci|는 사람의 피와 고기를 먹고 사는 병마악귀|病魔惡鬼|다. 화장실에서 산다고 한다.

수인- 내박해서 중지를 세워 구부려 손톱을 서로 맞춘다.

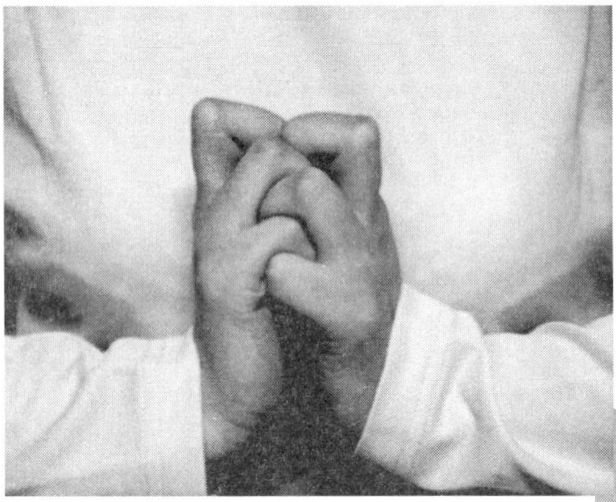

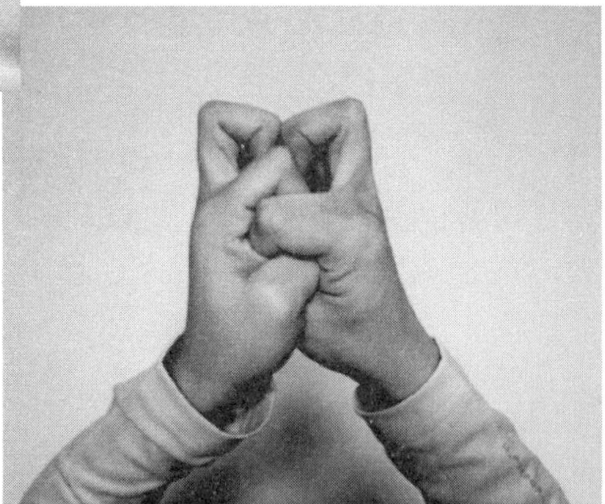

137. 권청지신|勸請地神|진언

나맣 사만따 붓다남 쁘르티뷔 에헤히 스봐하

|namaḥ samanta-buddhānām pṛthivye ehyehi svāhā|

지신을 권청|勸請|할 때 사용하는 진언이다. 지신은 대지|大地|를 관장하는 신을 의미하는 것이며, 자신을 지탱하는 정보리심|淨菩提心|을 상징하기도 한다.

수인- 대구소인|大鉤召印|. 외박해서 오른손 검지를 세우고 갈고리 모양을 한다.

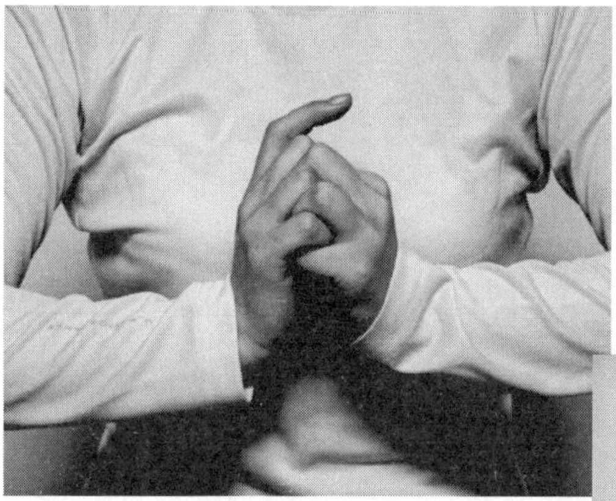

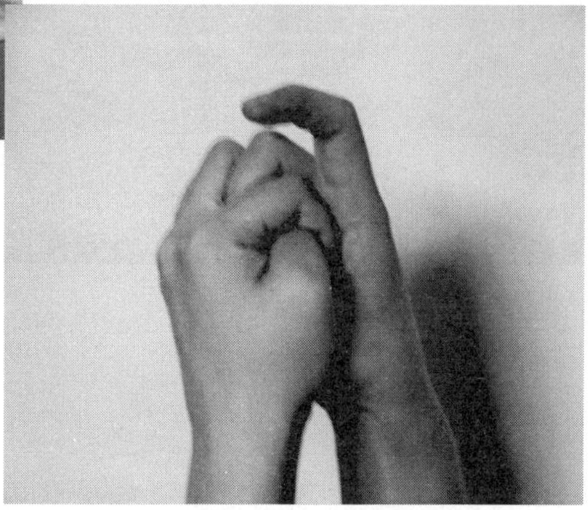

138. 여래갑|如來甲|진언

나망 사만따 붓다남 쁘라짠다 봐즈라 즈봐라 뷔스파라 훔

|namaḥ samanta-buddhānām pracaṇḍa-vajra-jvāla visphara hūṃ|

여래갑주|如來甲冑|라고도 한다. 갑주는 갑옷이라는 뜻으로 갑옷은 칼과 창이 뚫지 못하도록 하여 몸을 보호하는 장구다. 이와 마찬가지로 번뇌나 마구니의 장난으로부터 수행자를 지켜낸다.

수인-허심합장한 상태에서 검지를 중지 등에 조금 떨어지게 둔 모양이다.

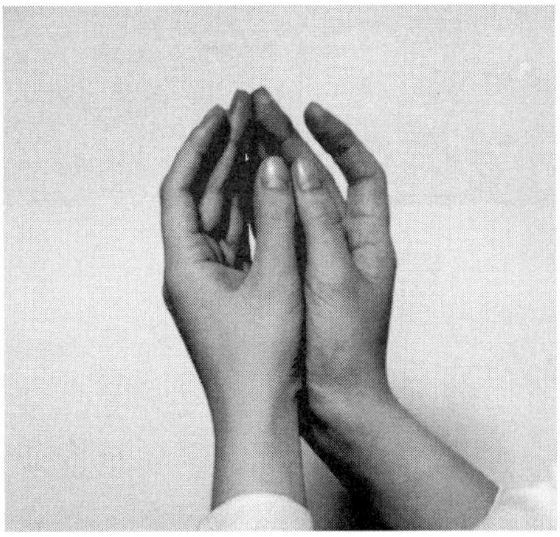

139. 범천|梵天|진언

나망 사만따 붓다남 쁘라자 빠따예 스봐하

|namaḥ samanta-buddhānām prajā pataye svāhā|

지옥, 아귀, 축생, 인간, 욕계6천을 벗어나면 색계|色界|의 하늘세계가 나오는데 그 하늘세계 천왕의 진언이다.
범천은 사바세계, 즉 우리가 사는 세상을 창조한 신|神|이다.

수인- 왼손의 약지와 엄지로 연꽃을 잡은 모양을 한 수인이다.

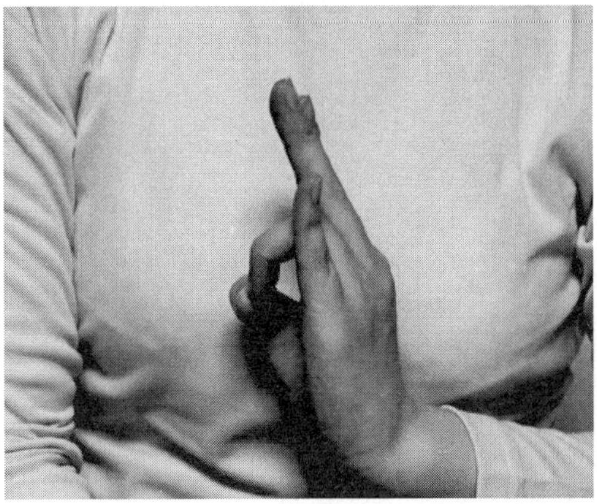

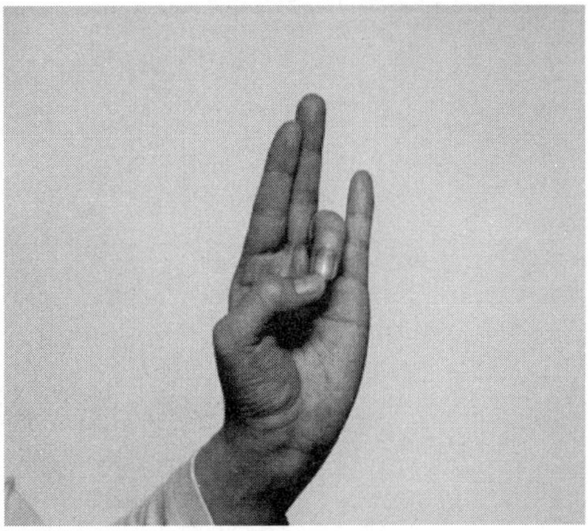

140. 금강화보살|金剛華菩薩|진언

파라가미

|phalagāmi|

금강산화|金剛散華|, 금강묘화|金剛妙華|라고도 부른다. 금강계만다라 37존 가운데 한분이다.

수인- 외박권을 한 상태에서 손을 위로 향하여 펼쳐 열고 꽃을 올리는 모습이다.

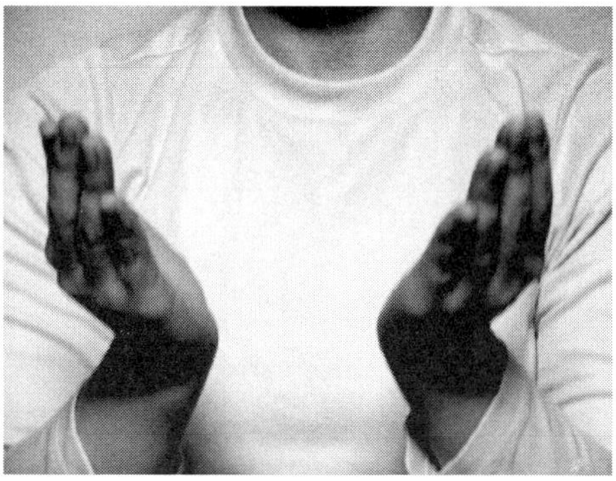

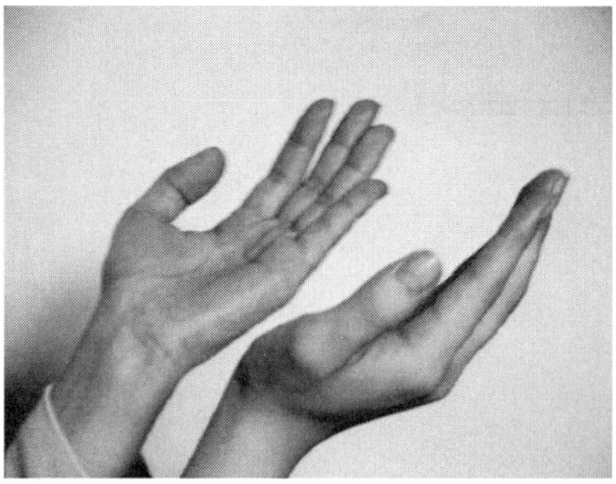

141. 금강쇄보살|金剛鎖菩薩|진언

나맣 사만따 봐즈라 남 반다 반다야 모따 모따야 봐즈로드바 붸 사르봐뜨라쁘라띠하떼 스봐하

|namaḥ samanta-vajrānām bandha bandhaya moṭa moṭaya v ajrodbhave sarvatrāpratihate svāhā|

부처님의 지혜로 탐진치의 모든 번뇌를 결박해 진리의 세계로 나아가게 하는 것을 나타낸다.

수인- 전법륜인. 왼손을 밑으로 향하게 하고 오른 손은 서로 손등이 닿게 그 위를 덮어 손가락끼리 서로 얽은 모양이다.

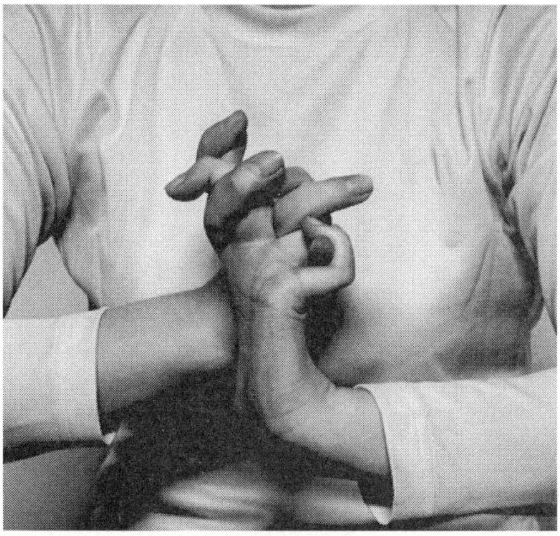

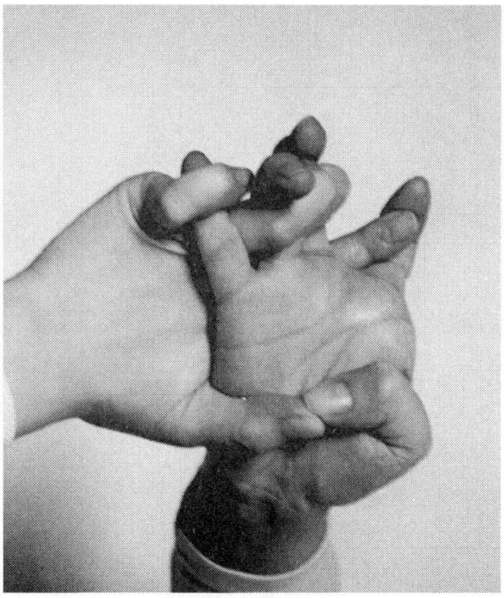

142. 관자재보살|觀自在菩薩|진언

나맣 사만따 붓다남 붇다 다라니 스므르띠 바라 다나 까리 다라야 사르봠 바가봐띠 아까르봐띠 사마예 스봐하

|namaḥ samanta-buddhānām buddha-dhāraṇi smṛti-bala- dhāna-kari dharaya sarvaṃ bhagavaty-ākārvati samaye svāhā|

법부|法部|의 덕을 나타낸 다라니이며, 태장계만다라 중대팔엽원|中臺八葉院|의 관자재보살 다라니이다.

수인- 연화합장|蓮華合掌|해서 두 중지를 구부려 손 안에 넣은 모양이다.

143. 금강인보살|金剛因菩薩|진언

붇다 보디르

|buddha bodhir|

금강륜|金剛輪|, 마하이취|摩訶理趣|, 대견실|大堅實|, 금강기|金剛起|, 금강도장|金剛道場|이라고도 불리 운다. 금강계만다라 37존 가운데 한분으로 무량수여래의 4친근|親近| 보살가운데 한분이다.

수인- 외박해서 두 중지를 손안으로 넣고 두 약지를 세워 서로 붙여 깃처럼 하고 두 새끼손가락을 세워 교차시킨 모양이다.

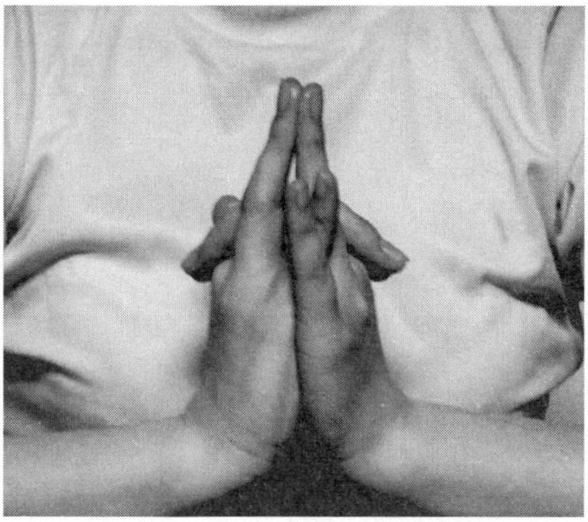

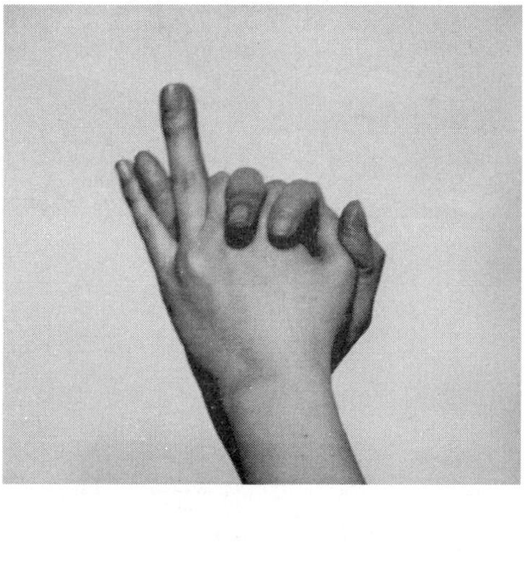

144. 석가모니불|釋迦牟尼佛|진언

나맣 사만따 붓다남 바흐

|namaḥ samanta-buddhānām bhaḥ|

석가모니부처님의 소주|小呪|이다. 바흐|bhaḥ|는 bha와 열반점이 합쳐져서 만들어진 합성자|字|인데 bha는 욕유, 색유, 무색유의 삼유|三有|를 의미하고 열반점은 이것을 제거하는 것을 나탄 낸 것이기 때문에 삼유를 제거하고 청정한 법신을 얻는다는 것을 의미한다.

수인- 왼손으로 가사 끝을 잡아 배꼽 앞에 놓고 오른손을 그 위에 놓은 모양이다.

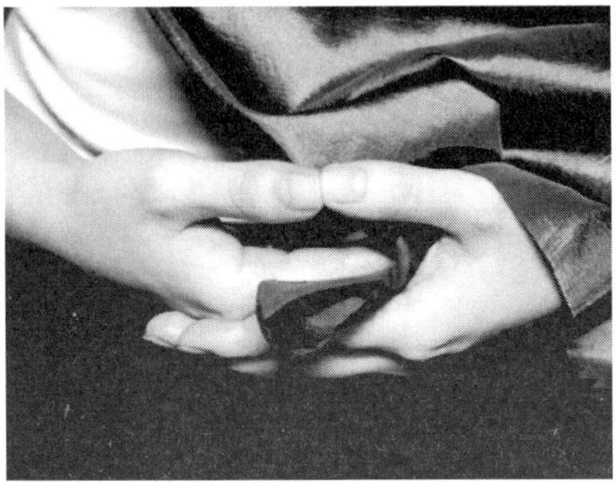

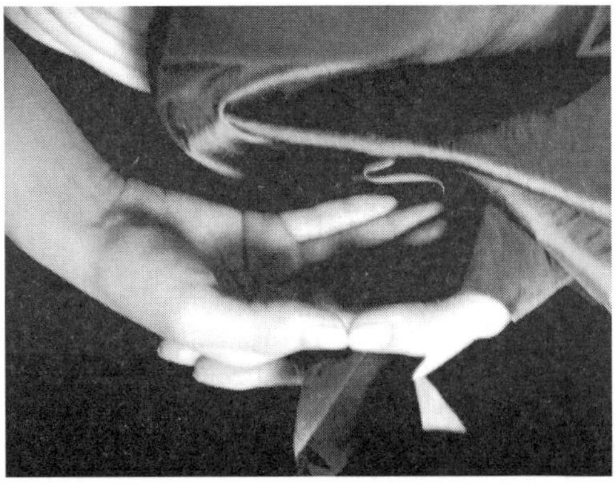

145. 인욕파라밀|忍辱波羅蜜|진언

옴 바가봐띠 끄산띠 다리니 훔 파뜨

|bhagavati kṣānti-dhāriṇi hūṃ phaṭ|

인욕파라밀은 십파라밀|十波羅蜜|가운데 하나이다. 인욕|忍辱|은 수치를 참고 핍박을 참고 고통을 참는다는 뜻인데 수행으로부터 오는 힘든 상황이나 전세의 인연에서 오는 원수들이 가져다 주는 고통과 친척이나 가족들이 주는 모든 고통을 의연히 참고 견디며 수행하는 것을 의미한다.

수인- 내박해서 두 엄지와 두 검지를 세우는데 엄지와 검지 사이를 벌린다.

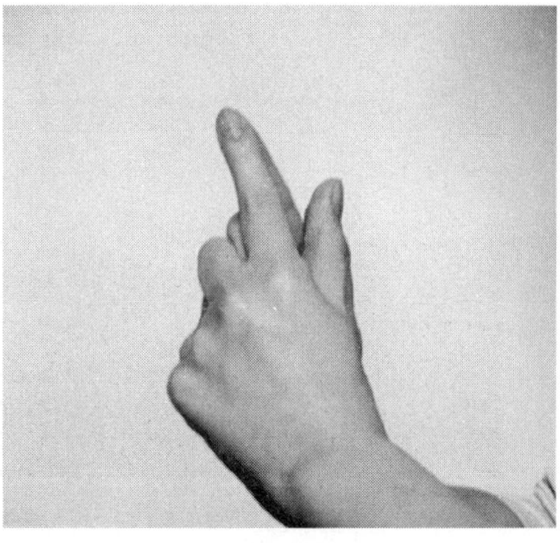

146. 단파라밀|壇波羅蜜|진언

옴 바가봐띠 다나디빠떼 뷔스르자 뿌라야 다남 스봐하

|oṃ bhagavati dānādhipate visṛja pūraya dānaṃ svāhā|

단파라밀은 십파라밀|十波羅蜜|가운데 하나로 보시|布施|의 덕을 나타낸다. 십파라밀 가운데 제일 첫째가 보시인 단파라밀이다. 만약 보시가 없다면 보시로 인해 수행하는 수행자도 없을 것이며, 그렇다면 불법이 세상에 상존하기 힘들 것이다. 그래서 모든 파라밀 가운데 제일 첫째가 아닌가 사료된다.

수인- 오른 손을 펴서 위를 향하게 하고 중지와 엄지를 서로 잡고 가슴 앞에 둔 모양이다.

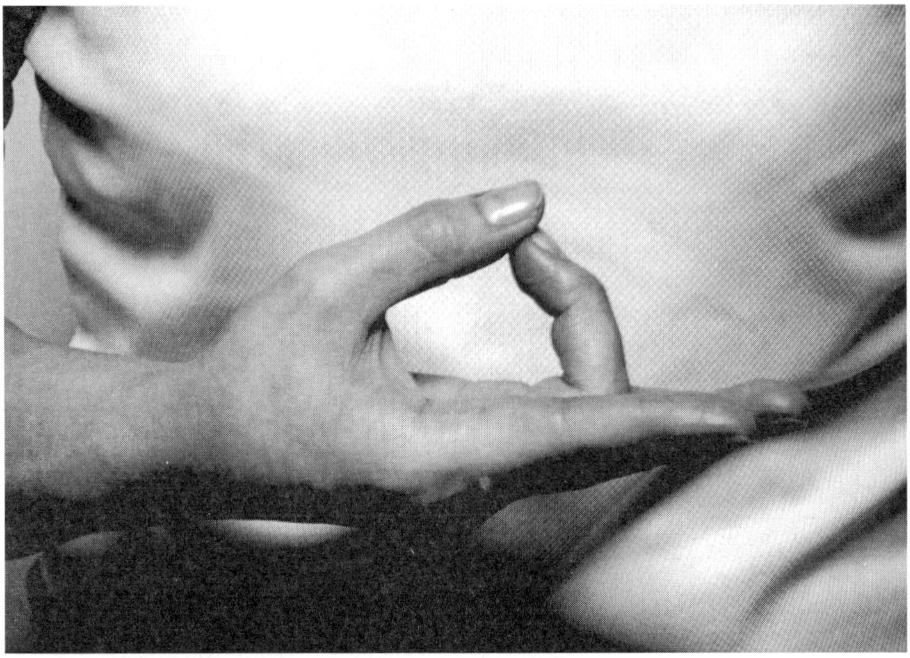

147. 도장관|道場觀|진언

옴 부흐 캄

|oṃ bhūḥ khaṃ|

수행자 자신의 마음을 청정한 도량으로 삼는 진언이다.

수인- 여래권. 양손을 금강권으로 만들고 왼손 엄지를 펴 오른손 안에 넣어 오른 손의 엄지 끝과 서로 맞춰 잡은 모양이다.

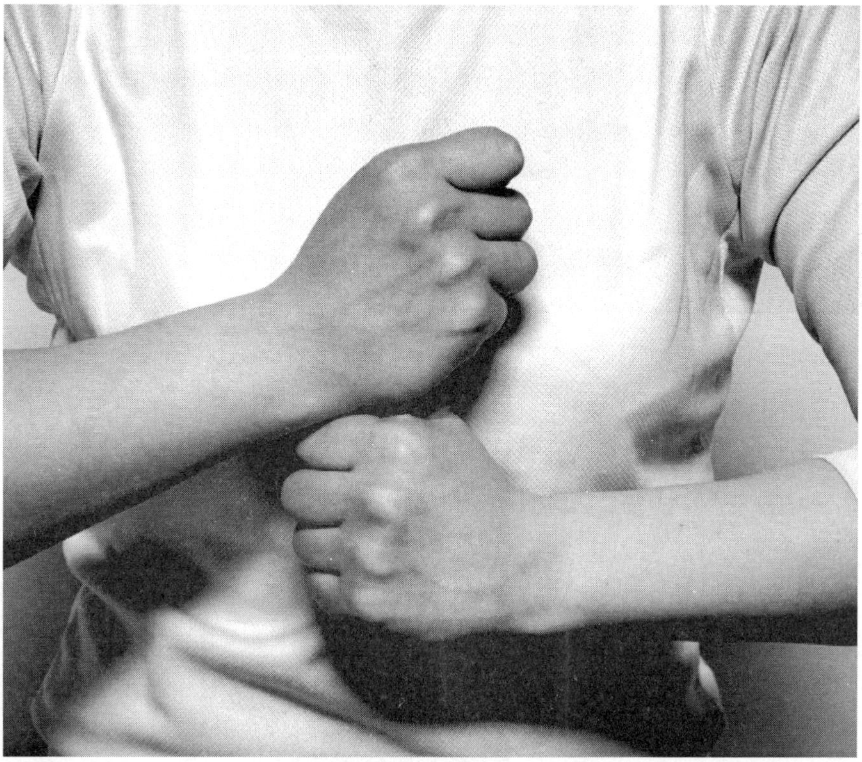

148. 후피갑|後被甲|진언

옴 부흐 즈봐라 훔

|oṃ bhūḥ jvala hūṃ|

호신진언 가운데 하나이다.

수인- 두 손을 금강권으로 하고 허리 옆에 둔다.

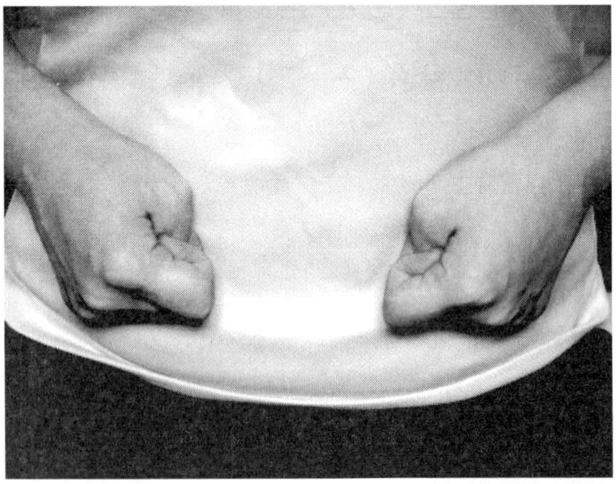

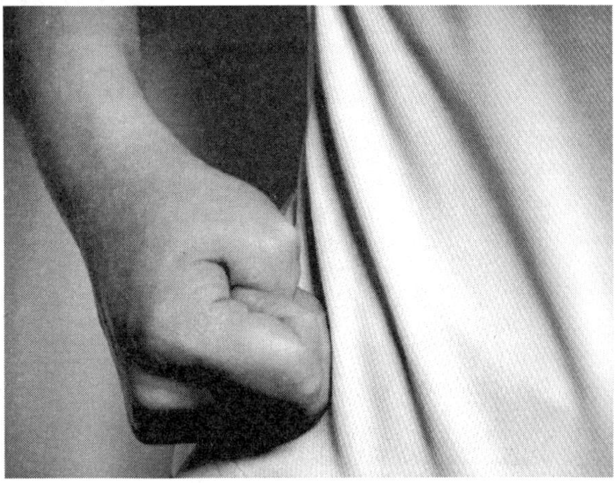

149. 대혜도|大慧刀|진언

나망 사만따 붓다남 마하 카드가 뷔라자 다르마 삼다르사까 사하자 사뜨까야 드르스띠 체다까 따타가따디므끄띠 니르자따 뷔라가 다르마 니리끄시따 훔

|namaḥ samanta-buddhānām mahā-khaḍga viraja-dharma -saṃdarśaka sahaja-satkāya-dṛṣṭi-cchedaka tathāgatā dhimkti -nirjāta virāga-dharma-nirīkṣita hūṃ|

지혜의 검을 의미한다. 번뇌를 단절|斷切|시키는 칼, 또는 자아|自我|를 베어 아성|我性|을 멸하여 법신|法身|을 얻게 하는 도구이다.

수인- 금강합장해서 두 검지를 구부려 갑이 서로 닿게 하고 엄지로 검지를 나란히 누른다.

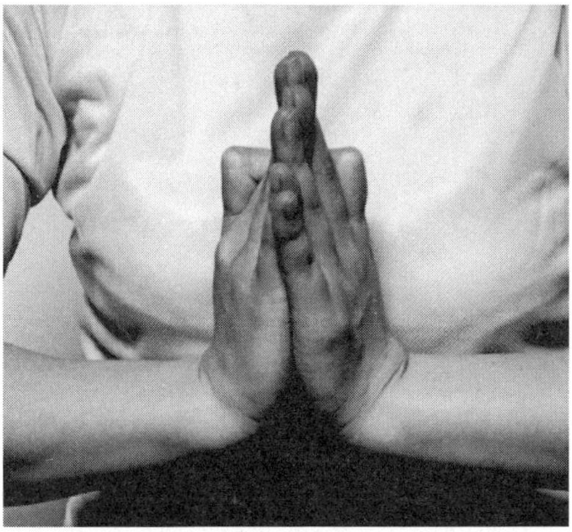

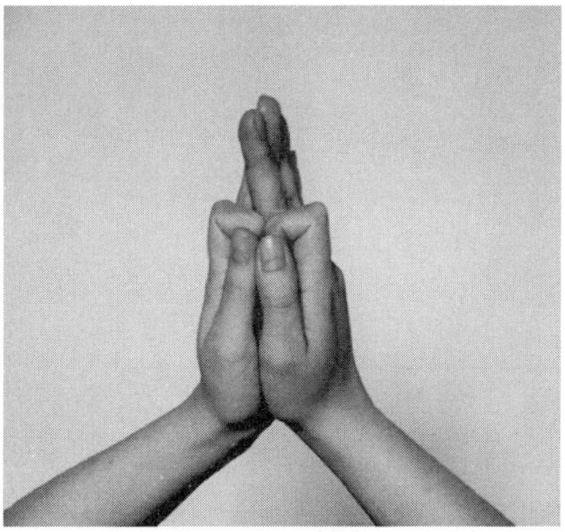

150. 비구지|毘俱胝|진언

태장계만다라 관음원의 37존 가운데 한분으로 분노존 이다. 비구지보살 또는 비구지광음, 비구지 천녀라 한다.
비구지란 분노의 눈이란 뜻인데, 이 보살은 세 개의 눈과 네 개의 팔을 가졌다. 왼손은 군지[29]와 연꽃을 쥐고 오른손은 여원인[30]과 수주[31]를 쥔 모양이다.

수인- 오른손은 금강권을 하여 검지를 세워[32] 미간에 대고 왼손은 금강권으로 하여 허리에 대고 있는 모양이다.

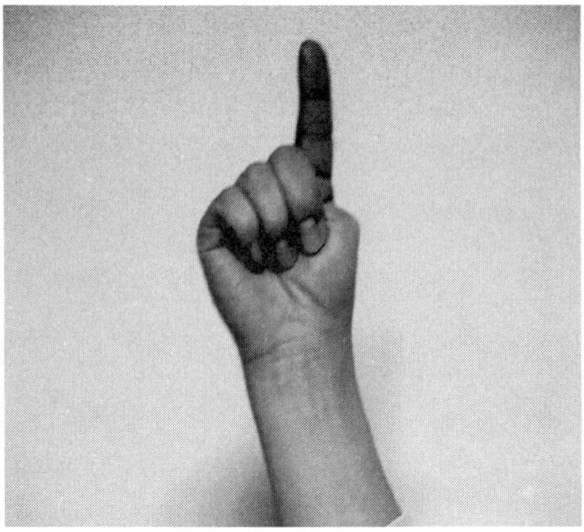

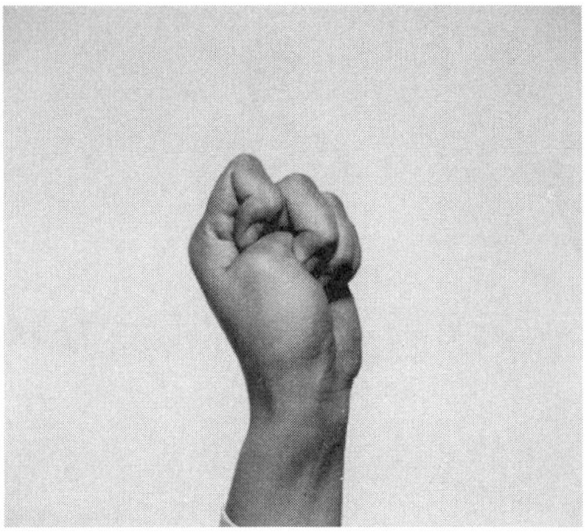

29) 감로수를 담는 물병.
30) 보생여래의 수인으로 모든 중생을 섭수한다는 뜻이 있다.
31) 염주를 뜻 함.
32) 일지금강인.

151. 방편파라밀|方便波羅蜜|진언

옴 마하 마이뜨라 찌떼 스봐하

|oṃ mahā-maitra-citte svāhā|

십파라밀|十波羅蜜|가운데 한분이다. 여래가 자무량심삼매|慈無量心三昧|에 들어 자비의 밧줄로 중생을 결박하고 보리도|菩提道|로 끌어 들어는 것을 방편파라밀이라 한다.

중생이 끝없으므로 그 근기에 따른 방편으로 교화하시는 일을 표현한 것이다.

수인- 두 손은 각각 약지와 새끼손가락으로 엄지를 쥐고 검지는 세워 그 끝을 맞대고 중지는 갑|甲|이 서로 닿게 한 모양이다.

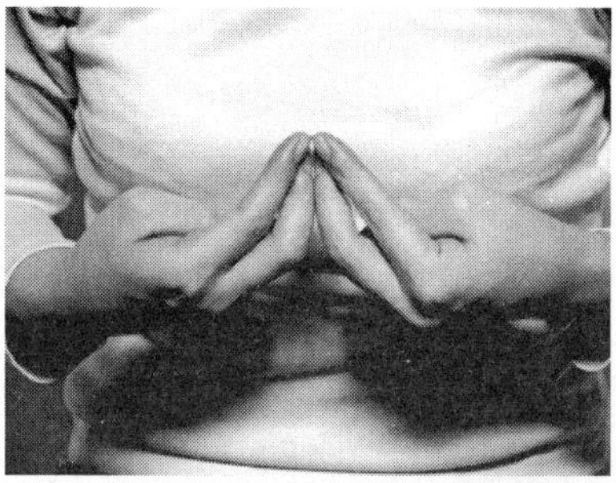

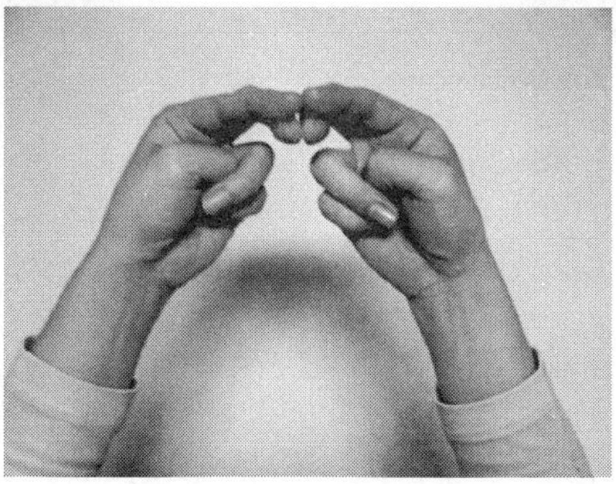

152. 화만|華鬘|진언

나망 사만따 붓다남 마하 마이뜨리 아뷰드가떼 스봐하

|namaḥ samanta-buddhānām mahā-maitry-abhyudgate svāhā|

화만이란 목에 거는 꽃다발인데, 대자비의 방편을 나타낸다.

수인- 내박해서 위를 향하게 하여 손 전체를 조금 펴고, 두 검지를 세워 그 끝을 서로 맞댄다.

153. 신병지인|迅病持印|진언

나망 사만따 붓다남 마하 요가 요기니 요게스봐리 칸자리케 스봐하

|namaḥ samanta-buddhānām mahā-yoga-yogini yogeśvari k hāñjalike svāhā|

행자가 수행중에 얻은 장애를 속히 치유하는 다라니로서 미륵법륜|彌勒法輪|인을 사용한다. 태장계만다라중대팔엽원|胎藏界曼荼羅中臺八葉院|의 미륵 진언과 동일하다.

수인- 미륵법륜인, 금강합장해서 처음에 오른손이 위로 오게 하여 왼손을 밖을 향해 돌리고 다음 왼손이 위로 오게 하여 오른손을 밖을 향해 돌린 모양이다.

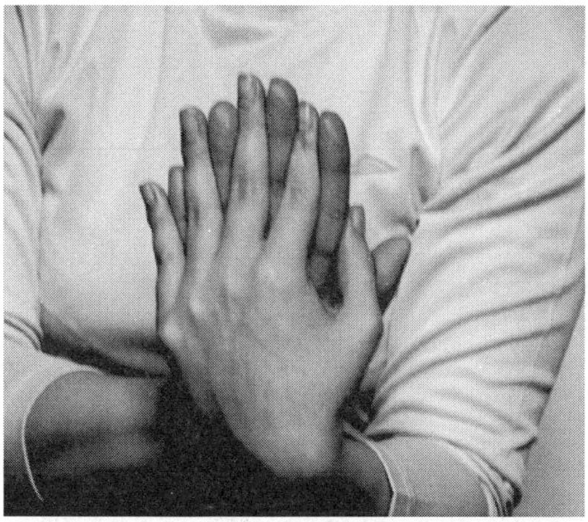

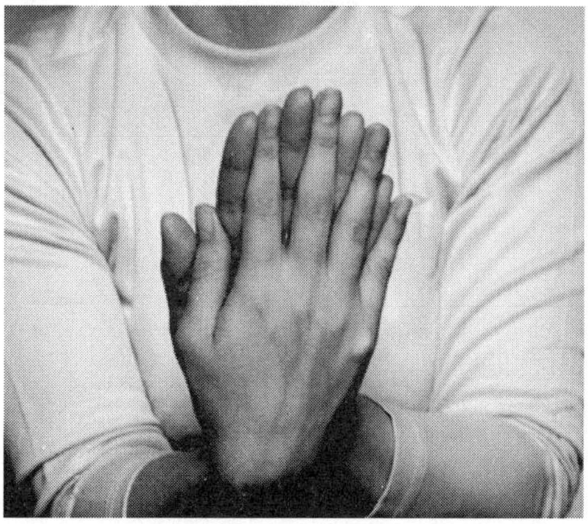

154. 금강희보살|金剛嬉菩薩|진언

옴 마하 라띠

|oṃ mahā ratī|

금강희희보살이라고도 하는데 금강계만다라 37존 가운데 한분으로 비로차나|毘盧遮那|여래의 중앙대월륜|中央大月輪| 가운데 동남쪽에 계신 보살이다.

수인- 외박해서 두 엄지를 나란히 세운다.

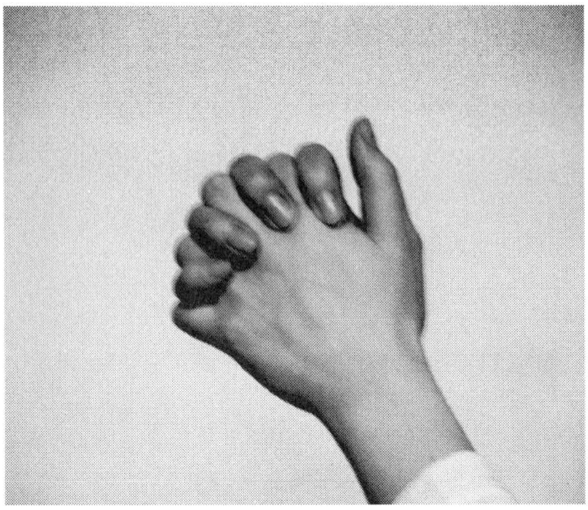

155. 대락불공신|大樂不空身|진언

옴 마하 수카 봐즈람 사다야 사르봐 사뜨붸뱌 잫 훔 뱜 홓.

|oṃ mahā-sukha-vajraṃ sādhaya sarva-sattvebhyo jaḥ huṃ vaṃ hoḥ|

연화부심염송의궤|蓮華部心念誦儀軌|에서 대욕|大欲| 다음에 나오는 진언인데, 수행자가 여래의 서원|誓願|을 받아 지니고 모든 중생을 교화하겠다고 발원하여, 일체중생계를 교화하는 일이, 즉 모든 중생을 섭수해서 깨달음에 들게 하려는 일을 큰 즐거움으로 보는 진언이다.

수인- 외박해서 왼손 엄지를 오른손 엄지와 검지로 둥글게 감싸 안은 모양이다.

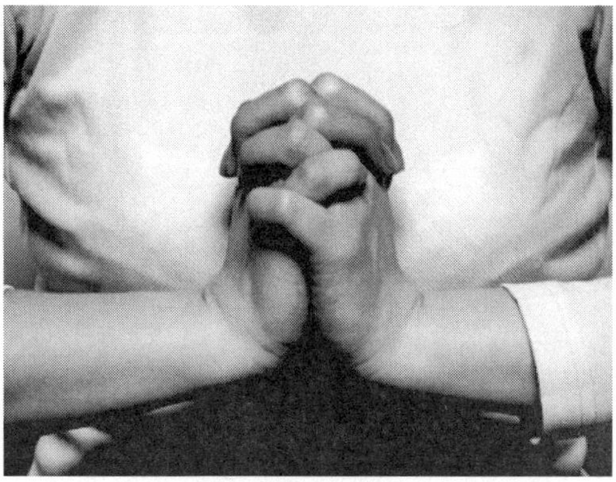

156. 마혜수라천|魔醯首羅天|진언

나맣 사만따 붇다남 마헤스봐라야 스봐하

|namaḥ samanta-buddhānām maheśvarāya svāhā|

대자재천|大自在天|이라고 번역하는데, 줄여서 자재천이라고 한다. 흰 소를 타고 흰 불자|拂子|[33]를 든 큰 위덕을 갖춘 신의 이름. 인도 바라문교에서는 비슈누라 하여 만물을 창조한 신으로 여긴다.

수인- 외박해서 엄지와 검지와 새끼손가락을 세운다.

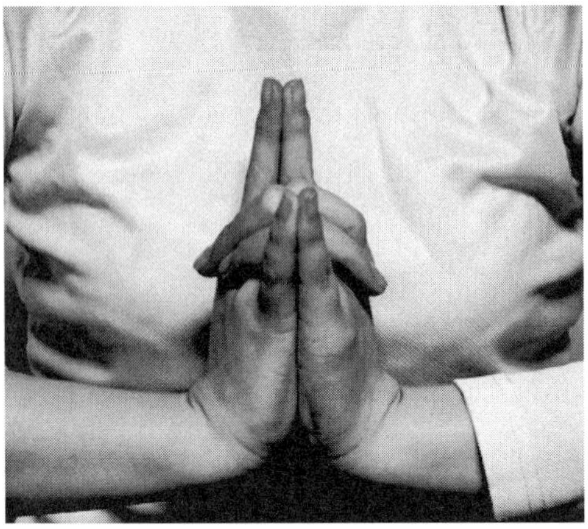

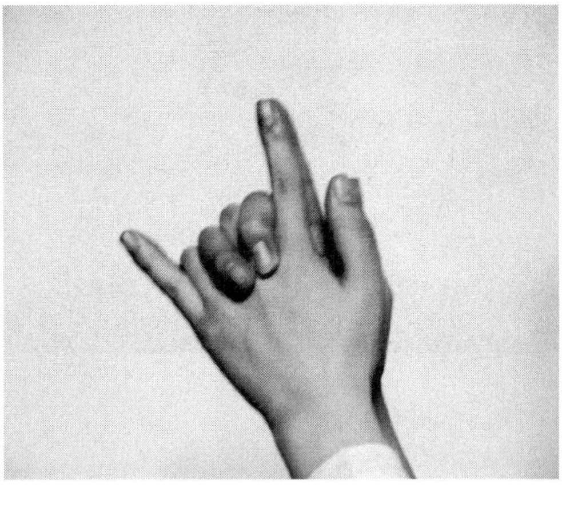

33) 큰 붓처럼 생긴 먼지털이 인데 중생이 가진 번뇌의 먼지를 털어 주는 도구 이다.

157. 염마칠모|閻魔七母|진언

나맣 사만따 붓다남 마뜨르뱧 스봐하
|namaḥ samanta-buddhānām mātṛbhyaḥ svāhā|

칠모천은 대흑천|大黑天|과 염마천|閻魔天|의 권속이다.

수인- 왼손을 권으로 하여 엄지를 펴서 위를 향하게 하고 무언가를 두드리는 형태를 한 모양이다.

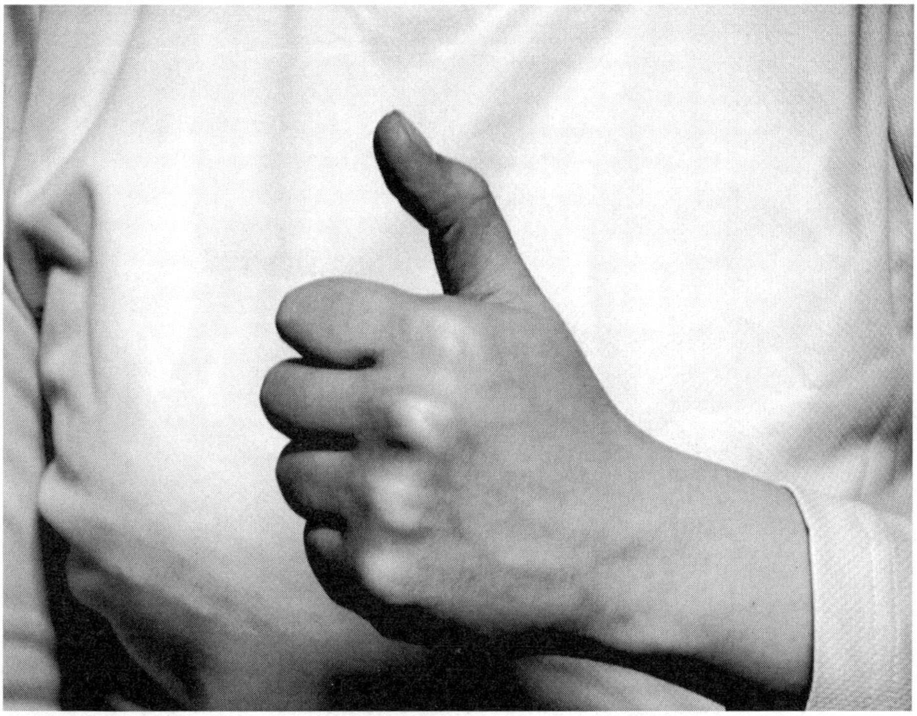

158. 마리지천|摩利支天|진언

옴 마리찌 스봐하

|oṃ mārīci svāhā|

달의 광명을 신격화 한 신으로 양염|陽炎|또는 위광|威光|이라 번역한다.

수인- 왼손은 금강권으로 하고 오른손으로 그 위를 덮은 모양이다.

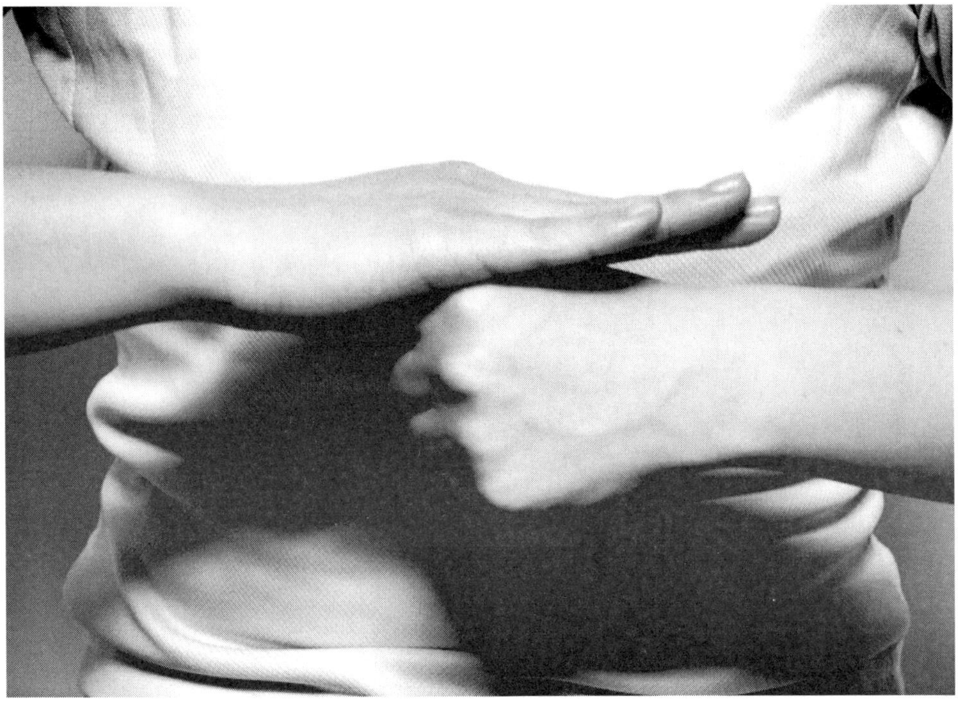

159. 질다라|質多羅|진언

나망 사만따 붓다남 미리 찌뜨라 스봐하

|namaḥ samanta-buddhānām mili citra svāhā|

질다라동자 라고도 하는데 문수보살의 다섯 사자 가운데 한분이다. 밀호|密號|는 길상금강|吉祥金剛|이다.

수인- 오른손을 금강권하여 검지를 세워 지팡이 형태를 한 모양이다.

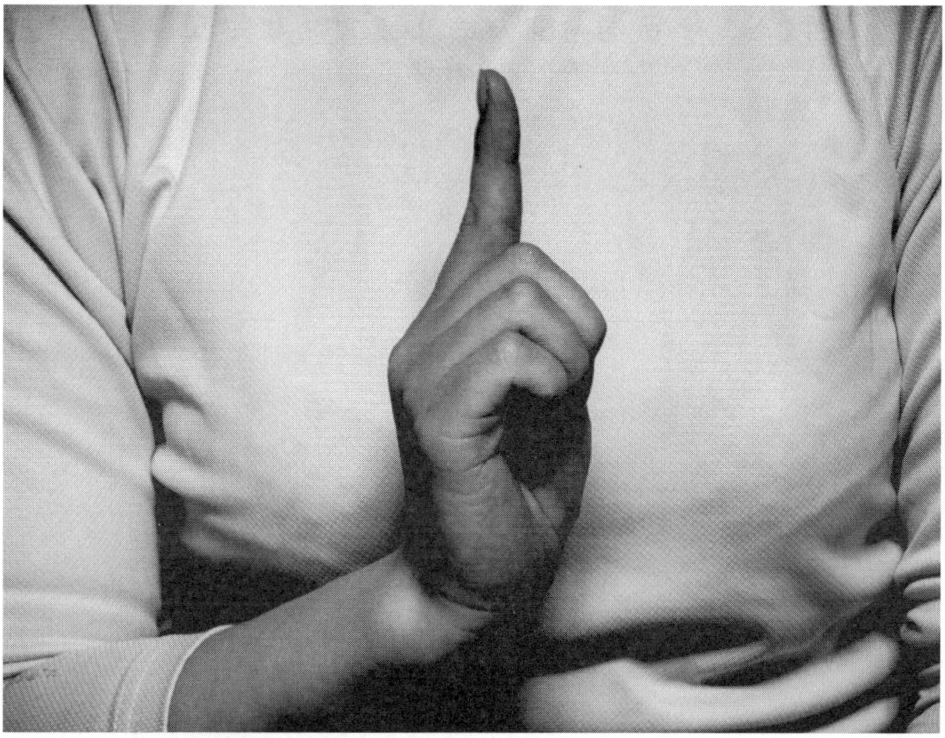

160. 염마후|閻魔后|진언

나망 사만따 붓다남 마르뜨야붸 스봐하

|namaḥ samanta-buddhānām mṛtyave svāhā|

사람의 죽음을 결정짓는 신인 염마왕의 부인에 해당한다.
염마왕|閻魔王|은 사왕|死王|이라고도 하는데 염마사자를 시켜 명이 다한 사람을 저승으로 데려가기 때문에 붙여진 이름이다.
염마왕과 염마후의 진언은 동일하다.

수인- 허심합장해서 두 중지를 서로 조금 벌려 놓은 모양이다.

161. 제룡|諸龍|진언

나망 사만따 붓다남 메가샤니예 스봐하

|namaḥ samanta-buddhānām meghāśanīye svāhā|

모든 용|龍|을 부르는 진언이다. 용은 비와 바람 천둥 번개를 다루는 신이다.

수인- 두 손을 활짝 펴고 오른손 엄지로 왼손 엄지를 잡은 상태에서 손바닥을 앞을 향하게 하고 가슴 앞에서 둥글게 돌린다.

162. 일체야차|一切藥叉|진언

나맣 사만따 붓다남 야끄셰스봐라 스봐하

|namaḥ samanta-buddhānām yakṣeśvara svāhā|

야차는 사람 잡아먹는 악귀의 일종으로 하늘을 날아다닌다. 나찰|羅刹|도 이들의 권속이 된다. 그러나 불교에서는 일체의 번뇌를 먹어 모든 장애를 없애는 것에 비유하고 있다.

수인- 내박해서 두 약지를 세워 붙이고 두 검지를 구부려 갈고리처럼 하여 벌린다. 다시 외박해서 두 약지를 세워 붙이고 두 검지를 구부려 갈고리처럼 하여 벌린다.

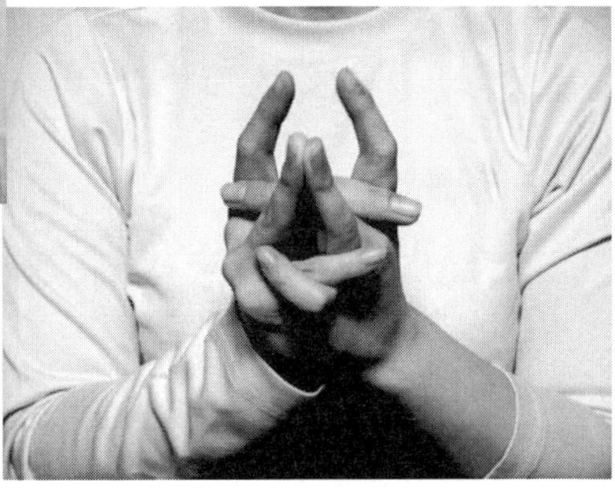

163. 계청|啓請|진언

야뱜 니뷫 차우샷 짜끄라 싣디스 야땀 우베 바레 봐즈라 꾼다리 헤뚜뱜 따뱜 사뚜 사다 나맣

|yābhyaṃ nivic-chaūśac cakra-siddhis yātam ubhe bale vajra-kuṇḍali-hetubhyāṃ tabhyām satu sadā namaḥ|

금강계법에서 도장관|道場觀|, 대허공장, 소금강륜의 인언|印言|을 사용해 륜단|輪壇|을 청정하게 한 후 본존|本尊|을 소청|召請|하기 위한 인언|印言|이다.

수인- 두 손을 금강권으로 해서 검지와 새끼손가락을 엮은 모양이다.

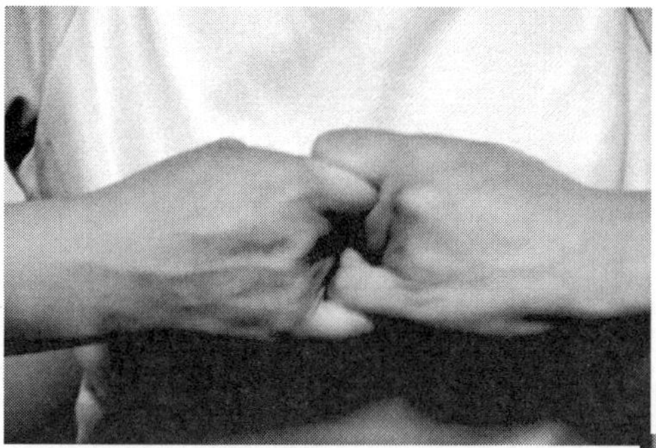

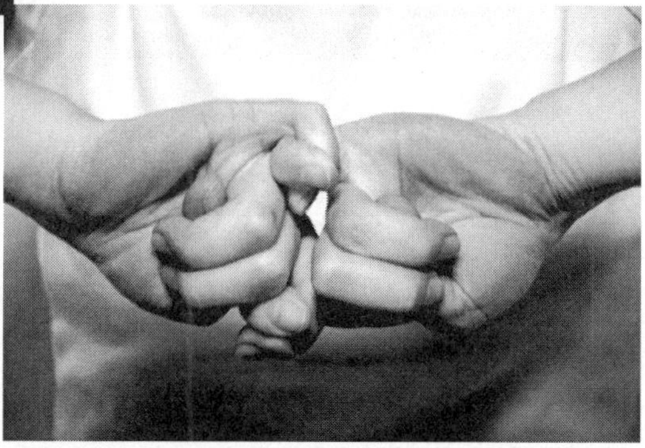

164. 대위덕생|大威德生|진언

나망 사만따 붓다남 람 랗 스봐하

|namaḥ samanta-buddhānām raṃ raḥ svāhā|

비밀팔인|秘密八印|의 하나로 태장계만다라중대팔엽원|胎藏界曼荼羅中臺八葉院|의 보당여래|寶幢如來|진언이다.

수인- 연화 합장해서 두 검지와 새끼손가락을 펴서 벌린다.

165. 제아수라|諸阿修羅|진언

나망 사만따 붓다남 라따 라따 드봔땀 브라 브라

|namaḥ samanta-buddhānām ratā ratā dhvāntaṃ vra vra|

천룡팔부|天龍八部|가운데 하나이다. 아수라는 싸움을 좋아하는 신으로 축생계와 인간계, 천상계에 속한다. 여기서는 불법에 귀의한 아수라를 의미하는데 천상계에 속한 아수라이며, 수행자를 각종 악귀나, 장애를 주는 무리들로부터 보호하는 역할을 한다.

수인- 왼손은 펴서 가슴 앞에 놓고 오른손은 엄지와 검지를 붙인 상태에서 왼손 보다 높게 둔 모양이다.

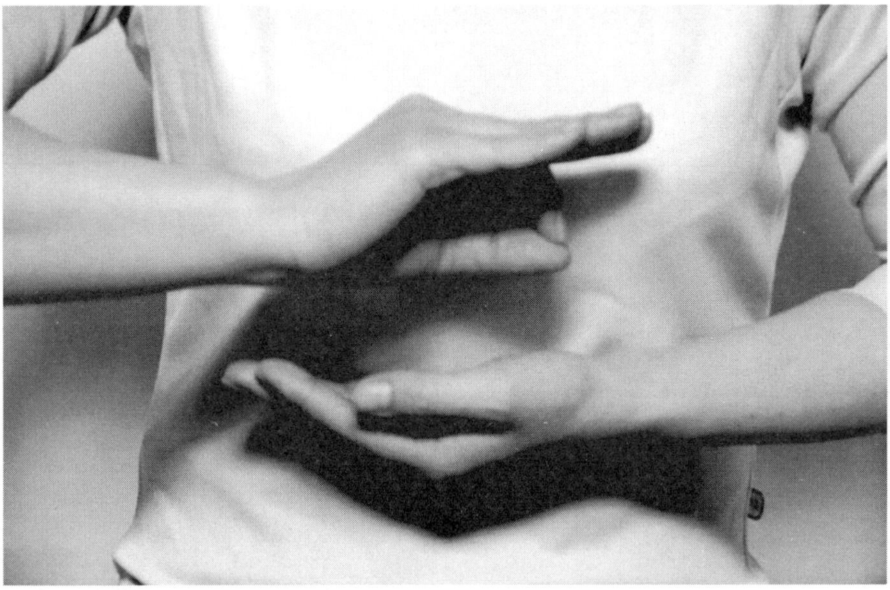

166. 보인수|寶印手|진언

나망 사만따 붓다남 라뜨나 니르자따 스봐하

|namaḥ samanta-buddhānām ratna-nirjāta svāhā|

대비|大悲|의 손으로 중생을 보리도|菩提道|로 끌어들여 구제하는 보살이다. 태장계만다라|胎藏界曼荼羅|의 지장원에 계신 존으로 연꽃 좌에 앉아 오른손에는 여의주를 쥐고 왼손에는 연꽃위에 올려진 독고저|獨股杵|를 들고 있다.

수인- 외오고인. 두 손을 금강박|金剛縛|하고 엄지와 중지, 새끼손까락은 서로 붙여 곧게 세우고 검지는 펴서 옆으로 벌린다.

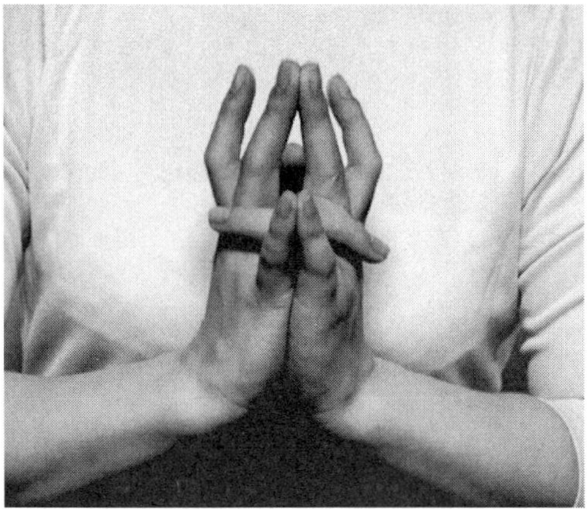

167. 금강보인|金剛寶印|진언

옴 라뜨나 봐즈라비쉰짜 사르봐 무드람 메 드르디 꾸루 봐라 까봐쩨나 밤

|oṃ ratna-vajrābhiṣiñca sarva-mudrāṃ me dṛḍhi-kuru vara-kavacena vaṃ|

보삼매야|寶三昧耶|, 삼매야보|三昧耶寶|라고도 하는데, 여의보주|정보리심|로 자신을 번뇌와 장애로부터 보호하는 것을 나타낸다. 또 이 인|印|은 오불관정|五佛灌頂|, 사불계만|四佛繫鬘|, 여래갑|如來甲|의 총인|總印|이다.

수인- 외박해서 두 검지와 두 엄지를 함께 여의주 모양처럼 둥글게 만들고 정수리 위에 놓는다.

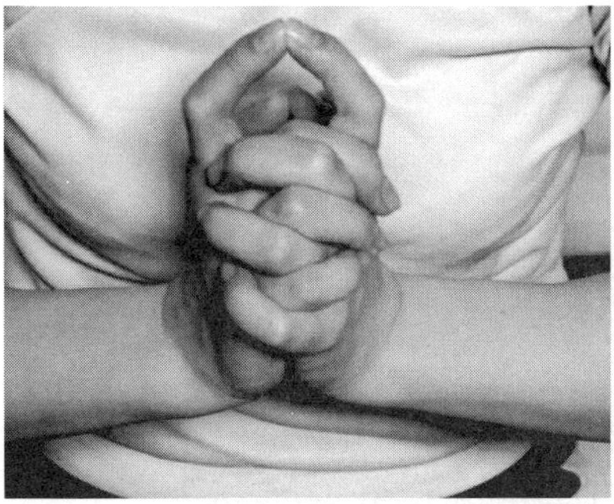

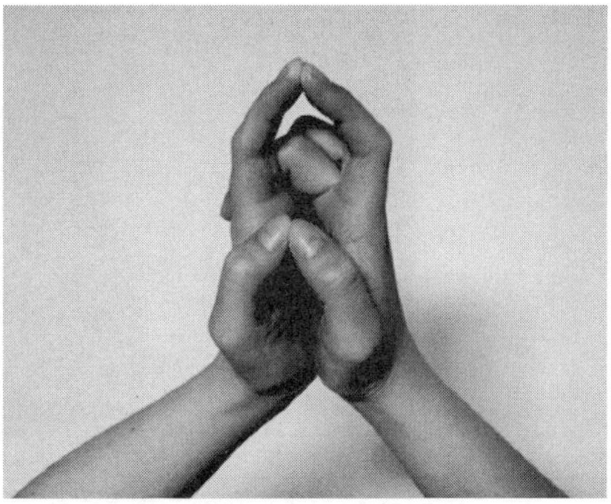

168. 보생여래|寶生如來|진언

옴 라뜨나 삼바봐 뜨랗

|oṃ ratna-sambhava trāḥ|

금강계만다라|金剛界曼荼羅|의 오지여래|五智如來|34)가운데 한분이다.
헐벗고 굶주린 중생을 불쌍히 여겨 내가 부처가 되면 모든 중생이 가난에서 완전히 벗어나 굶고, 헐벗는 중생이 없도록 하겠다고 서원을 세우고 성불하신 분이다.

수인- 여원인. 왼손은 배꼽 앞에 손바닥이 위를 향하도록 놓아두고 오른손은 허벅지에 손바닥을 위를 향해 놓는다.

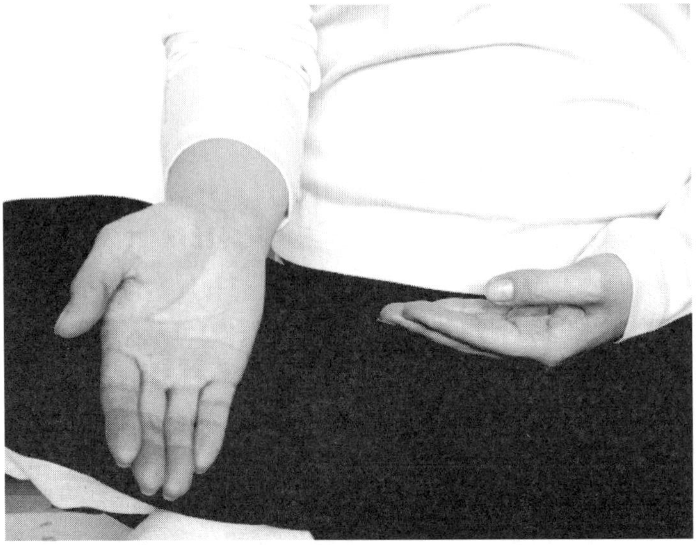

34) 다섯가지 지혜로 표현되는 다섯 부처님을 일컫는 말. 비로차나의 법계체성지, 아축여래의 대원경지, 보생여래의 평등성지, 아미타여래의 묘관찰지, 불공성취여래의 성소작지.

169. 열리제왕|涅里帝王|진언

나맣 사만따 붓다남 라끄사사디빠따예 스봐하

|namaḥ samanta-buddhānām rākṣasādhipataye svāhā|

열리저|Nirṛitī|는 나찰|羅刹|이라고도 하며 파괴, 불행, 재앙의 신이다. 불교에서는 번뇌와 장애를 파괴하는 덕|德|을 나타낸다.

수인- 왼손의 엄지로 약지와 새끼손가락을 잡고 검지와 중지를 펴서 세운 모양이다.

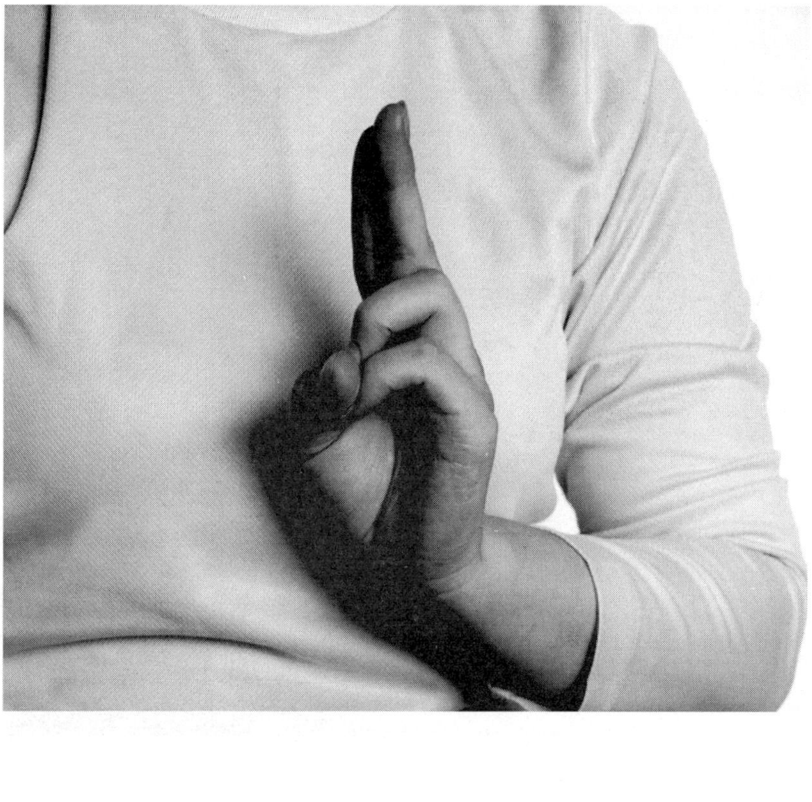

170. 나찰사|羅刹斯|진언

나망 사만따 붓다남 라끄샤사 가니미 스봐하

|namaḥ samanta-buddhānām rākṣasa-gaṇimi svāhā|

나찰여|羅刹女|를 의미하는데 나찰이란 사람의 고기를 먹는 악신|惡神|의 총괄된 의미이다.

수인- 허심합장해서 두 약지는 손 안으로 넣고 두 검지는 세워 벌려 놓고 두 엄지와 중지, 새끼손가락은 서로 빗겨 세운 모양이다.

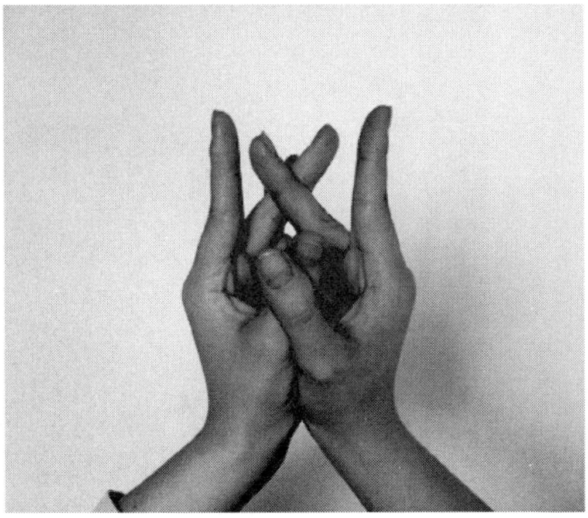

171. 이사나|伊舍那|진언

나망 사만따 붓다남 루드라야 스봐하

|namaḥ samanta-buddhānām rudrāya svāhā|

욕계 제 6천에 거주하는 천신의 이름이다. 대자재천이라고도 하는데 누런 소를 타고 왼손에는 접시에 피를 가득 담아 들고 오른손에는 삼지창을 들고 있다. 지도론|智度論|에는 대자재천왕이라 되어 있다.

수인- 왼손을 금강권으로 하고 중지를 세우고 검지를 구부려 중지의 첫째 마디에 붙인 모양이다.

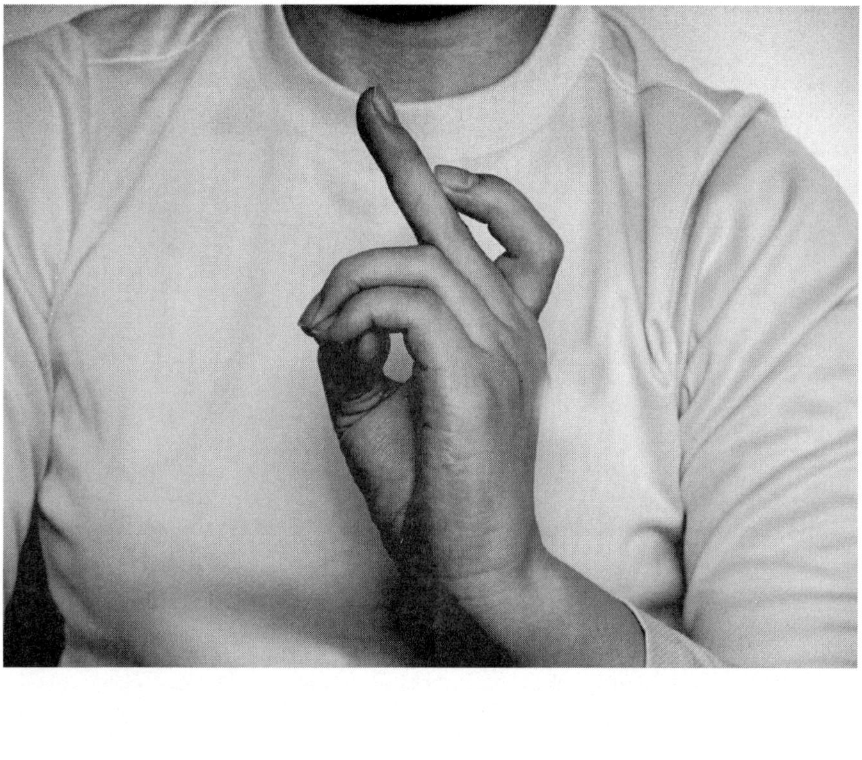

172. 백산개불정|白傘蓋佛頂|진언

나맣 사만따 붓다남 람 시따따빠뜨로스니샤 스봐하

|namaḥ samanta-buddhānām laṃ sitātapatroṣṇīṣa svāhā|

백산개는 오불정[35] 가운데 하나이며, 백정자비|白淨慈悲|의 우산을 가지고 중생을 보호한다.

수인- 오른손은 일지금강[36]을 하고 왼손은 펴서 손바닥으로 오른손을 덮은 모양이다.

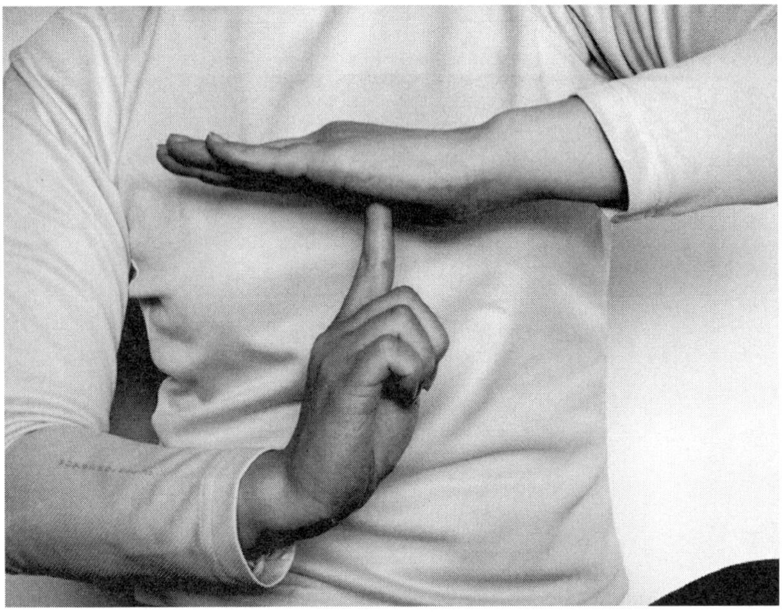

35) 세존의 왼쪽에 있으면서 오지를 표시하는 것. 그 첫 번째는 백산불정, 두 번째가 승불정, 세 번째가 최승불정, 네 번째가 화취불정, 다섯째가 사제불정.

36) 금강권에서 검지를 세운모양.

173. 일체제불정|一切諸佛頂|진언

나망 사만따 붓다남 밤 밤 훔 훔 훔 파뜨 스봐하

|namaḥ samanta-buddhānām vaṃ vaṃ hūṃ hūṃ hūṃ phaṭ s vāhā|

일체제불정은 모든 부처님의 정수리를 의미하기 때문에 그만큼 큰 진언이다. vaṃ vaṃ은 이장|二障|을 뜻하는데 이장이란 두가지 큰 장애를 의미하는 것으로 번뇌장|煩惱障|과 지장|智障|이다. 번뇌장은 번뇌가 수행에 장애가 되는 것을 나타내고 지장이란 우리가 배우고 익힌 지식이 수행에 방해가 되는 것을 나타낸 말이다. hūṃ hūṃ hūṃ은 삼인|三因|을 흩트리고 삼공|三空|을 얻어 삼매|三昧|를 증명한다고 한다.

삼인이란 생인|生因|, 습인|習因|, 의인|依因|을 일컫는 말로서 생인은 법|法|이 생길 때에 능히 인|因|이 되는 것을 말하는데, 선악|善惡|의 업|業|이 고락|苦樂|의 보인|報因|이 되는 것 과 같은 뜻이다. 습인은 탐욕을 익혀서 탐욕이 더욱 많아지는 것인데, 돈을 많이 벌면 더 벌고 싶은 것과 같은 뜻이다.

의인이란 육근|六根|[37]과 육경|六境|[38]이 서로 어울려 육식|六識|[39]이 생기는 것처럼 서로간의 작용에 의지해 또 하나의 인연이 생긴다는 뜻이다.

수인- 왼손은 금강권을 하고 오른손은 무언가를 잡을 듯이 왼손위에 둔다.

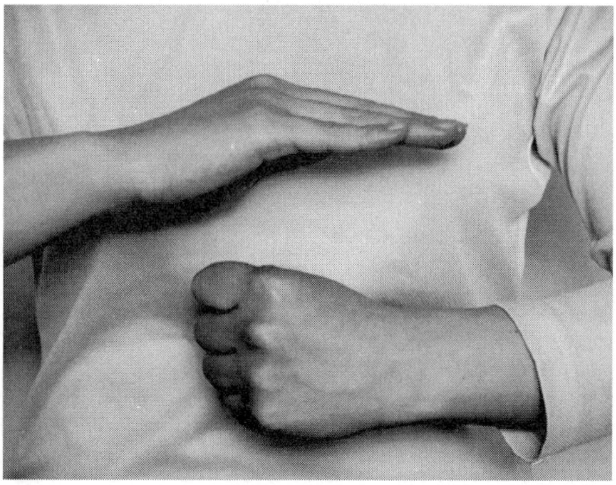

37) 안|眼|, 이|耳|, 비|鼻|, 설|舌|, 신|身|, 의|意|의 여섯가지 감각기관.
38) 육근과 짝을 이루는 것으로 보이는 것, 소리, 맛, 냄새, 촉감, 법칙등이다.
39) 여섯가지 감각기관을 통해 여섯가지 경계를 인식하는 것을 말한다.

174. 금강불괴|金剛不壞|진언

나망 사만따 붓다남 밤 봫 스봐하

|namaḥ samanta-buddhānām vaṃ vaḥ svāhā|

금강불괴란 허공을 무엇으로도 부술 수 없듯이 자성이 청정하여 어디에도 물들지 않고 허공처럼 원만함을 얻은 경지를 일컫는 말이다. 누구나 열반성|涅槃城|40)을 증득하면 이처럼 된다.

수인- 합장해서 검지를 둥글게 해 엄지에 붙이고 중지와 약지는 세워 서로붙인 상태에서 새끼손가락은 서로 띄운다.

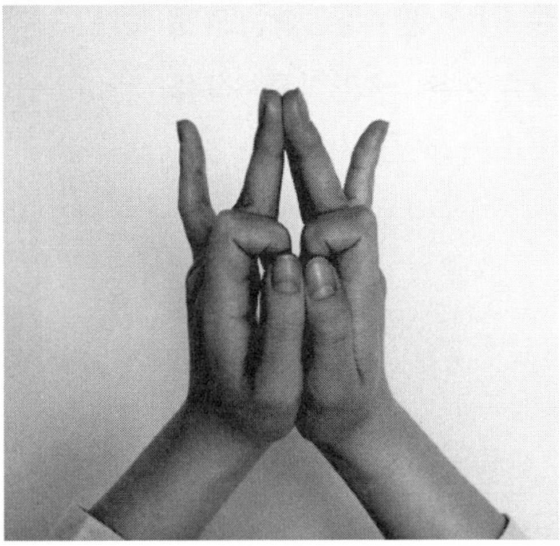

40) 깨달음의 세계를 뜻함.

175. 연각|緣覺|진언

나망 사만따 붓다남 봐흐

|namaḥ samanta-buddhānām vaḥ|

vaḥ는 언어|vaktva|를 초월한 경지를 나타내는 연각의 종자 범어 이다. 연각이란 스승이 없이 혼자 인연에 따라 깨달은 성자를 뜻하는 말로 성문보다 높은 경지에 있는 이를 일컫는다.

수인- 두 손을 외박하여 중지를 세우고 고리처럼 한 모양이다.

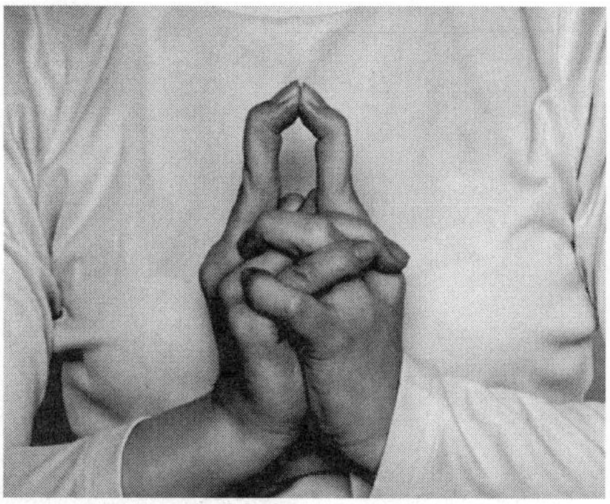

176. 금강업보살|金剛業|진언

봐즈라 까르마

|vajra-karma|

금강의 세계를 실현해 나가는 것을 나타낸 보살이다.

수인- 두 손을 금강권으로 하여 두 엄지를 펴고 세 번 돌린 후 금강 합장하고 정수리위에 올려놓은 모양이다.

177. 갈마|羯磨|진언

옴 봐즈라 까르마 깜

|oṃ vajra-karma kaṃ|

금강계법|金剛界法| 갈마회|羯磨會| 총인|總印|[41]이다. 삼고십자저의 형태를 한 수인|갈마총인|을 결하여 진언을 왼다.
금강갈마의 실현 즉 금강의 사업을 완성해 가는 움직임을 표현한 것인데, 금강의 사업이란 사바세계를 불국토로 만들어 가는 것을 말한다. 모든 중생을 교화해 한 중생도 도탄에 빠지지 않게 하고 피안의 세계로 인도하는 중생구제사업이다.

수인- 두 손을 외박인으로 하고 엄지와 새끼손가락을 붙여 손바닥을 편 모양이다.

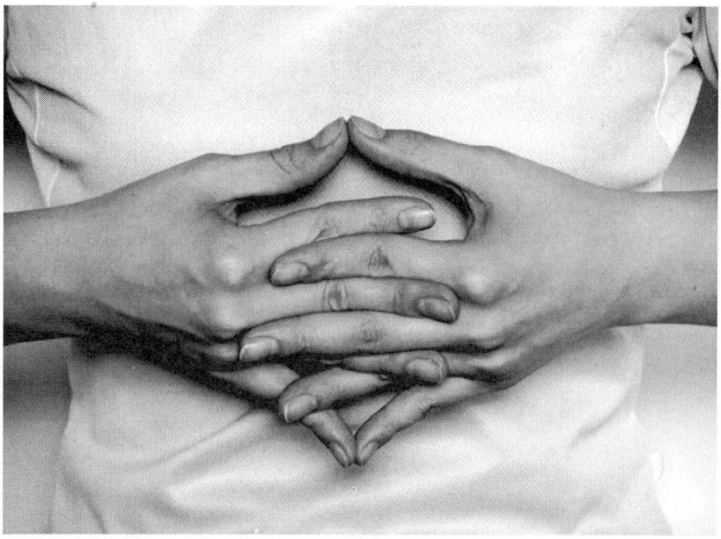

41) 대표되는 수인. 모든 수인의 힘을 담고 있다.

178. 사불계만|四佛繫鬘|진언

옴 봐즈라 깔마 마레 비신짜 맘 밤

|oṃ vajra-karma-māle bhiṣiñca māṃbaṃ|

금강의 지혜로 관정|灌頂|을 하여 네 부처님의 지혜를 받아 청정한 자성이 열려 보다 빨리 수행을 성취하게 하는 진언이다.

수인- 두 손을 외박하여 손바닥을 펴고 새끼와 엄지손가락은 서로 맞대어 붙이고 중지를 손바닥 안으로 넣어 서로 엮은 모양이다.

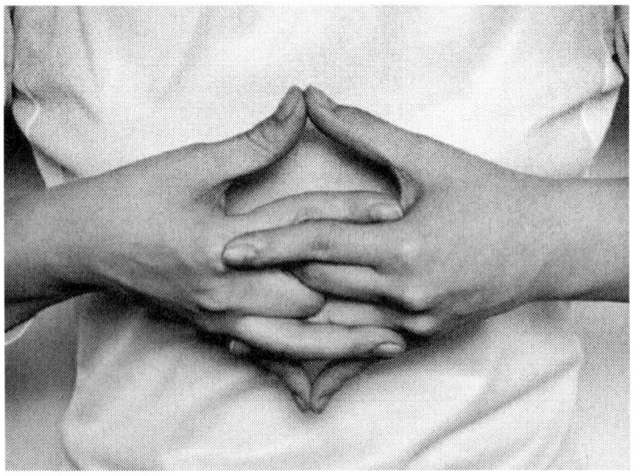

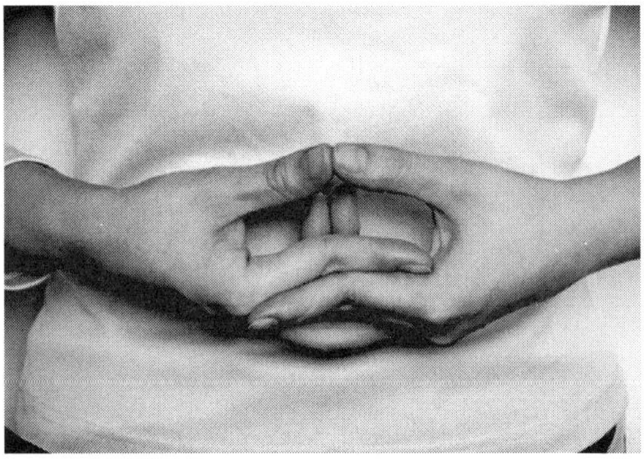

179. 업장제|業障除|진언

옴 봐즈라 깔마 뷔쇼다야 사르봐봐라나니 붇다 사뜨예나 삼마야 훔

|oṃ vajra-karma viśodhaya sarvāvaraṇāni buddha- satyena samaya hūṃ|

금강계법에서 업장|業障|을 제거하는 진언이다. 수행자가 업으로 인한 장애 때문에 수행에 방해가 되면 이 진언을 사용하여 모든 업을 정화하고 올바른 수행의 길로 갈수 있는 것이다.

수인- 두 손을 금강합장 하여 두 검지를 굽혀 갑|甲|[42]이 서로 닿게 하고 엄지를 곧게 세워 검지 끝을 잡은 모양이다.

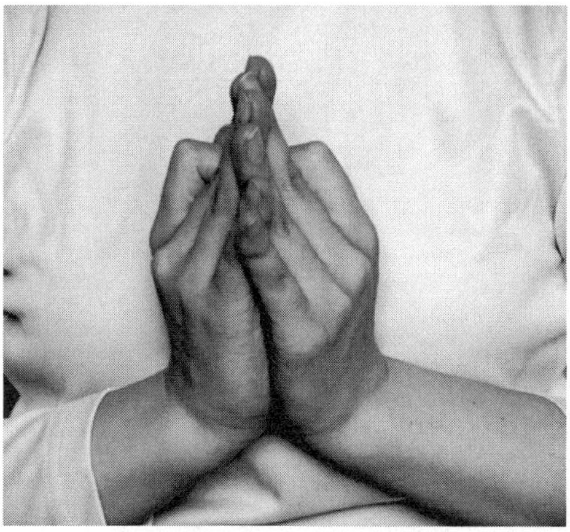

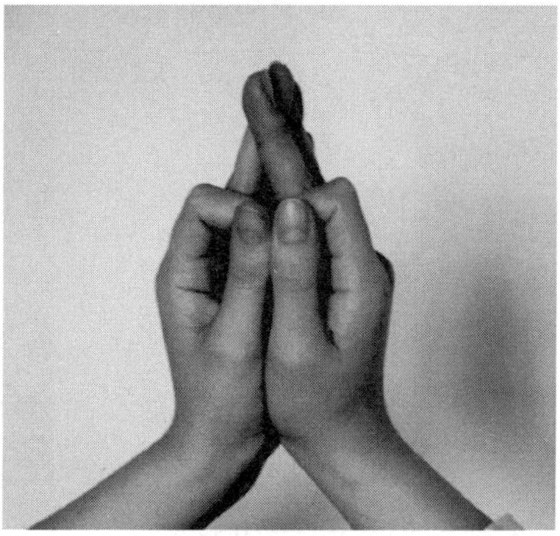

42) 손톱.

180. 사불가지|四佛加持|진언

옴 봐즈라 까르마디스타스봐 맘 아흐

|oṃ vajra-karmādhiṣṭhāsva māṃ aḥ|

수행자가 아축, 보생, 무량수, 불공성취여래의 가지|加持|를 받는 진언이다.

수인- 두 손을 외박 후 새끼와 엄지손가락을 서로 펴 붙이고 중지를 손안에 넣어 서로 엮은 모양이다. (179와 같음)

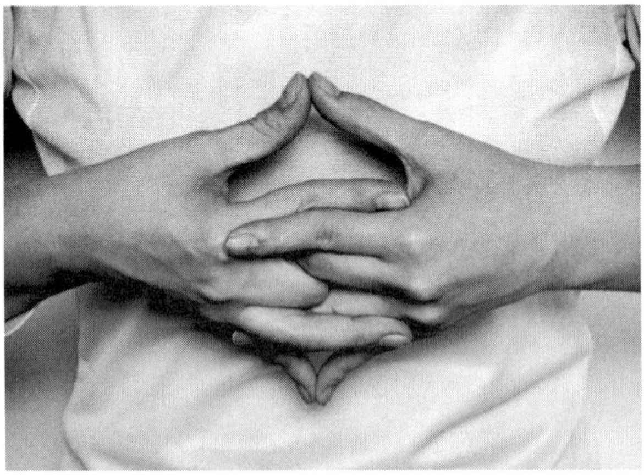

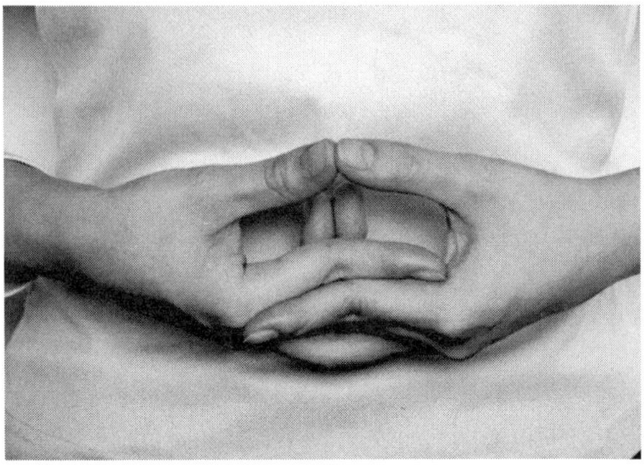

181. 집저|執杵|진언

나맣 사만따 붓다남 봐즈라 까라 스봐하

|namaḥ samanta-buddhānām vajra kāra svāhā|

태장계법에서 허공장원의 한 존|尊|으로 집연화저보살|執蓮華杵菩薩|이라고도 한다. 티벳 번역본에는 안주혜보살|安住慧菩薩|이라고 나와 있다.
연화저|蓮華杵|[43]를 들고 있는 보살이라는 뜻이다.

수인- 금강합장한 후 외오고인|外五股印|을 한다. 즉 금강합장해서 다시 금강박인을 결하고 엄지와 중지, 새끼손가락을 펴서 서로 그 끝을 붙이고 검지는 펴서 옆으로 벌린다.

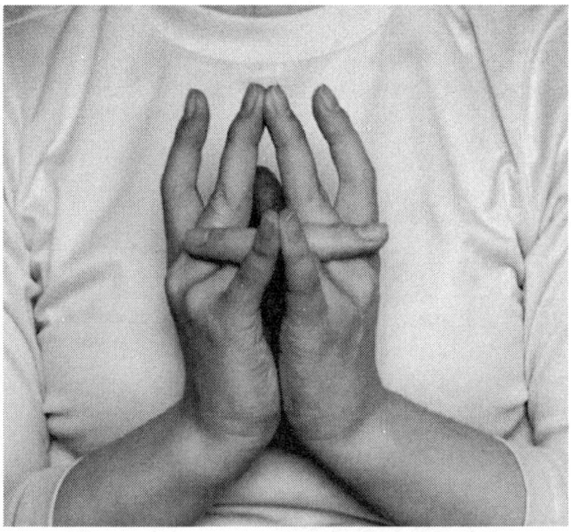

43) 금강저 한쪽 끝이 연꽃으로 된 독고 금강저의 이름.

182. 금강당|金剛幢|진언

봐즈라 께뚜

|vajra ketu|

금강계만다라의 남방보생여래 사친근보살|四親近菩薩|가운데 한분이다. 백팔명찬진언에서는 선리중생|善利重生|, 금강광|金剛光|, 선환희|善歡喜|, 보당|寶幢|, 대금강|大金剛|, 금강리|金剛利|, 금강보복|金剛寶伏|이라 되어있다.
금강당이란 높은 장대끝에 여의주를 달아 놓은 것을 말한다. 이 당으로 모든 중생의 바라는 바를 모두 만족 시켜주는 보살이다.

수인- 두 손을 금강권을 하고 오른손 팔꿈치를 왼손 위에 올린다.

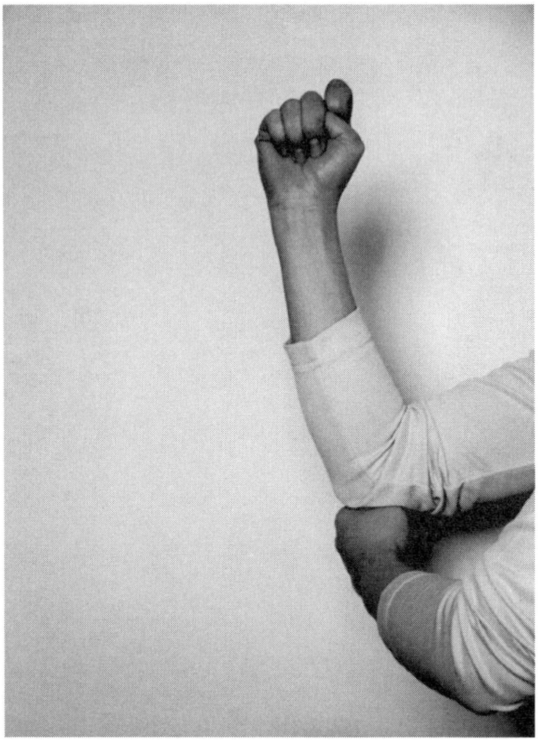

183. 도향공양|塗香供養|진언

봐즈라 간데

|vajra-gandhe|

도향|塗香|은 몸에 바르는 향을 뜻한다.

수인- 두 손을 펴 가슴에 향을 바르는 동작을 한다.

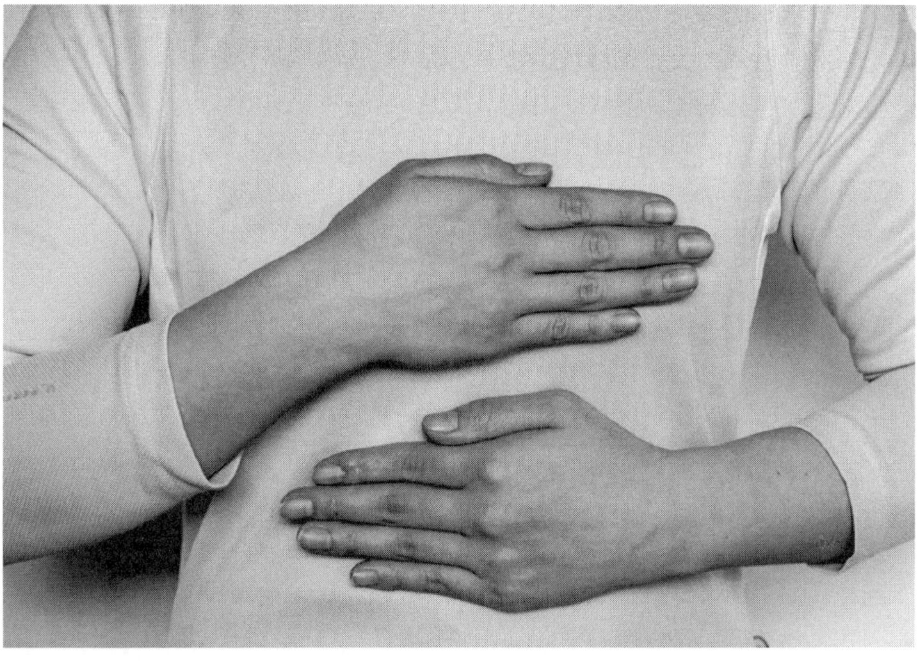

184. 금강가|金剛歌|진언

봐즈라 기떼

|vajra-gīte|

금강가란 진리의 노래를 뜻한다. 금강가보살은 금강계만다라 37존 가운데 한분으로 진리를 깨달아 그 즐거움과 법을 노래로 표현하는 보살이며, 내사공양|內四供養|보살 가운데 한분이다.

수인- 두 손을 금강권으로 하여 배꼽 앞에 두고 입 가까이 들어 올리면서 손을 펴는 모양새를 한다.

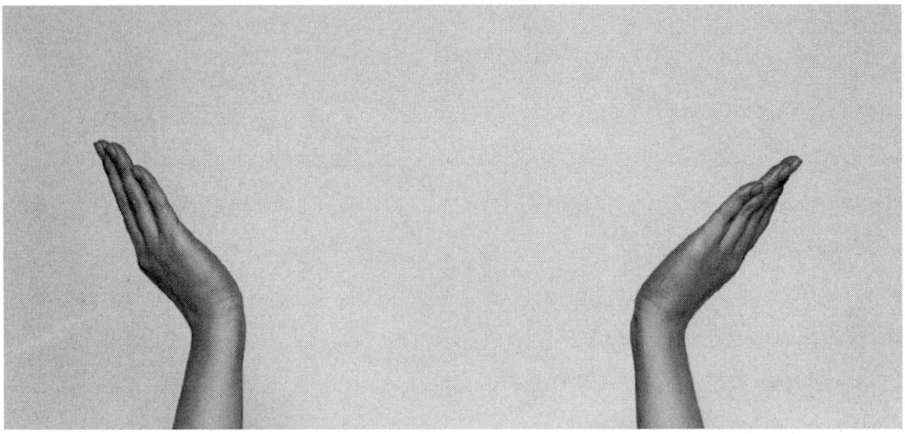

185. 소금강륜|小金剛輪|진언

옴 봐즈라 짜끄라 훔 좌 훔 봠 혹

|oṃ vajra cakra hūṃ jaḥ hūṃ vaṃ hoḥ|

소금강륜인을 결하여 진언을 외우게 되면 일체의 만다라를 안립한 것과 같다고 한다. 두 손을 결인 하여 오른쪽 어깨, 왼쪽어깨, 이마, 정수리, 심장에 대고 주문을 외면 다섯 부처님의 가호를 받는다.
다음에 수인을 돌려서 머리위로 올려 허공에 두고 진언을 외고, 그 다음 몸 앞에 있는 단상을 향해 결인하여 진언을 외고, 그 다음 본존불을 향해 결인하고 진언을 한 후 결인을 안쪽을 보게하여 입 앞에서 흩트린다. 이것은 신체 각부에 수인과 주문으로 가지해 부처님의 가호를 염원해서 제불의 몸과 같이 되기를 원하는 작법이다.

수인- 두 손을 금강권으로 하고 두 검지와 새끼손가락을 걸은 모양이다.

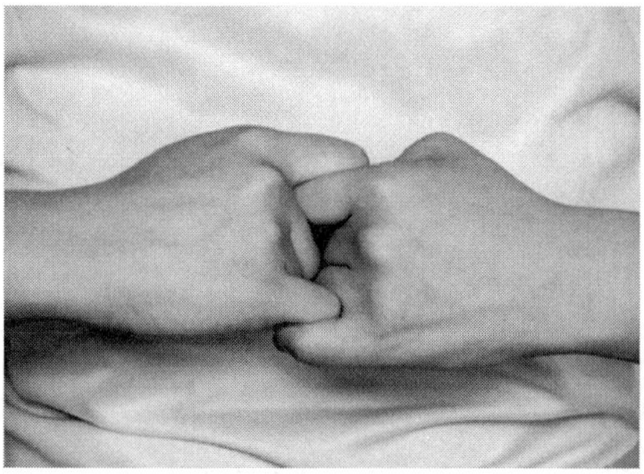

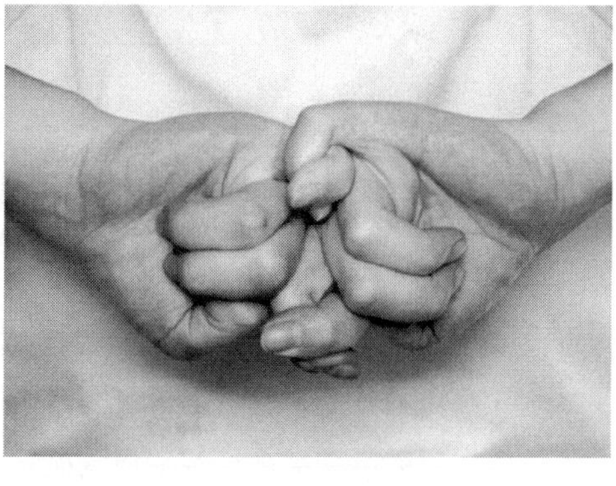

186. 비로차나|毘盧遮那|진언

봐즈라 즈나나 아

|vajra-jñāna a|

불공성취진언 이기도 하고 비로차나 진언으로도 쓰인다. 비로차나부처님은 청정법신으로 알려져 있고, 화엄경의 주불이다.
'a'는 모든 다라니의 근본이 되는 종자 진언이다. 'a'의 뜻은 본불생|本不生|인데 본래 나지 않았다는 뜻이다. 불교 수행의 최고 경지가 무생법인|無生法忍|인데, 무생이란 불생과 같은 말로서 태어나지 않는다는 뜻으로 태어나지 않기 때문에 죽지도 않는다. 마치 허공처럼 누가 만들 수도 없고 없앨 수도 없는 존재가 된다는 의미인데, 중생이면 누구나 지니고 있는 자신의 성품을 의미하기도 한다. 불교에서는 이 성품을 본 것을 가지고 견성이라 하는데 현대불교의 주류를 이루는 선종에서는 최고의 경지로 여겨지고 있다.

수인- 두 손으로 금강외박인을 결하여 두 중지를 손안으로 넣어 서로 잡고, 두 새끼손가락은 세워서 서로 붙인 모양이다.

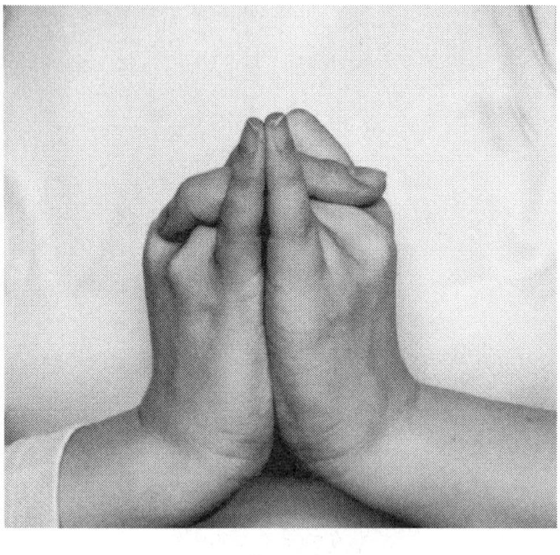

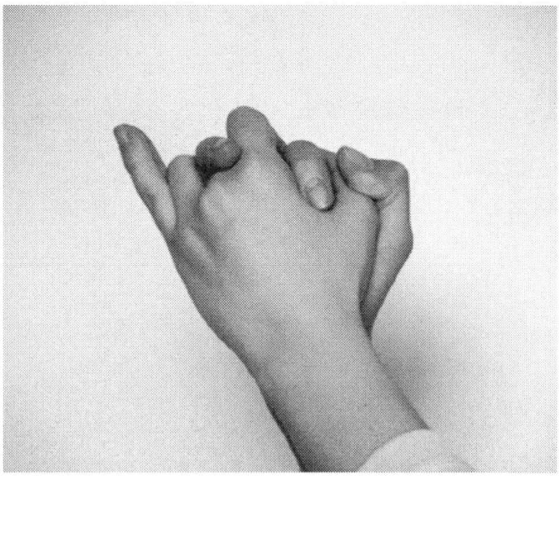

187. 보생|寶生|진언

봐즈라 즈나나 뜨랗

|vajra-jñāna trāḥ|

보생부처님 진언으로 일체의 재보를 관장하는 분이다.
금강보|金剛寶|, 금강당|金剛幢|, 금강소|金剛笑|, 금강광|金剛光|보살과 함께 중생이 재물로 인해 고통 받는 일체의 일을 소멸케 하는 부처님으로 'trāḥ'은 보생부처님의 종자진언이다.

수인- 금강외박을 해서 중지를 세워 여의주 모양을 한다.
금강계만다라의 오지여래 가운데 한분이다.

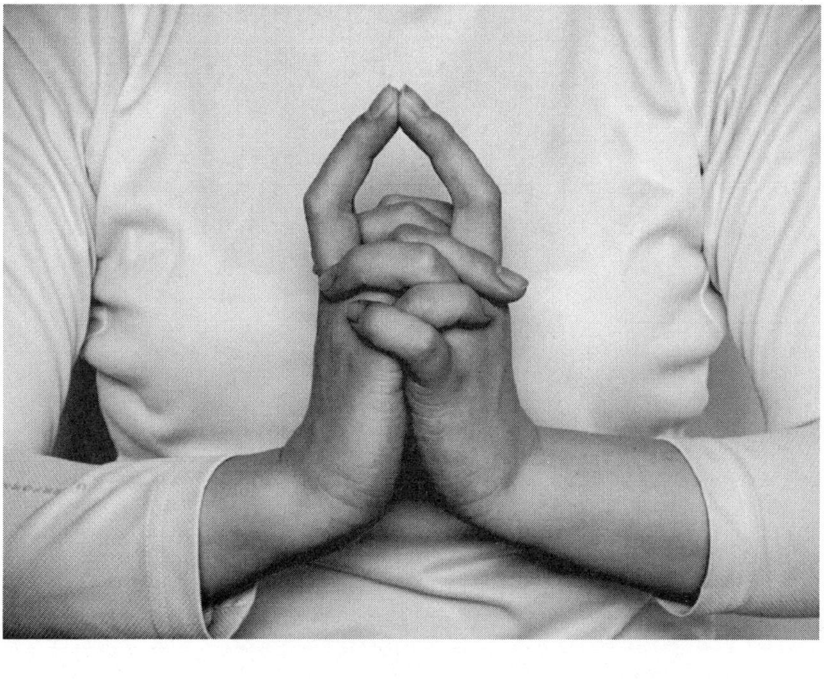

188. 아축|阿閦|진언

봐즈라 즈냐나 훔

|vajra-jñāna hūṃ|

아축여래진언이다. 금강계만다라 오지여래 가운데 한분으로 중생들이 분노하지 않는 세상을 만들어 여래가 되신 분이다.
'hūṃ'은 아축여래의 종자 진언이다.

수인- 금강외박을 해서 중지를 세워 삼각형의 형태로 서로 붙인 모양이다.

189. 무량수|無量壽|진언

봐즈라 즈나나 흐릥

|vajra-jñāna hrīḥ|

불자들이 잘 아는 아미타여래진언이다. 48가지 서원을 세우고 그 서원을 완성하여 불국토를 이룬 분으로 수명이 끝없이 많다하여 무량수여래라 한다.
아미타불 불국토를 극락세계라 이름 하는데 그 곳은 수명이 끝이 없으며 생각마다 이루어지는 세상으로 9층으로 되어 있다.
우리나라 불교가 관세음보살을 믿는 관음신앙이 많은데 이 관세음보살이 아미타불 불국토 에서 부처님을 협시하고 계신다.
'hrīḥ'은 아미타여래의 종자진언이다.

수인– 금강외박을 해서 중지를 세워 연꽃잎처럼 한 모양이다.

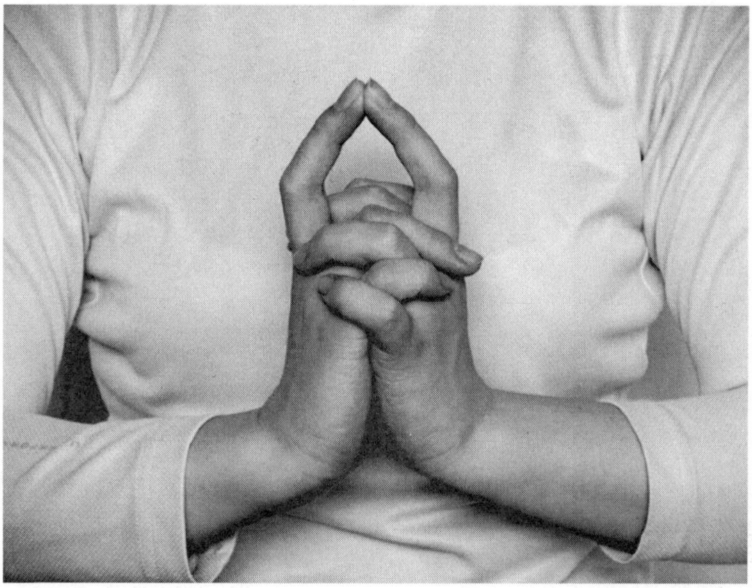

190. 금강리|金剛利|진언

봐즈라 띠끄스나

|vajra-tīkṣṇa|

금강리보살 진언으로 문수보살의 지혜를 표현한 보살이다. 중생은 이익을 따라 움직이는데 중생을 위해 큰 이익을 주는 방편으로 교화하여 불법으로 끌어들이는 보살이다.

수인- 왼손은 연꽃을 쥐고 있다고 생각하고 오른손은 검|劍|을 쥐고 있다고 생각하여 검으로 연꽃을 자르는 모습을 한 수인인데, 왼손은 펴 엄지와 검지를 서로 붙이고 오른손은 펴 엄지로 약지와 새끼손가락을 잡고 있는 모양이다.

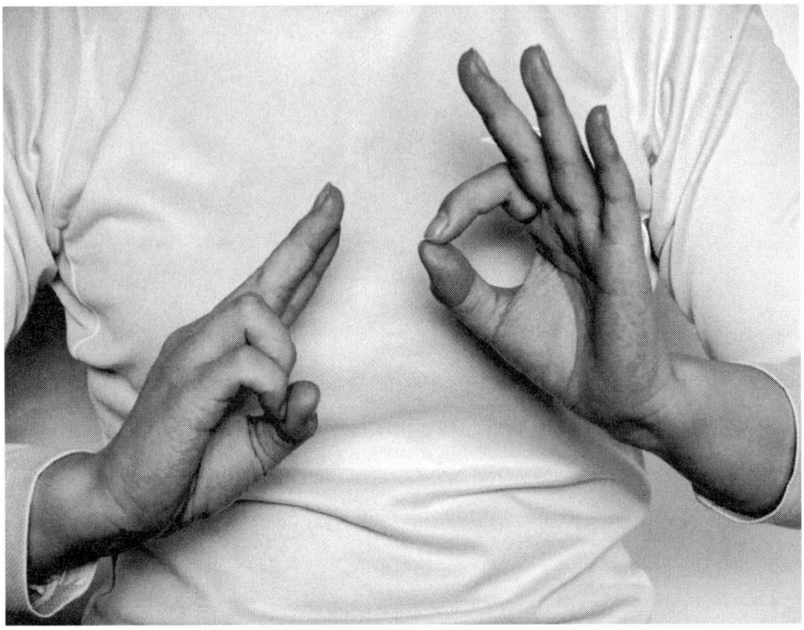

191. 금강환희|金剛歡喜|진언

옴 봐즈라 뚜스야 홓

|oṃ vajra tuṣya hoḥ|

금강환희 보살은 불법을 깨달아 그 기쁨을 환희에 비유해 표현한 보살이다. 이것을 불교에서는 법열이라 하는데 세간에서 맛볼수 없는 기쁨과 큰 환희가 깨달음에서 생긴다고 한다.

수인- 박수를 3회 친다. 한번 박수를 칠 때 마다 진언을 한번 왼다.

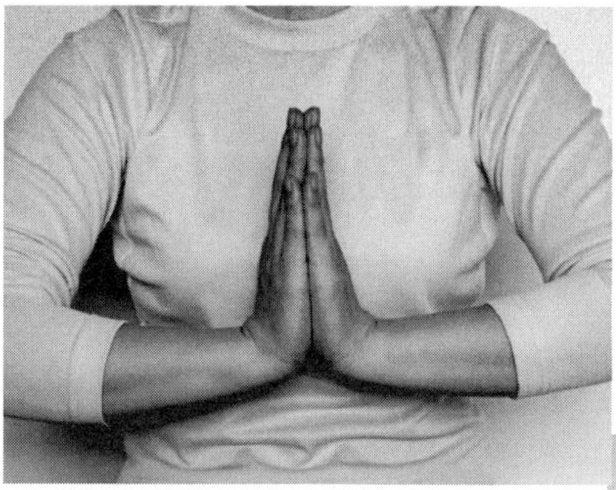

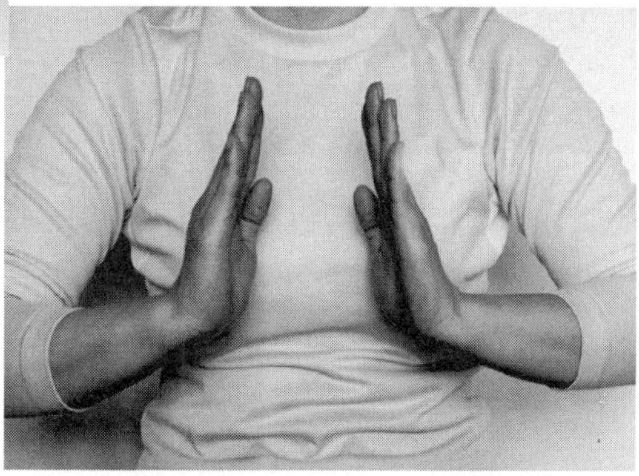

192. 금강안|金剛眼|진언

봐즈라 드르스띠 마뜨

|vajra-dṛṣti-maṭ|

금강안보살의 진언으로 금강안이란 세상의 눈으로 보는 시각이 아닌 진리의 눈을 말하는데 수행자가 깨달음을 얻으면 자아를 통하지 않고 세상을 보고 진리를 봐 수행의 완성인 무생법인을 얻고 부처가 되고자 하는 마음이 마치 사랑하는 사람이 있으면 그 사랑에 눈이 머는 것처럼 수행에 애착을 가진다고 한다.

수인- 양손을 각각 금강권을 해서 좌우 허리에 두고 오른쪽 눈에 범어'마'를 왼쪽 눈에 범어'뜨'를 마음으로 새겨 놓고 '마'가 변하여 달이 되고, '뜨'가 변하여 태양이 된다고 생각하면 참된 진리의 세계를 보는 눈이 생긴다고 한다.

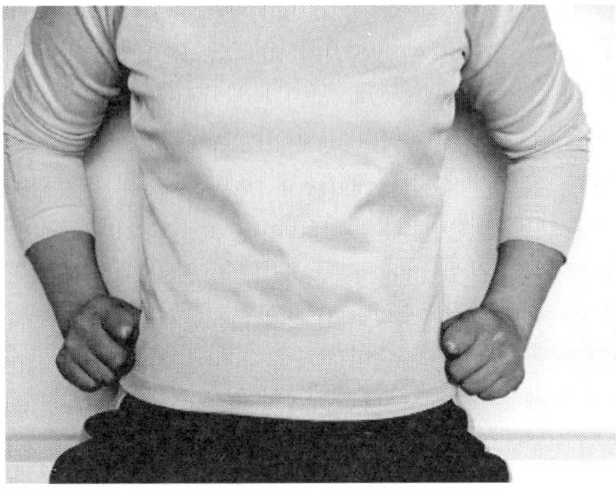

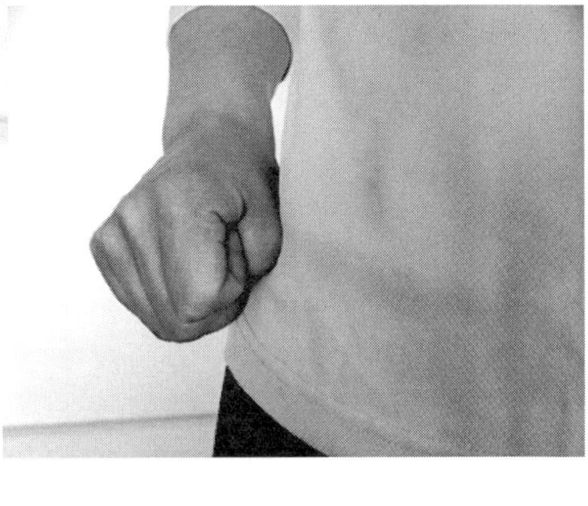

193. 관자재|觀自在|진언

봐즈라 다르마
|vajra dharma|

관자재는 금강법|金剛法|보살이라고도 한다.

수인- 왼손은 연꽃을 쥐었다고 생각하고 오른손은 펴서 밖을 향해 들고 있는 모양이다.

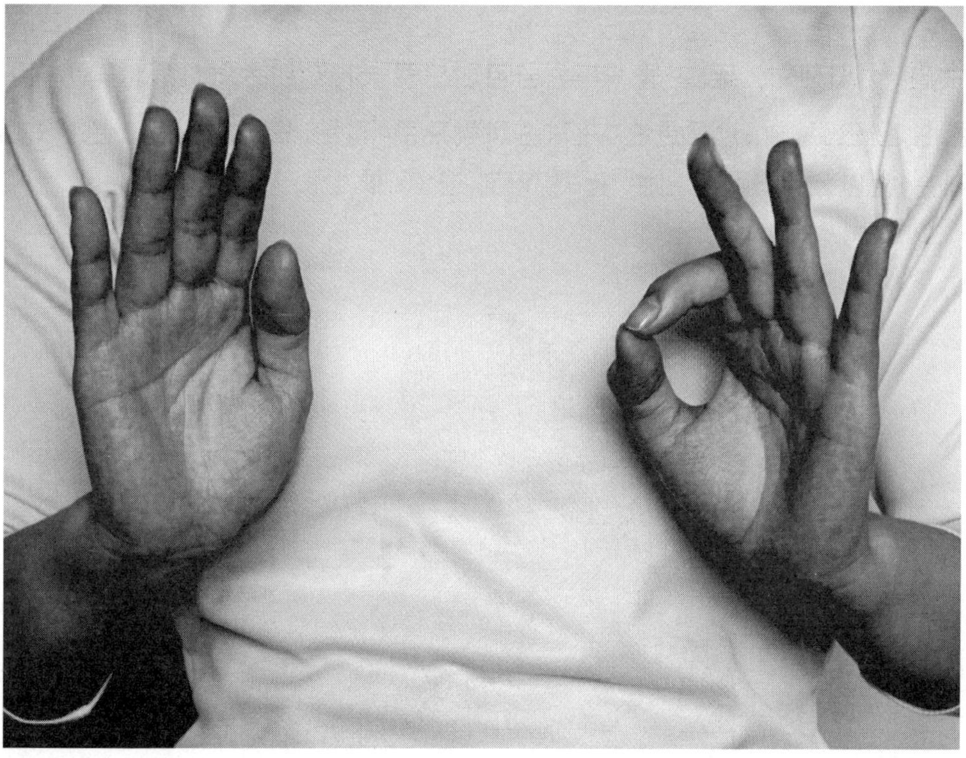

194. 본존가지|本尊加持|진언

옴 놔즈라 다뚜 봠

|oṃ vajra dhātu vaṃ|

비로차나부처님의 소주|小呪|이기도 하다. 모든 중생들의 근본성품은 비로차나의 마음과 다르지 않다. 단지 중생들이 자신의 아상에 빠져 그것이 진정한 자신인양 착각하고 살아가는데 이 주문을 외면 참된 자성에서 비로차나불의 성품을 일깨워 깨달음으로 들어갈 수 있다고 한다.
'vaṃ'은 비로차나 부처님의 종자 진언이다.

수인- 지권인. 두 손을 각각 금강권으로 하고 왼손의 검지를 펴서 오른손 안으로 넣고 오른손 새끼손까락으로 잡은 모양인데, 오른손의 엄지는 손안으로 넣어 왼손 검지 끝과 닿아야 한다.

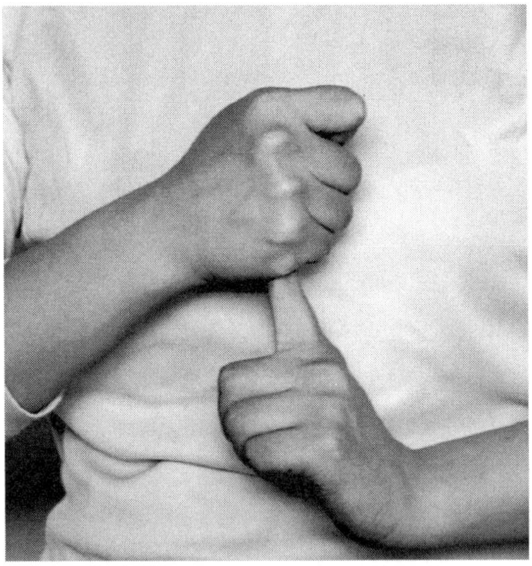

195. 금강향|金剛香|진언

봐즈라 두뻬

|vajra-dhūpe|

금강향보살진언 이다. 금강계만다라 37존 가운데 한 분으로 외사공양|外四供養|보살가운데 한 분이기도 하다. 보통 끝부분에 'aḥ'를 첨가해서 사용한다.

수인- 두 손을 나란히 아래로 내린 모양이다.

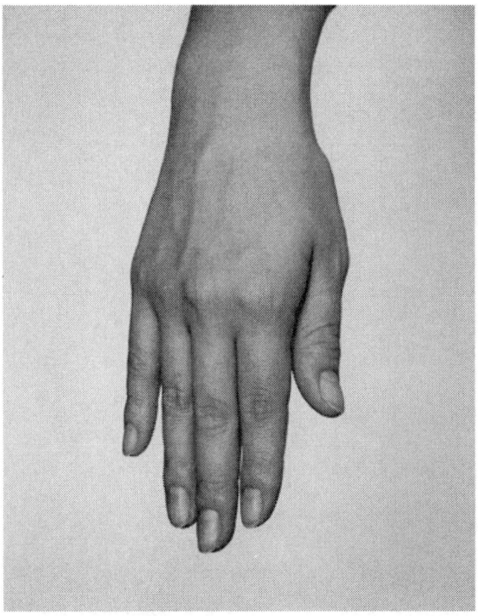

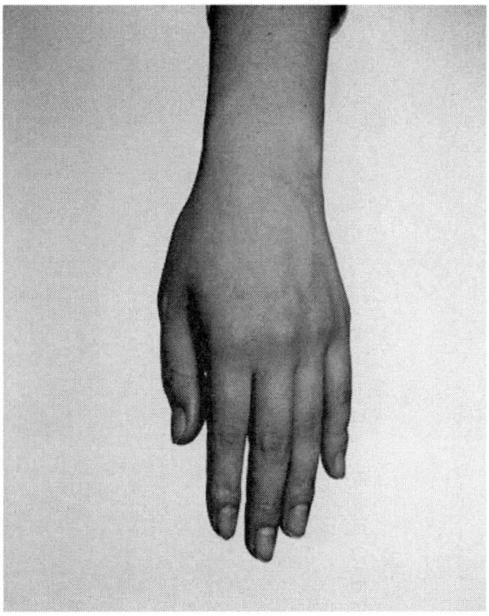

196. 금강부소청|金剛部召請|진언

옴 봐즈라 드르끄 에헤히 스봐하

|oṃ vajra-dhṛk ehyehi svāhā|

본존성중|本尊聖衆|을 청하여 부르는 진언이다.

수인- 두 손을 내박해서 왼손 엄지를 세우고 세 번 윈다.

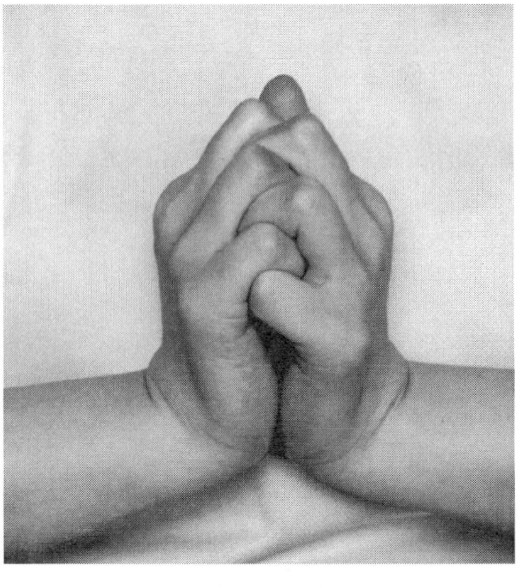

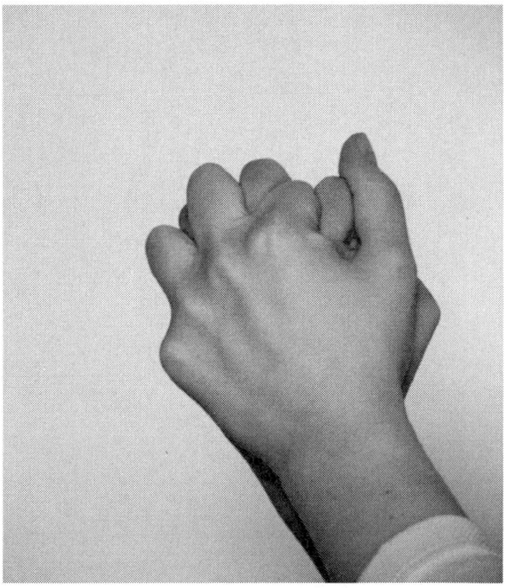

197. 연화부삼매야|蓮華部三昧耶|진언

옴 봐즈라 빠드마 삼마야스 뜨밤

|oṃ vajra-padma-samayas tvam|

금강계만다라의 연화부삼매야 진언이다.

수인-외박해서 두 엄지와 두 새끼손가락을 세운 모양이다.
두 새끼손가락을 세운 것은 금강 지(智)인 독고저를 나타낸 것이다.

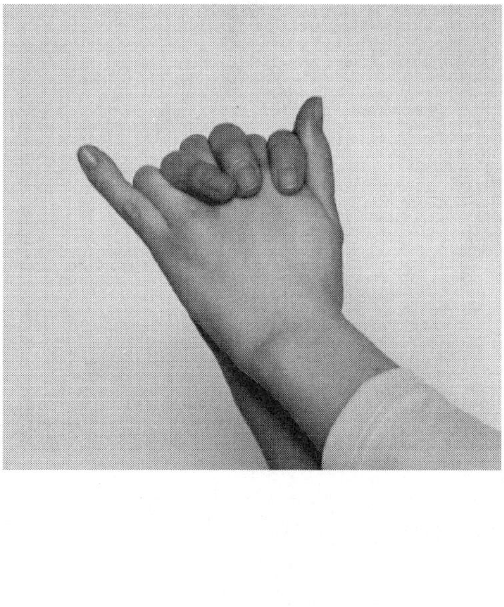

198. 최죄|摧罪|진언

옴 봐즈라 빠니 뷔스포따야 사르봐빠야 반다나니 쁘라모끄샤야 사르봐빠야 가띠뱧 사르봐 사뜨봔 사르봐 따타가따 봐즈라 삼마야 뜨라뜨

|oṃ vajra pāṇi visphoṭaya sarvāpāya-bandhanāni pramok ṣaya sarvāpāya-gatibhyaḥ sarva-satvān sarva -tathāgata -vajra-samaya traṭ|

죄업을 부수는 진언이다. 수행자가 수행하기 앞서 자신의 행업을 정화하여 진명|眞明|[44]성취에 방해되는 것이 없게 만드는 것이다.

수인- 두 손을 내박해 두 중지를 세우고 진언을 욀 때 중지 끼리 3번 부딛친다.

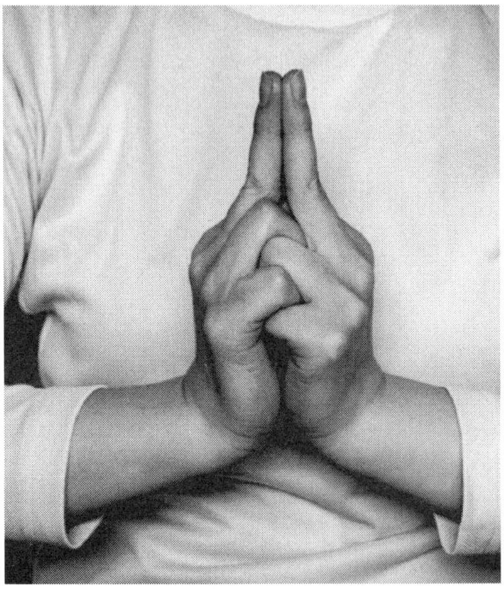

44) 다라니.

199. 금강소|金剛素|진언

봐즈라 빠사

|vajra-pāśa|

금강계만다라의 금강소|金剛素|보살 진언이다. 보통 통용되는 진언은 이 진언의 끝에 'hūṃ'을 더하여 쓴다.
금강소란 금강같이 끊어지지 않는 밧줄을 의미하는데 뱀모양을 하고 있다.
중생의 탐진치와 번뇌를 이 밧줄로 묶어 움직이지 못하게 한 뒤 제도하는 보살이다.

수인- 두손을 견뢰금강권45)으로 하고 손등을 마주대고 새끼손가락을 서로 걸고 검지손가락의 끝을 붙인 모양이다.

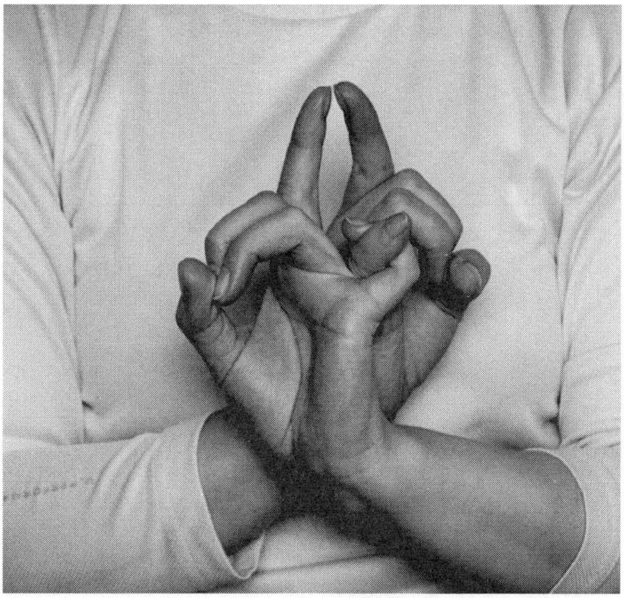

45) 분노금강권. 두 손을 금강권으로 한 상태에서 검지와 새끼 손가락을 편 모양이다.

200. 사섭|四攝|진언

옴 봐즈라 빠사 훔

|oṃ vajra-pāśa hūṃ|

금강계만다라의 사섭보살진언이다. 보통 금강소|金剛素|라한다.
197번과 동일한 보살이다.

수인- 항삼세인을 한 후 두 검지 끝을 구부린 모양이다.

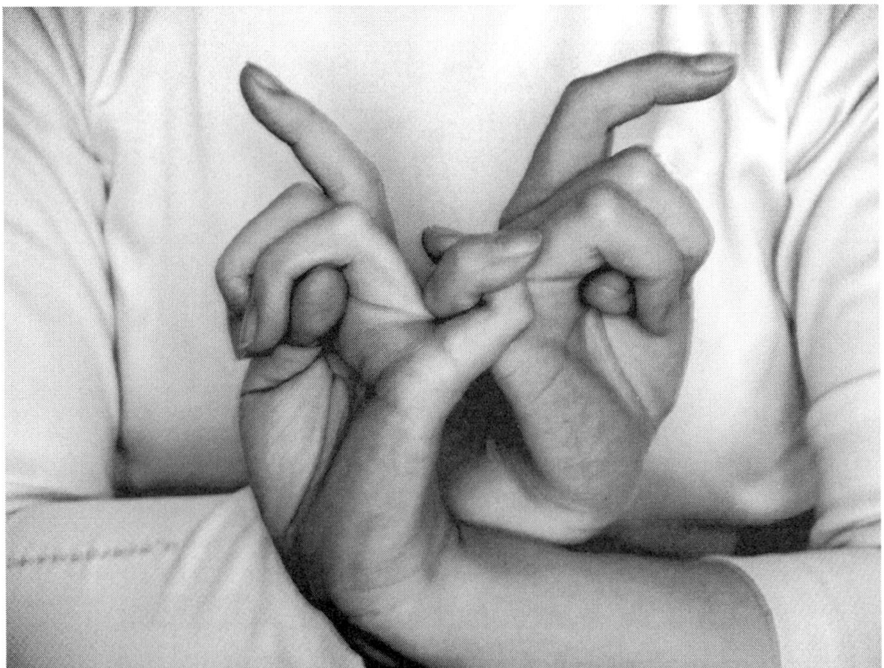

201. 금강화|金剛華|진언

봐즈라 뿌스뻬

|vajra-puṣpe|

금강화보살 진언으로 보통 앞에 'oṃ'에 붙여 사용한다.

수인- 두 손을 펴 꽃을 들고 존께 바치듯이 한 모양이다.

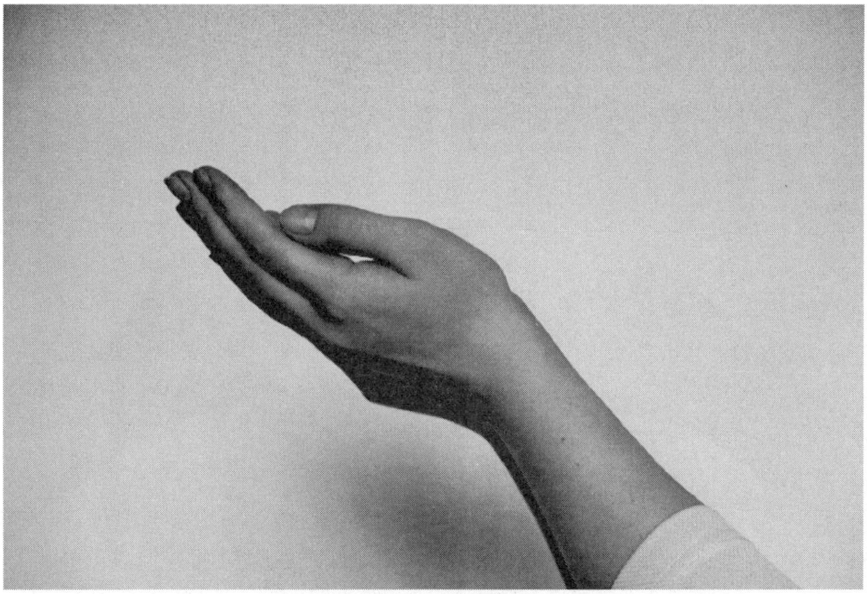

202. 금강만|金剛鬘|진언

봐즈라 마레

|vajra-māle|

금강만보살의 진언이다.

수인- 두 손을 각각 금강권을 한 후 검지를 펴고 머리를 묶는 것처럼 해서 정수리 위에 올려놓은 모양이다.

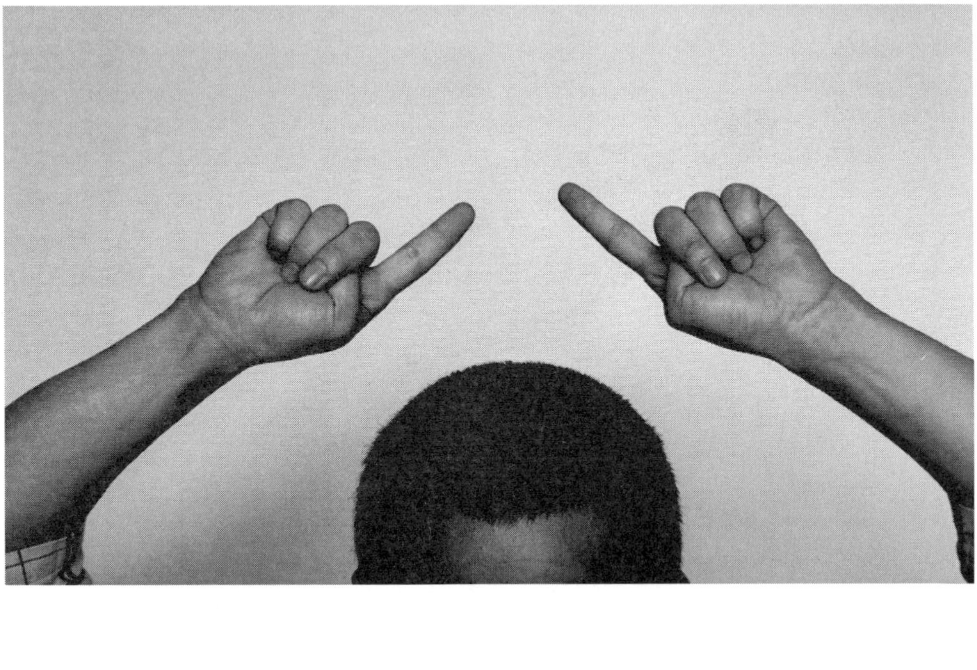

203. 합지진언

옴 봐즈라 무스띠 밤

|oṃ vajra muṣti baṃ|

수행자와 부처님의 일체지가 합하여 하나가 되게 하는 진언이다.

수인- 두 손을 외박 후 두 엄지를 나란히 손바닥 가운데 넣고 검지를 구부려 그 위에 둔 모양이다. 이 수인을 폐심호인|閉心戶印|, 금강권삼매야인|金剛拳三昧耶印|이라고도 한다.

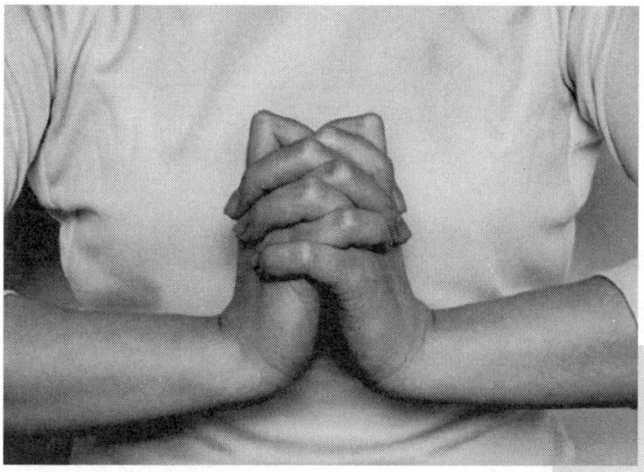

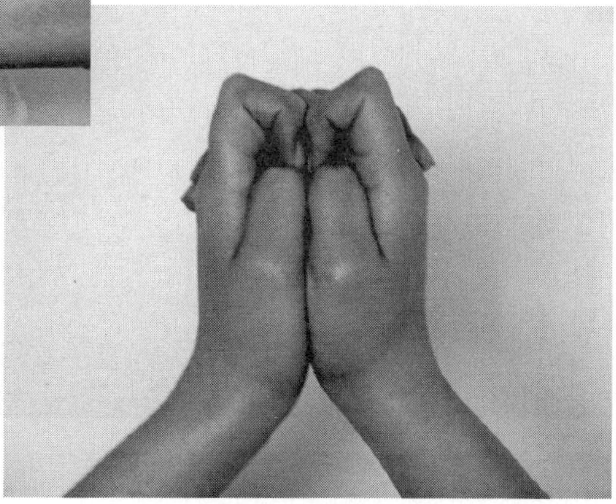

204. 최제마|摧除魔|진언

봐즈라 야끄샤

|vajra yakṣa|

일체의 마를 꺾어 누르는 진언이며, 금강아|金剛牙|보살진언이기도 하다.

수인- 두 손을 분노권으로 하여 입에 둬 마치 송곳니처럼 한 모양이다.

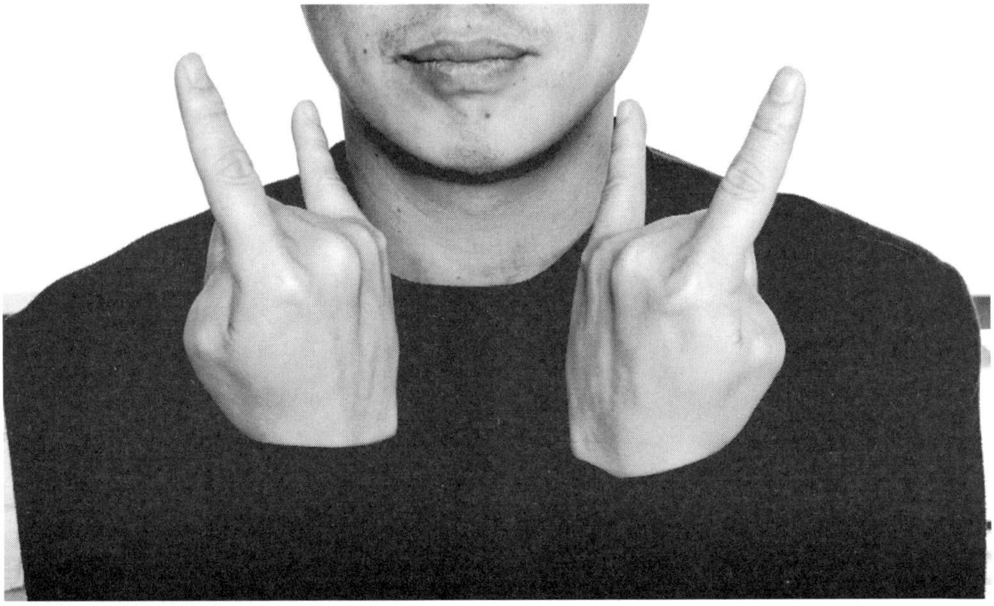

205. 금강호|金剛護|진언

봐즈라 라끄샤

|vajra rakṣa|

금강호보살 진언이다. 모든 수행자를 장애와 번뇌로부터 보호하는 보살이다.

수인- 두 손을 일지금강권으로 하여 가슴 앞에 놓은 모양이다.

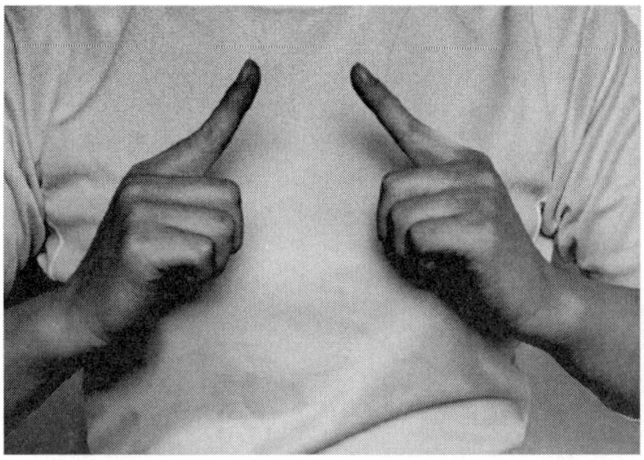

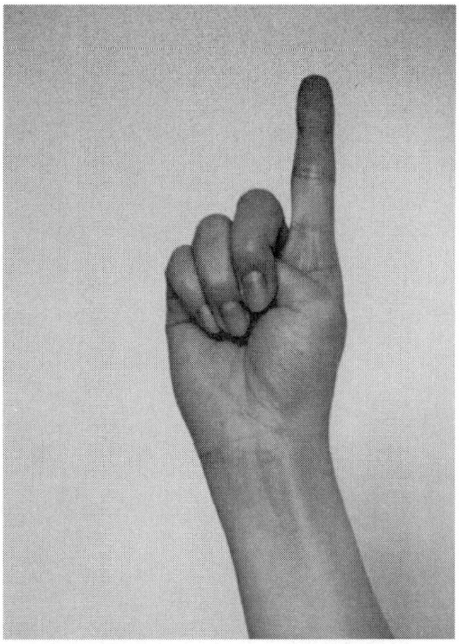

206. 금강보|金剛寶|진언

봐즈라 라뜨나

|vajra-ratna|

금강보보살 진언이다. 보통'oṃ'자를 앞에 붙여 쓴다.

수인- 두 손을 주먹 쥐어 서로 붙이고 두 검지를 세워 그 끝을 서로 붙여 여의주 모양을 한다.

207. 보인|寶印|진언

옴 봐즈라 라뜨나비신짜 맘 사르봐 무드라 메 드르다 꾸루 봐라 까봐쩨나 봠

|oṃ vajra-ratnābhiṣiñca māṃ sarva-mudrā me dṛdha kuru vara kavacena vaṃ|

보인은 보삼매야|寶三昧耶|, 이 수인은 오불관정|五佛灌頂|, 사불계만|四佛繫鬘|의 총인|總印|이다.

수인- 외박해서 두 검지와 엄지 끝을 서로 붙여 여의주의 형태를 한 모양이다.

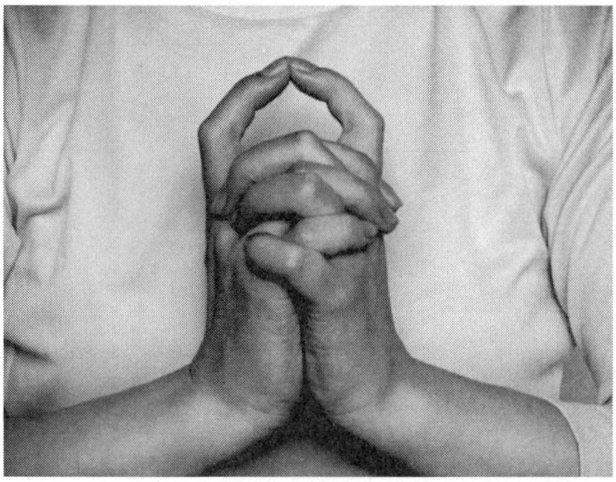

208. 금강애|金剛愛|진언

봐즈라 라가

|vajra-rāga|

금강애보살의 진언이다. 중생이 이성간의 사랑에 이끌리는 것처럼 보살이 중생을 사랑으로 섭수해서 불법에 이르게 하는 보살임. 마치 애욕에 물드는 것이 환희와 기쁨을 동반하듯이 불법에 물드는 것도 기쁨과 환희를 동반하는 것을 나타낸 보살이다.

수인-금강연화권, 양손을 각각 주먹을 쥔 후 검지를 구부려 놓고 엄지를 펴 검지의 갑[46]을 누른 모양이다.

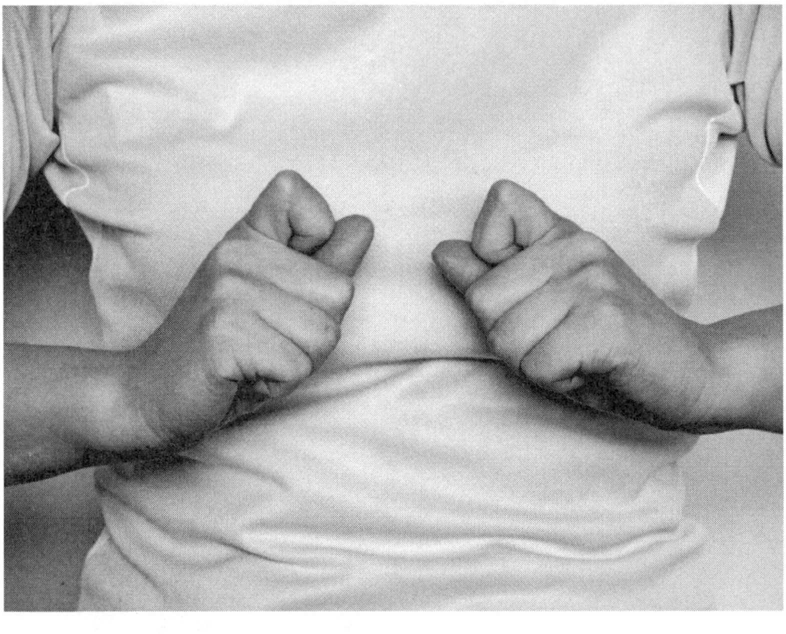

46) 손톱.

209. 금강왕|金剛王|진언

옴 봐즈라 라자

|oṃ vajra-rāja|

금강계만다라 37존 가운데 한분으로 금강장|金剛藏|, 금강구왕|金剛鉤王|, 공왕|空王|, 묘각|妙覺|, 최승|最勝|이라고도 부른다.

수인- 두 손을 금강권으로 해서 가슴 앞에서 교차하고 인지를 펴서 갈고리처럼 조금 구부린 모양이다.

210. 금강살타|金剛薩埵|진언

봐즈라 사뜨봐

|vajra-satva|

금강살타보살 진언이다. 이 보살은 대비로차나성불신변가지경, 금강유가정경등에서는 금강수|金剛手|보살이 되어 부처님께 모든 방편과 수행작법등에 대해 질문하는 존|尊|이다.
금강살타보살은 비로차나부처님의 법을 굴리는 정법륜신인데, 모든 불보살의 몸과 마음이 되어 중생을 섭수|攝受|하는 분으로 모든 방편을 갖추었다.
이 진언을 사용할 때는 보통 앞에 'oṃ'자를 더하고 끝에 'āḥ'를 더하여 쓴다.

수인- 왼손을 금강권을 하여 배꼽 앞에 두고 오른손을 펴 가슴 앞에 대고 독고 금강저를 받들고 있는 것처럼 한다.

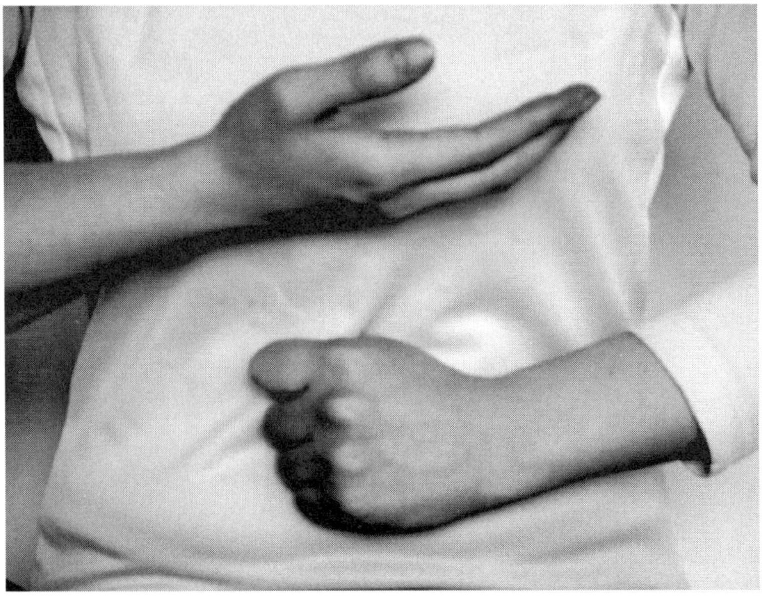

211. 현지신|現智身|진언

옴 봐즈라 사뜨봐 앟

|oṃ vajra-satva āḥ|

자신이 금강살타가 되는 것을 관|觀|하는 진언이다.

수인- 양손을 외박권으로 결박 후 두 중지를 세워 서로 붙여 침처럼 한 모양이다.

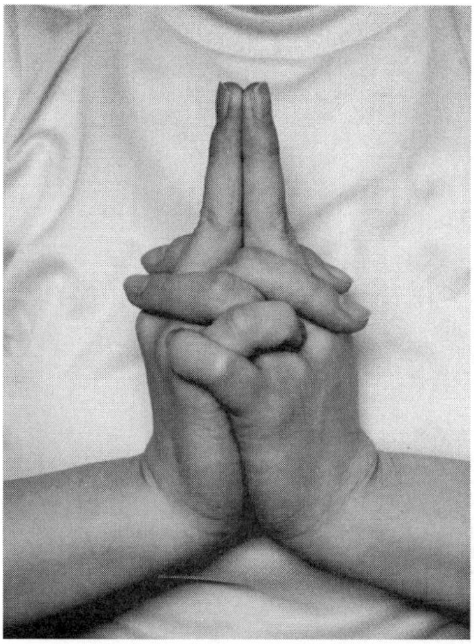

212. 금강권|金剛拳|진언

봐즈라 산디

|vajra-sandhi|

금강권보살진언이다. 금강권보살은 금강계만다라의 37존 가운데 한분으로 불공성취여래의 사친근|四親近|보살가운데 한분이다.

수인- 왼손을 금강권으로 배꼽아래 손바닥 쪽이 위를 향하게 놓고 오른손 역시 금강권으로 손바닥이 마주보게 하여 그 위를 덮은 모양이다.

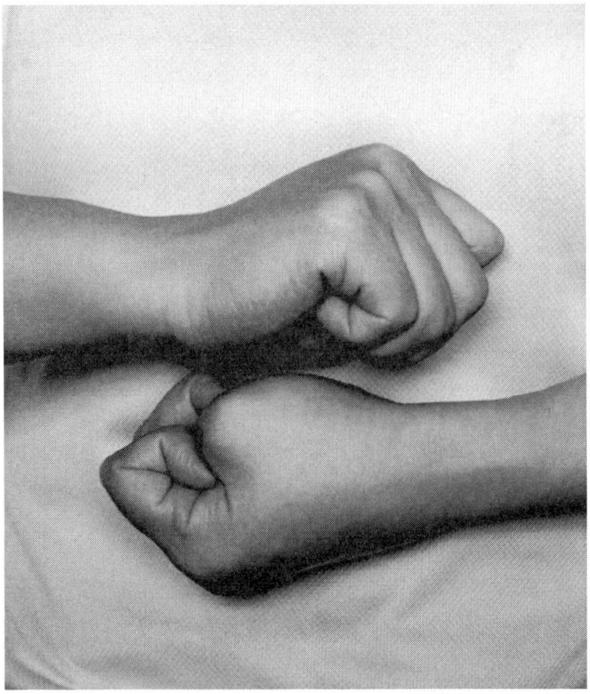

213. 불해회|佛海會|진언

봐즈라 사마자

|vajra-samāja|

관불해회|觀佛海會| 또는 금강왕이라고 한다. 수행자가 금강왕삼매|金剛王三昧|에 들어 탄지인|彈指印|47)을 결하여 일체여래를 단|壇|으로 소청|召請|하는 진언이다.

수인- 두 손을 각 금강권으로 하고 양팔을 교차시켜 가슴 앞에 둔 후 세 번 탄지|彈指|48)해서 이 진언을 왼다.

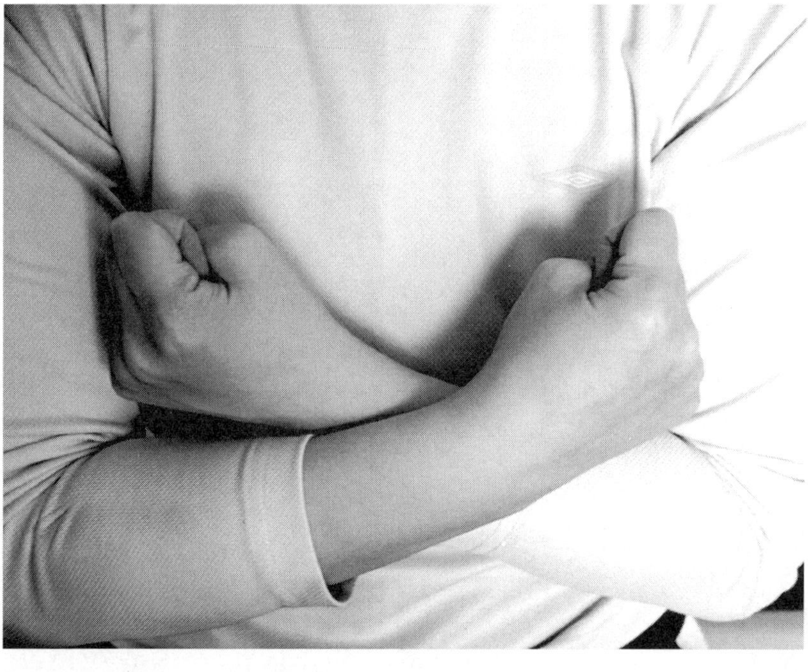

47) 모든 불보살을 불러 모으는 수인이다.
48) 손가락을 튕긴다는 말이다.

214. 발견고의|發堅固意|진언

나망 사만따 붓다남 봐즈라 삼바봐 스봐하

|namaḥ samanta-buddhānām vajra-sambhava svāhā|

발견고보살진언이다.

수인- 연화합장 후 두 엄지를 손과 조금 떨어지게 편 모양이다.

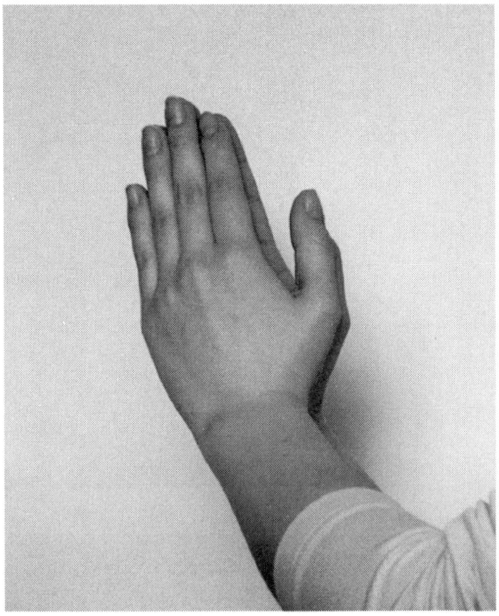

215. 금강희|金剛喜|진언

봐즈라 사두

|vajra-sādhu|

금강희보살의 진언이며, 법열의 기쁨을 나타낸 보살이다.
보통 진언행을 할 때는 끝에 'saḥ'을 더한다.

수인- 두 손을 연화권으로 하여 가슴 앞에 편안히 놓고 엄지와 검지로 탄지하며 진언을 외야 한다.

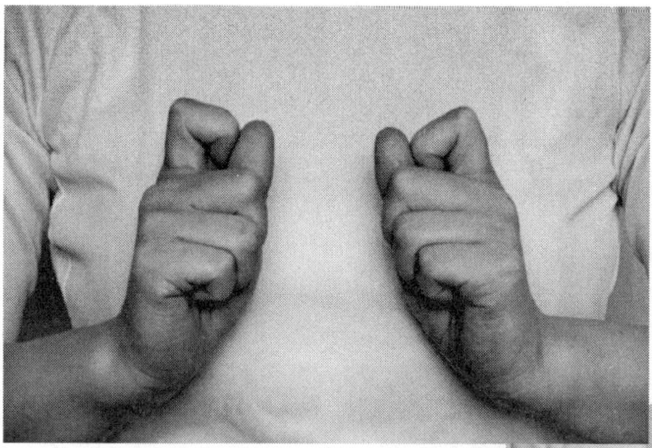

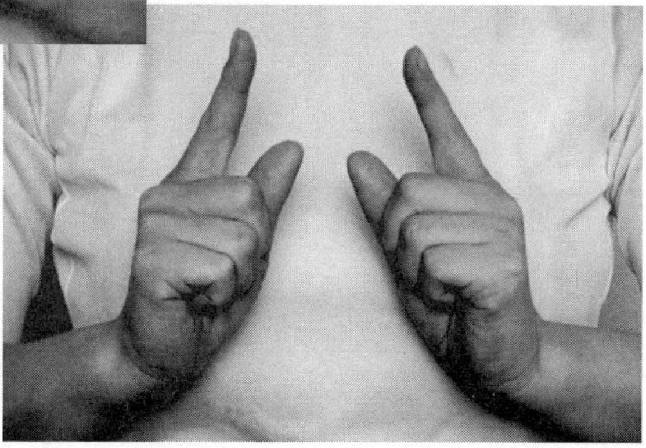

216. 금강쇄|金剛鎖|진언

봐즈라 스포따

|vajra-sphoṭa|

금강쇄보살의 진언이다. 수행자의 번뇌와 마장을 묶어 발동하지 못하게 하는 보살이다.
보통 진언행을 할 때에는 끝에 'baṃ'을 더한다.

수인- 강삼세수인을 해서 두 검지를 서로 엮은 모양이다.

217. 금강인|金剛因菩薩|진언

봐즈라 헤뚜

|vajra-hetu|

금강인보살의 진언이다. 금강계만다라 37존 가운데 한분으로 무량수여래의 사친근|四親近|보살가운데 한분이다.
보통 진언행을 할 때에는 끝에 'maṃ'을 더한다.

수인- 두 손을 각 일지 금강권으로 하고 검지 끝을 붙여 배꼽 앞에 둔 모양이다.

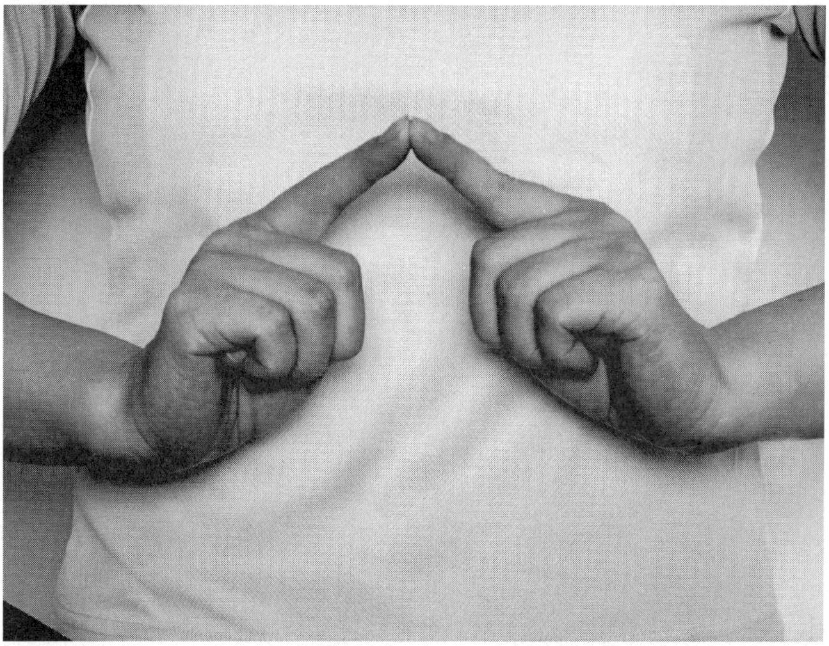

218. 알가향수|閼伽香水|진언

옴 봐즈로다까 타

|oṃ vajrodaka ṭha|

존|尊|께 바치는 물, 즉 정안수를 의미한다. 수행자가 작법 시 올리는 물인데 물 잔에다 물을 담아 향에 향기를 쐬어 존께 바친다.

수인- 두 손을 합장해 손으로 물을 담는 모습을 하여 검지를 구부려 엄지로 누른 모양이다.

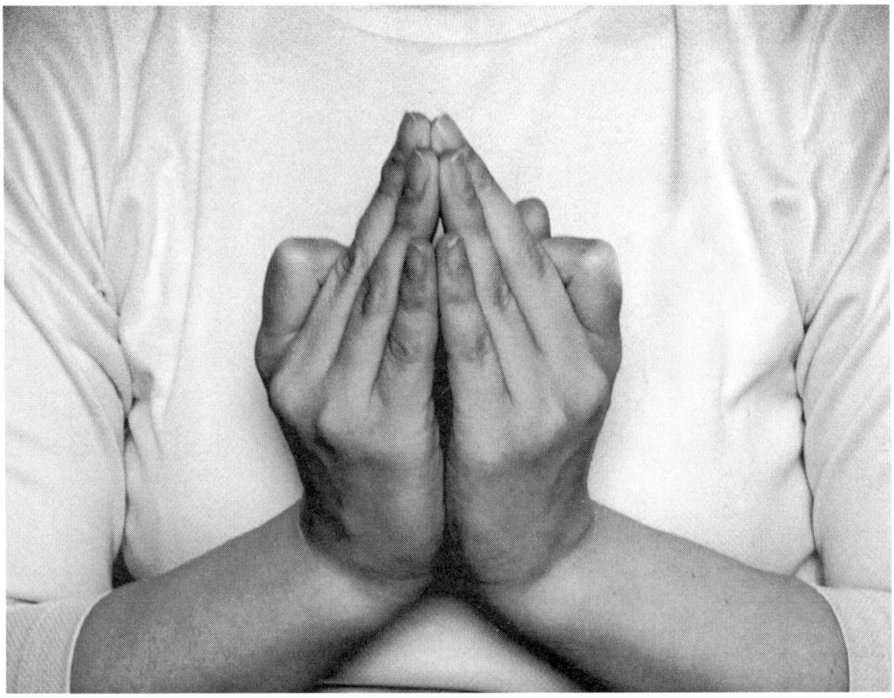

219. 여의륜|如意輪|진언

옴 봐라다 빠드메 훔

|oṃ varada-padme hūṃ|

여의륜관음|如意輪觀音|보살의 진언이며 본존삼종인언|本尊三種印言|의 하나이다. 이 관세음보살은 손에 여의보주를 가지고 중생의 소원을 들어준다 하여 여의륜보살이라고 한다.

이 보살은 손이 여섯 있는데 오른손의 첫 번째 손은 턱을 괴고 있어 중생의 번민과 고뇌를 생각하는 듯 한 모양을 하고 두 번째 손은 여의보주를 쥐고 있어 능히 중생의 소원을 들어주며, 세 번째 손은 염주를 들고 무릇 생명을 가지고 태어나는 모든 중생을 불법으로 해탈케 하며, 왼손 첫째 손은 광명산|光明山|[49]을 들고 있고, 둘째 손은 연꽃을 들어 능히 모든 비법을 밝히고 셋째 손은 륜|輪|[50]을 들고 있어 능히 무상법|無上法|을 전하고 있다.

수인- 합장해서 두 검지를 구부려 여의주처럼 하고 두 중지를 밖으로 교차하여 잡고 새끼손가락은 세워 교차한 모양이다.

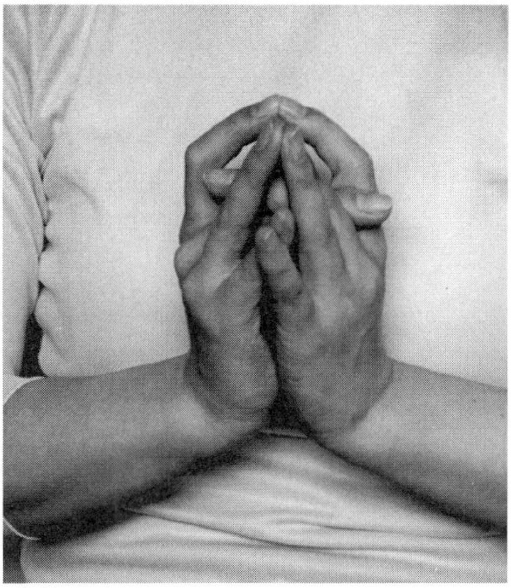

49) 관세음보살이 머무는 곳으로 보타락카산|botalaka|의 별칭이다.
50) 차 바퀴 같이 생긴 모양의 법구.

220. 여만원|與滿願|진언

나맣 사만따 붓다남 봐라다 봐즈라뜨마까 스봐하

|namaḥ samanta-buddhānām varada vajrātmaka svāhā|

이 진언은 여원|與願|이라고도 하며 여래의 시여|施與|[51]의 덕을 나타낸 인언|印言|이다.

수인- 오른손은 여원인을 하고 왼손은 가사의 끝을 잡고 있다. 보생 부처님의 수인과 같은 모양이다.

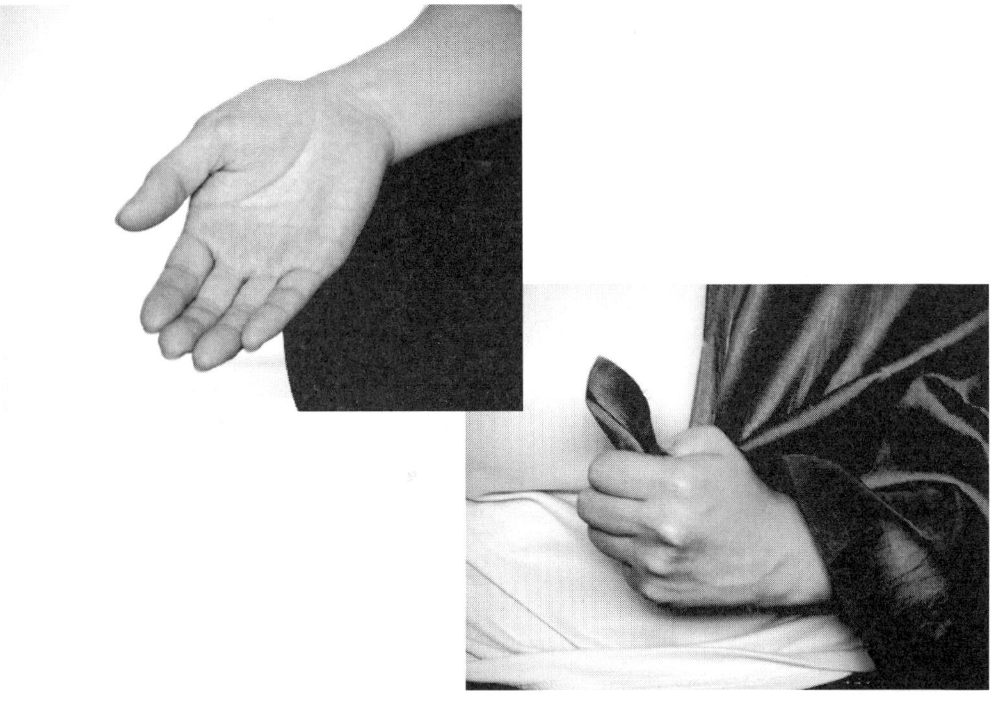

51) 중생을 위해 법을 베풀고 자비를 베푸는 것을 의미함.

221. 풍천|風天|진언

나망 사만따 붓다남 봐야붸 스봐하

|namaḥ samanta-buddhānām vāyave svāhā|

금강계만다라중 외금강부에 속한 신의 이름이다. 바람을 다스리는 신으로, 몸은 적흑색이며 오른손에는 끝에 반달이 달린 창을 들고 왼손은 허리에 금강권을 한 모습이다.

수인- 왼손을 펴 들고 검지와 중지로 엄지를 잡은 모양이다.

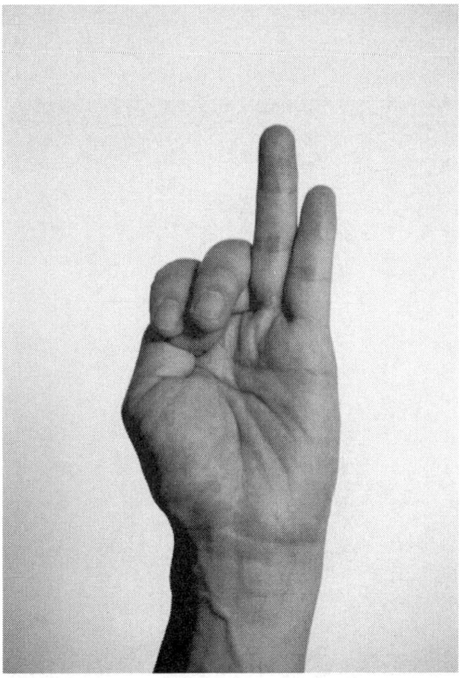

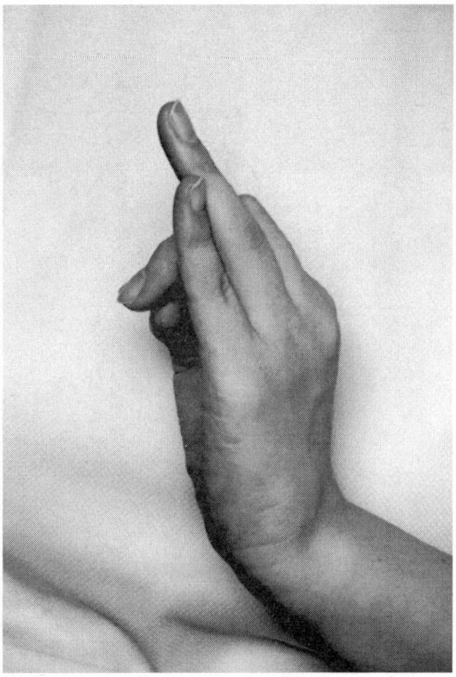

222. 현호|賢護|진언

나맣 사만따 붓다남 뷔마띠 체다까 스봐하

|namaḥ samanta-buddhānām vimati-cchedaka svāhā|

현호보살진언이다. 파타라|跋陀羅|라고도 하며 선수|善守|, 인현|仁賢|등으로 번역된다. 또 현호승상동진|賢護勝上童眞|이라고도 하며 팔대보살|八大菩薩|의 하나이고 금강계만다라 갈마회의 륜단|輪壇|밖에 위치하고 계신분이다.

수인- 두 손을 내박 후 두 중지를 세워 서로 붙인 모양이다.

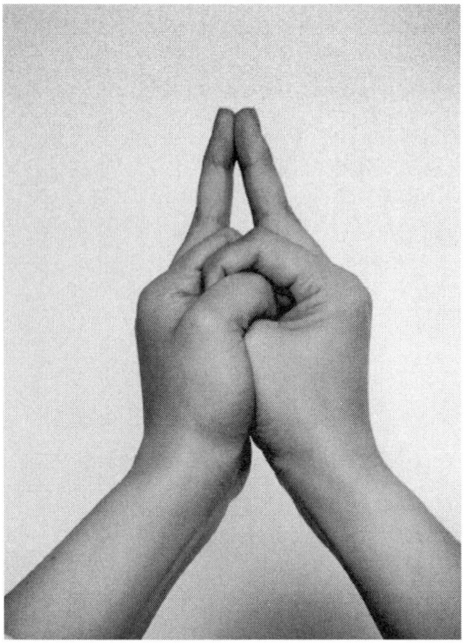

223. 대해|大海|진언

옴 뷔마로다디 훔

|oṃ vimalodadhi hūṃ|

관법|觀法|가운데 하나이다. 모든 물이 흘러 큰 바다로 가듯이 모든 중생도 결국 부처님 세계로 가게 됨을 나타낸다.

수인- 두 손을 내박 후 두 엄지 끝을 서로 버티게 하여 손을 조금 벌린 모양이다.

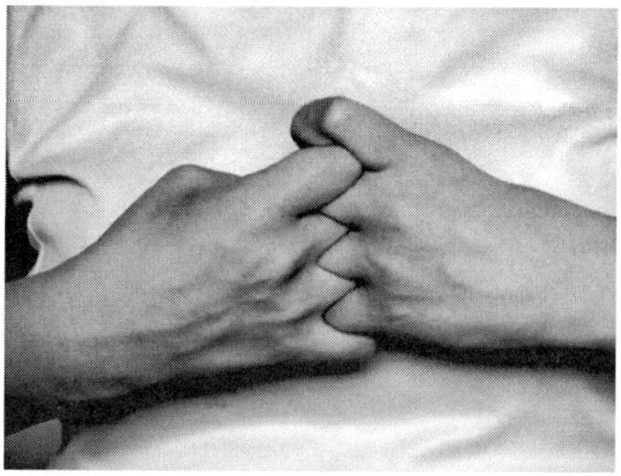

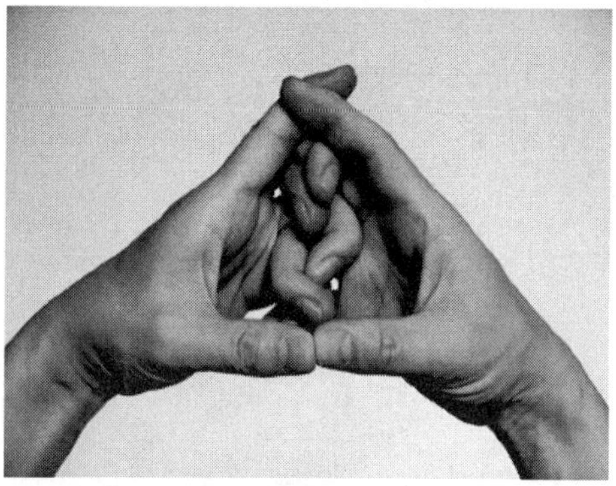

224. 증장천|增長天|진언

나맣 사만따 붓다남 뷔루드하까 야끄샤디빠따예 스봐하

|namaḥ samanta-buddhānām virūḍhaka-yakṣādhipataye svāhā|

사천왕|四天王|가운데 한분으로 남방을 수호하는 신의 이름이다. 큰 사찰 일주문에서 형상을 볼 수 있다.

수인- 두 손을 교차시켜 손등을 서로 맞추고 중지를 갈고리처럼 하여 서로 동아줄처럼 걸고 새끼, 검지, 엄지손가락을 구부려 갈고리처럼 한 상태에서 약지는 곧게 편 모양이다.

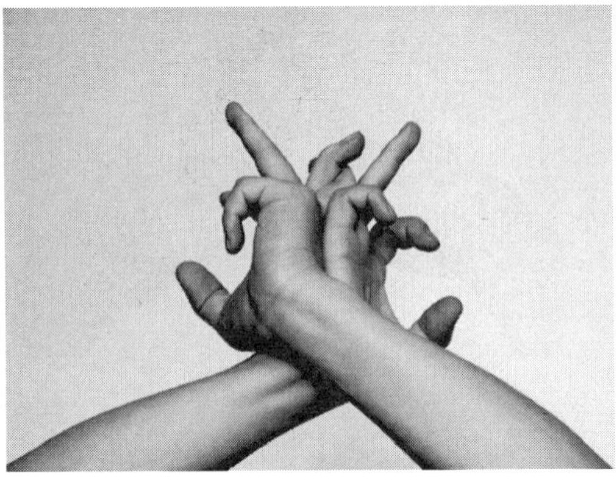

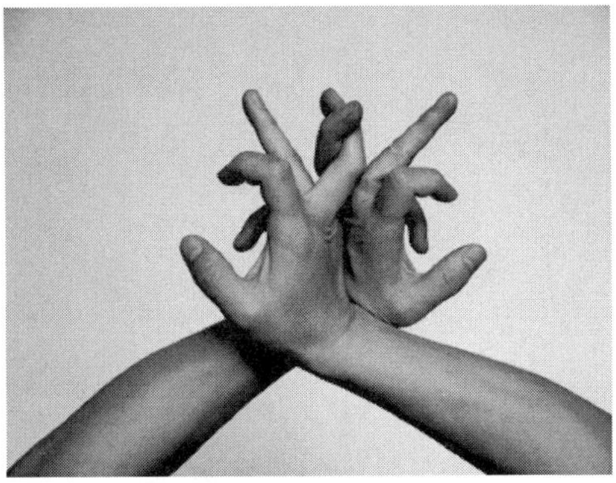

225. 광목천|廣目天|진언

나맣 사만따 붓다남 뷔루빠끄샤 나가디빠따예 스봐하

|namaḥ samanta-buddhānām virūpākṣa-nāgādhipataye svāhā|

사천왕가운데 한분이다. 서방을 수호하는 신의 이름으로 악인에게 고통을 주어 보리심을 일어나게 한다고 함.
수인을 결하고 자신이 오른손에는 빨간 동아줄을 잡고 왼손에는 삼지창을 쥐었다고 관한다.

수인- 두 손을 교차해 손등을 서로 맞추고 중지로 엄지의 갑을 누르고 두 검지를 교차해서 동아줄 같이 엮은 모양이다.

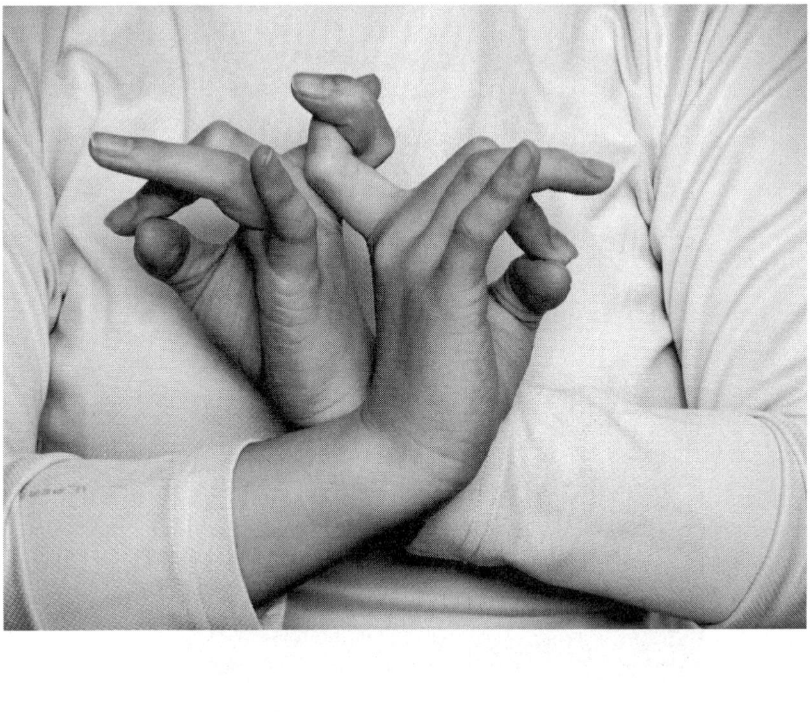

226. 도향|塗香|진언

나망 사만따 붓다남 뷔숟다 간도드바봐야 스봐하

|namaḥ samanta-buddhānām viśuddha-gandhodbhavāya svā hā|

오공양|五供養| 가운데 하나. 각종향을 가루 내어 몸에 바르고 불보살님 앞에 나아가는 것을 일컫는다.

수인- 왼손으로 오른손 팔목을 잡고 오른손을 펴 시무외인을 하여 이마와 입, 심장에 대고 다시 아래로 내려 도향을 칠하는 동작을 한다.

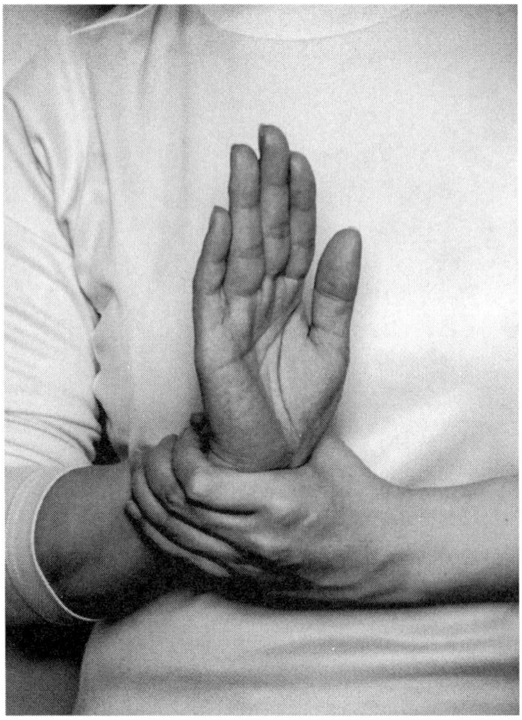

227. 건달파|乾闥婆|진언

나망 사만따 붓다남 뷔숟다 스봐라 봐히니 스봐하

|namaḥ samanta-buddhānām viśuddha-svara-vāhini svāhā|

천상에서 음악을 담당하고 있는 신이며, 향신|香神|, 약신|藥神|으로 불리기도 하며 비를 다스리는 신이기도 하다. 흔히 불량한 사람들을 건달이라 부르는데 여기에서 연유되었다.

수인- 두 손을 내박으로 하고 약지를 세워 서로 붙지 않게 흩은 모양이다.

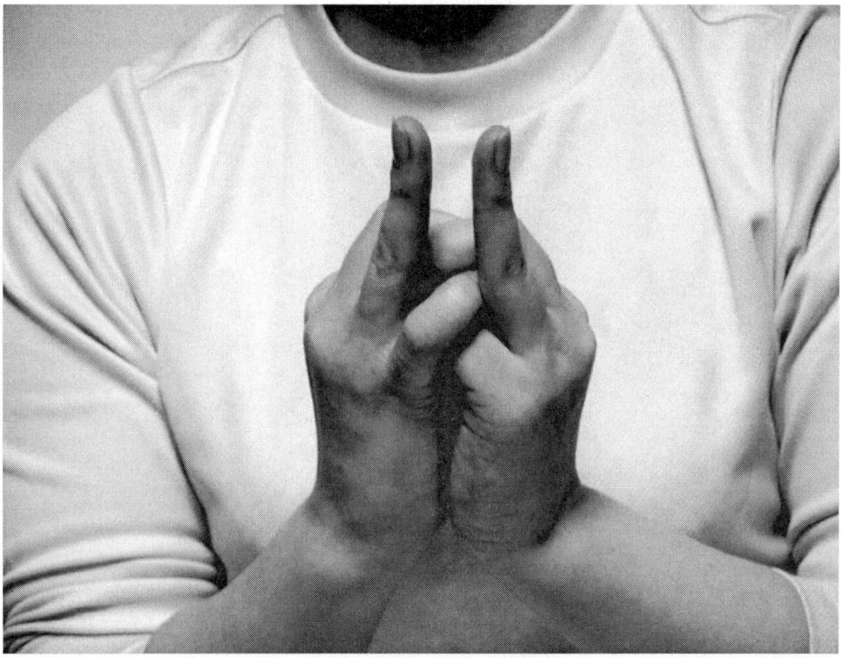

228. 나라연천후|那羅延天后|진언

나망 사만따 붓다남 뷔스나뷔 스봐하

|namaḥ samanta-buddhānām viṣṇavi svāhā|

천신의 하나이다. 태장계만다라 외금강원|外金剛院|의 서쪽 나라연[52] 곁에 위치한 신이다.

수인- 왼손을 펴고 검지로 엄지와 합한 모양을 하여 륜|輪|처럼 한 모양이다.

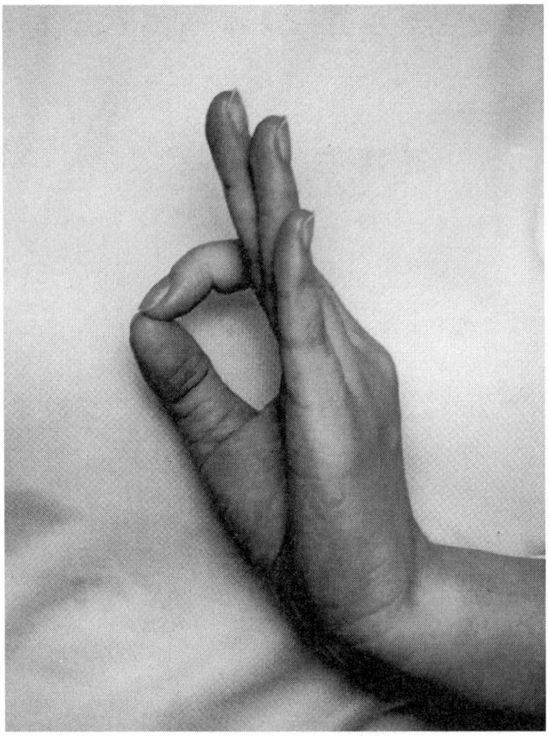

52) 천신의 하나이며 나라야나, 견고, 구쇄역사 라고도 한다. 혹은 범천왕의 이명이라고도 함.

229. 금강망|金剛網|진언

옴 뷔스푸라드 라끄샤 봐즈라 빤자라 훔 파뜨

|oṃ visphurād rakṣa vajra-pañjara hūṃ phaṭ|

허공망|虛空網|이라고도 하며, 수행하는 도량을 모든 마들과 장애로부터 보호하기 위한 결계|結界| 진언이다.

수인-두 손을 외박 후 손바닥이 밑으로 향하게 펴고 새끼와 엄지는 붙여 두고 검지를 서로 붙여 위로 치켜 세운모양이다.

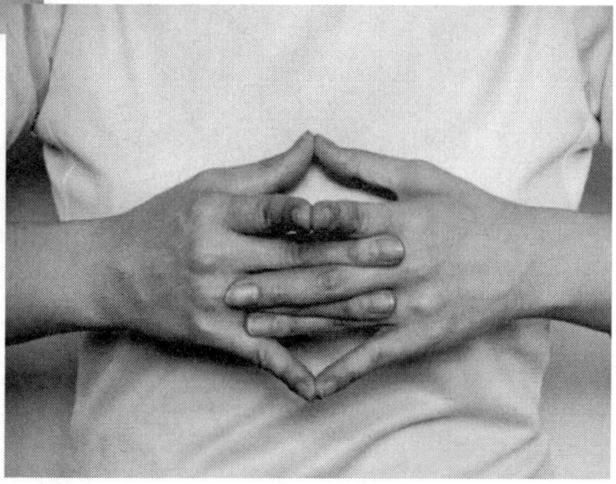

230. 정진파라밀|精進波羅蜜|진언

옴 뷔르야 까리 훔 뷔르예 뷔르예 스봐하

|oṃ virya-kari hūṃ vīrye vīrye svāhā|

정진파라밀보살진언이다. 태장계만다라 허공장원에 계신보살이며 밀호는 혜호금강|慧護金剛|이다.

수인- 두 손으로 내박 후 두 검지를 벌려 세운 모양이다.

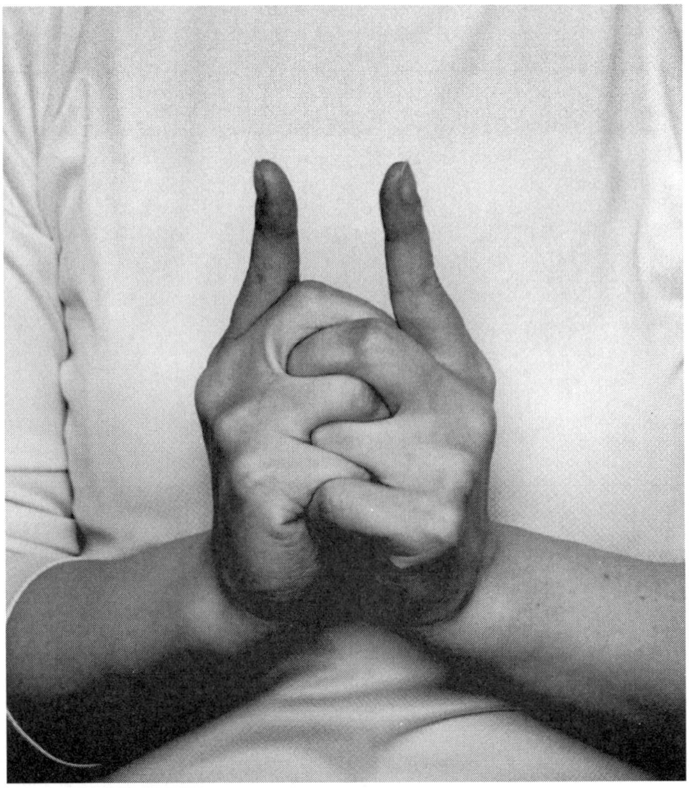

231. 염마왕|閻魔王|진언

나망 사만따 붓다남 봐이봐스봐따야 스봐하

|namaḥ samanta-buddhānām vaivasvatāya svāhā|

유명계|幽冥界|53)의 왕으로 귀신세계를 지배하는 신인데 흔히 염라대왕이라 표현한다.

수인- 단다인. 허심합장해서 두 검지와 두 새끼손가락을 구부려 손 안으로 넣고 엄지로 검지를 누른 모양이다.

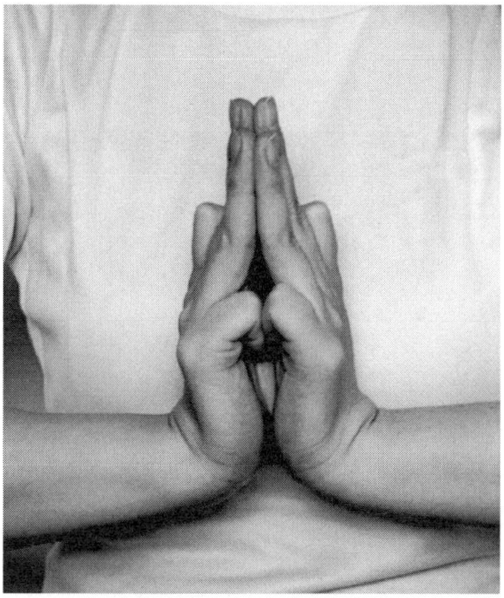

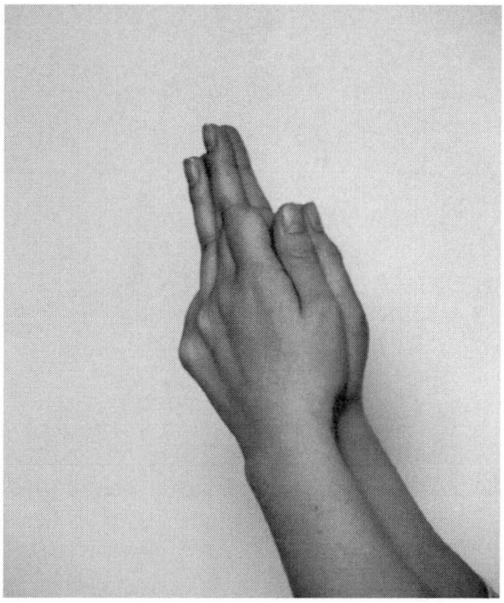

53) 사후세계를 일컫는 말.

232. 승불정|勝佛頂|진언

나망 사만따 붓다남 샴 자요샤니샤 스봐하

|namaḥ samanta-buddhānām śaṃ jayoṣṇīṣa svāhā|

태장계만다라의 석가원에 있는 보살이다.

수인- 대혜도인. 금강합장해서 두 검지를 구부려 서로 갑을 맞추고 두 엄지로 두 검지의 옆을 누른 모양이다.

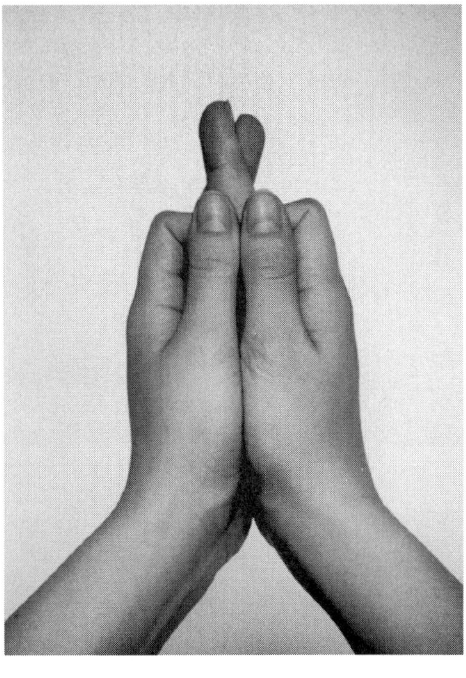

233. 금강아|金剛牙|진언

사뜨루 바끄샤

|śatru bhakṣa|

금강아보살 진언이다.
금강아는 대자비의 살해자라고 불려지는데 아주 광폭하며, 무서운 보살로 알려져 있다. 이는 불법을 훼방하고 인류에 큰 악해를 가하는 사람을 죽음으로 인도하여 강압적으로 제도하는 분인데 죽으면 지옥으로 갈 중생의 생명을 미리 빼앗아 제도하여 좋은 곳에 나게 하는 보살이기 때문이다.

수인- 두 손으로 외박 후 검지와 새끼손가락을 세워 서로 조금 떨어지게 한 모양이다.

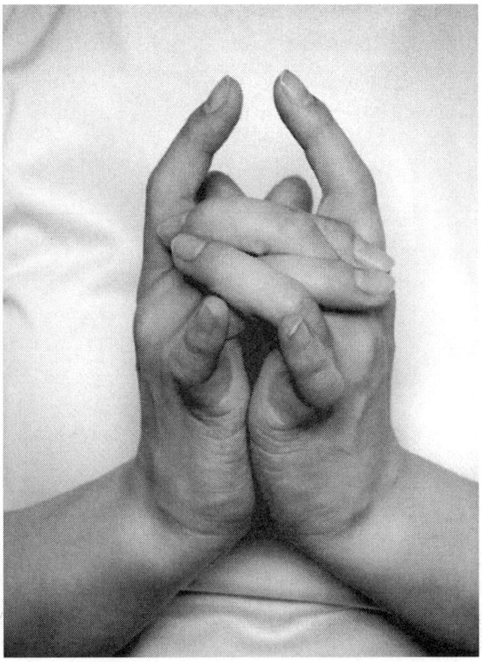

234. 계파라밀|戒波羅蜜|진언

옴 시라 다리니 바가봐떼 훔 할

|oṃ śila-dhāriṇi bhagavati hūṃ haḥ|

십파라밀|十波羅蜜|보살가운데 한분이다.
중생으로 하여금 계율을 지니게 해 그들을 구제하는 보살이다.
태장계만다라의 허공장원에 계신다.

수인- 내박해서 두 엄지를 나란히 세운다.

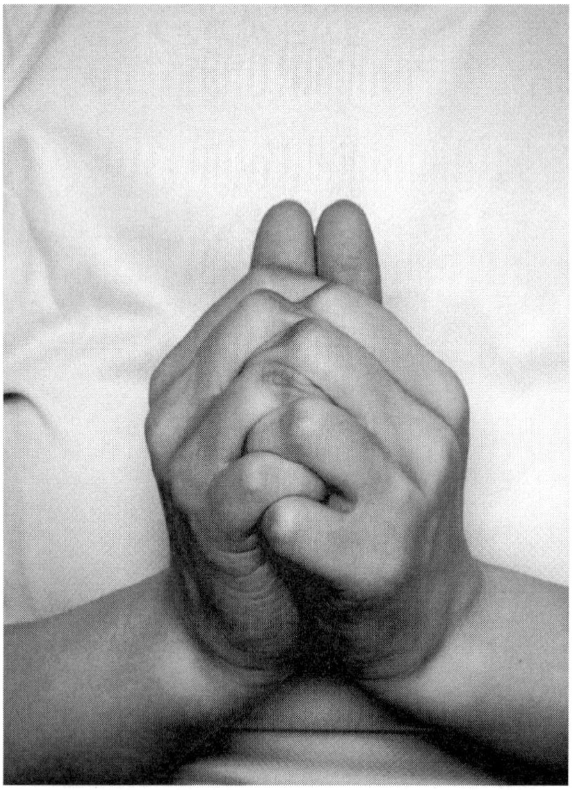

235. 대삼매야|大三昧耶|진언

옴 스르느카레 마하 삼마얌 스봐하

|oṃ śṛṅkhale mahā-samayaṃ svāhā|

중결대계|重結大界|, 대결계|大結界|, 대삼매야진실인|大三昧耶眞實印|, 일체불대삼매야|一切佛大三昧耶|, 시삼매|示三昧|라고도 한다.

수인- 두 손을 내박해서 손바닥을 조금 벌리고 중지는 세워 서로 붙이고 엄지와 검지는 바로 세운 모양이다.

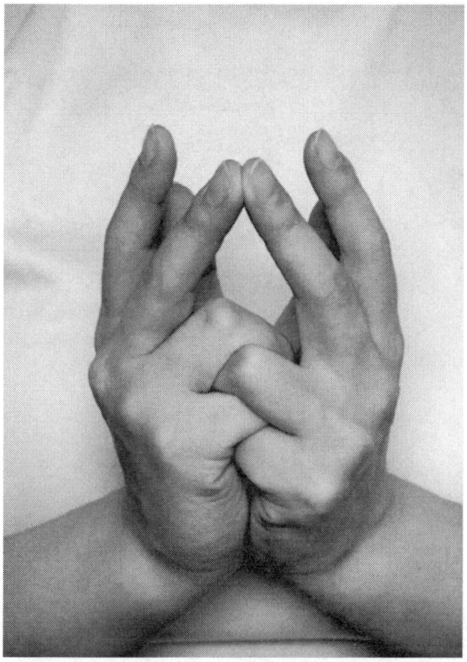

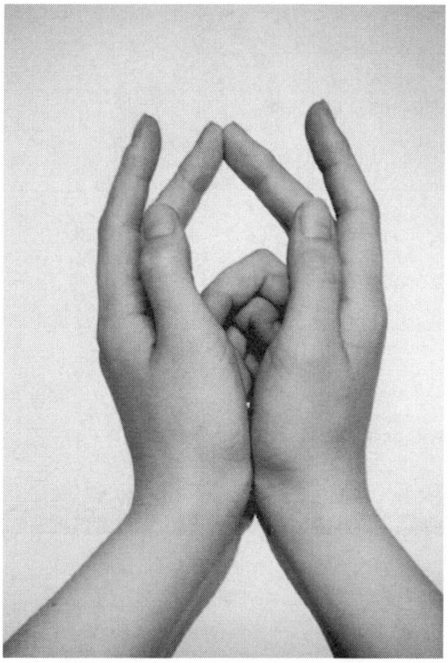

236. 삼매야계|三昧耶戒|진언

삼마야스 뜨봠

|samayas tvam|

금강살타보살의 세계를 체득하는 진언이다. 삼매야|samaya|는 평등이라고 번역되며, 금강의 진수와 하나가 되는 것을 뜻하는 진언이기도 하다.

수인- 두 손을 외박해서 중지를 세워 서로 붙이고 엄지와 새끼손가락은 세워 서로 조금 띄운 모양이다.

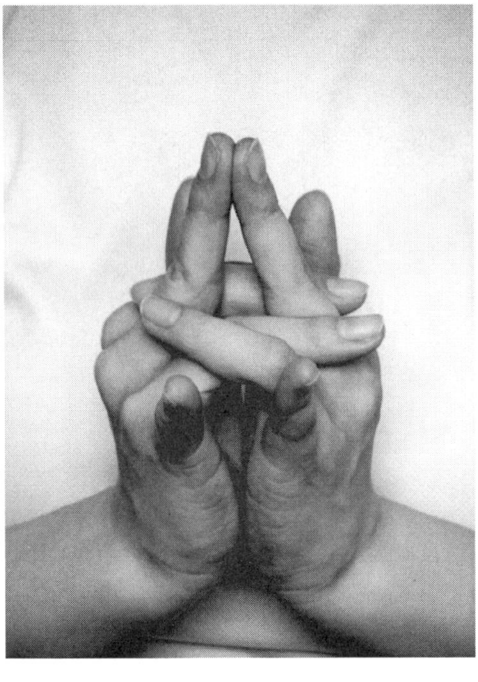

237. 묘관찰지|妙觀察智|진언

옴 삼마디 빠드메 흐릭

|oṃ samādhi-padme hrīḥ|

여래 오지|五智|가운데 하나이다. 아미타여래의 궁극적인 지혜를 일컫는 말임.

수인- 법계정인. 두 손을 배꼽 앞에서 왼손바닥이 밑에서 오른 손등을 받치도록 서로 포개고 엄지 끝을 서로 붙인 모양이다.

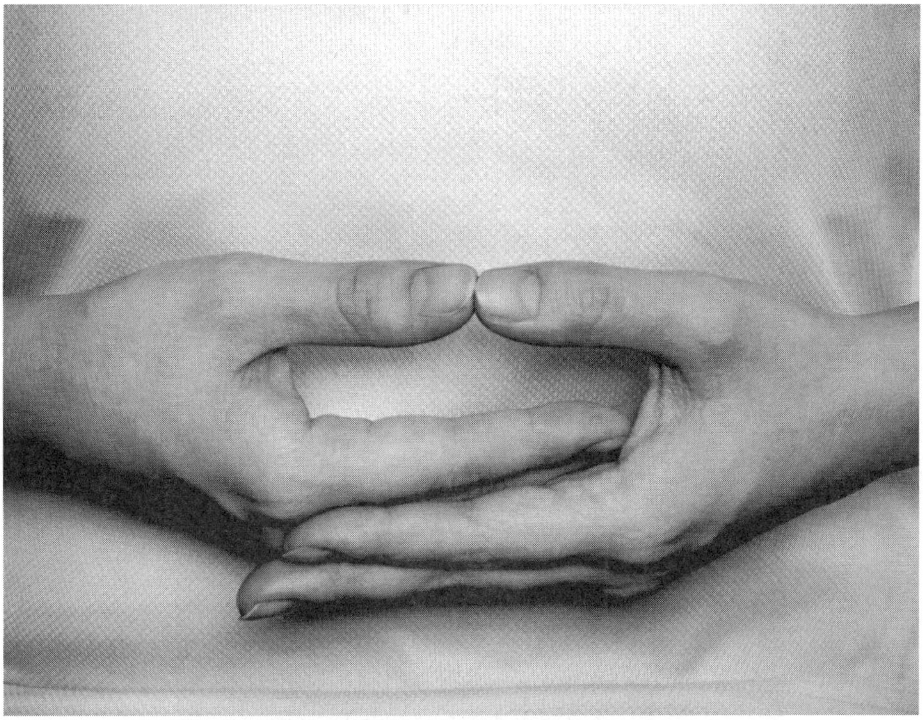

238. 미음천|美音天|진언

나맣 사만따 붓다남 사라스봐뜨야이 스봐하

|namaḥ samanta-buddhānām sarasvatyai svāhā|

천신의 하나이며, 묘음천|妙音天|, 변재천|辯才天|이라고도 한다.

수인- 왼손을 배꼽 앞에 두고 오른손은 엄지와 검지를 서로 붙여 팔을 들고 있는 모양이다.

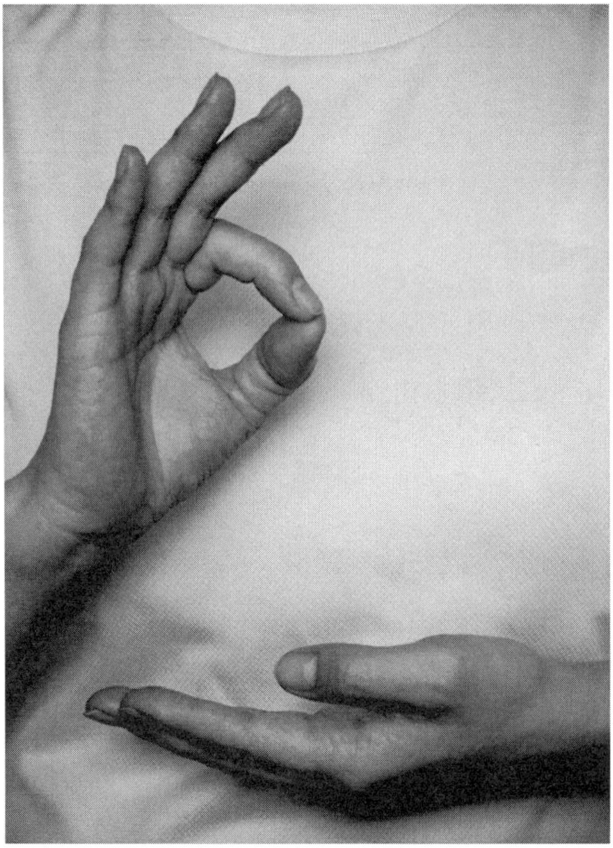

239. 석가모니여래|釋迦牟尼如來|진언

나망 사만따 붓다남 사르봐 끄레샤 니슈다나 사르봐 다르마 봐쉬따 쁘라쁘따 가가나 사마사마 스봐하

|namaḥ samanta-buddhānām sarva-kleśa-niṣūdana sarva -dharma-vaśitā-prāpta gagana-samāsama svāhā|

석가모니부처님 진언이다. 이 부처님의 수인은 몇 가지가 있는데, 령인|鈴印|과 지길상|智吉祥|인 등이다. 여기서는 설법인|說法印|이라고도 하는 길상인을 사용한다.

수인- 두 손을 펴서 각 엄지와 중지를 서로 잡고 왼손은 밑으로 내리고 오른 손은 위로 올려 손바닥이 서로 마주보게 한다.

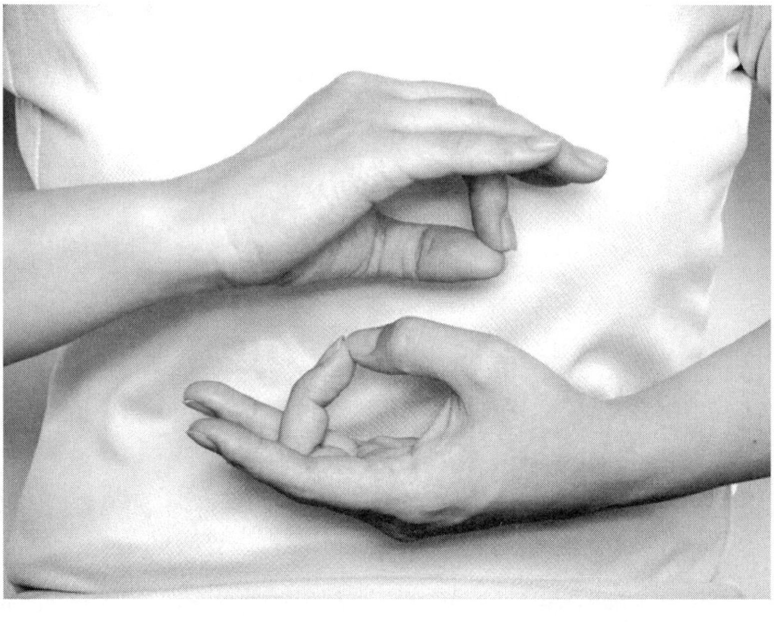

240. 도향|塗香|진언

옴 사르봐 따타가따 간다 뿌자 메가 삼무드라 스파라나 사마예 훔

|oṃ sarva-tathāgata-gandha-pūja-megha-samudra - sphara ṇa -samaye hūṃ|

금강계만다라의 도향보살진언이다. 향을 몸에 바르면 좋지 못한 체취가 사라지고 향냄새로 정화 되듯이 계율을 가지면 스스로의 행동이 청정하게 되므로 이것으로 중생계를 제도하는 보살이다.

수인- 두 손을 펴서 몸에 향을 바르는 것처럼 움직인다.

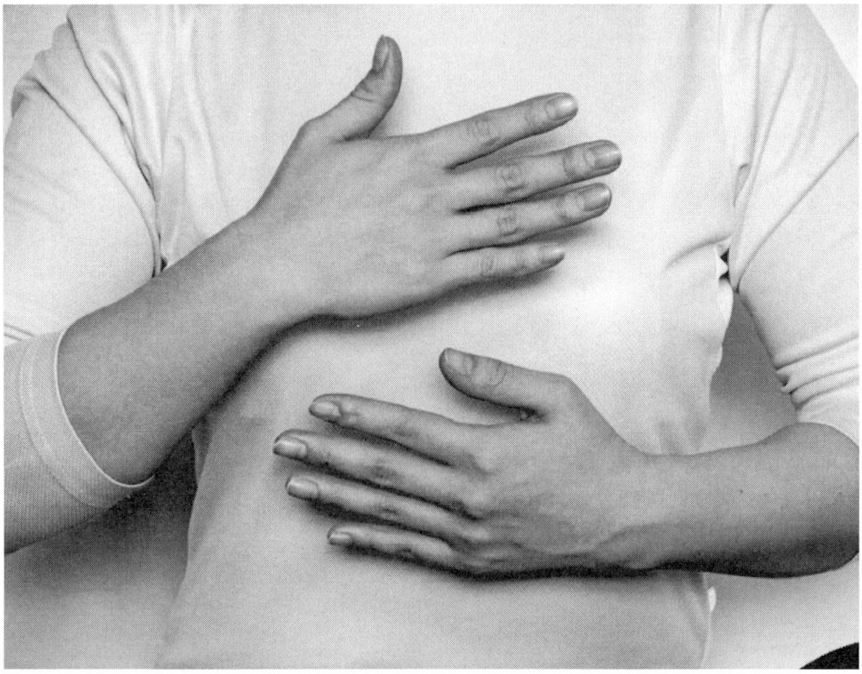

241. 불공성취|不空成就|진언

옴 사르봐 따타가따 봐즈라 깔마누뜨따라 뿌자 스파라나 사마예 훔

|oṃ sarva-tathāgata-vajra-karmānuttara-pūjā-spharaṇa-samaye hūṃ|

불공성취불 진언이다. 오지여래가운데 한분으로 성소작지|成所作智|를 나타낸 여래이며, 중생의 노력이 공으로 돌아가지 않게 하는 원을 성취한 여래. 모든 불사|佛事|를 관장하는 여래이기도 함.
이분을 대표하는 수인은 시무외인인데 만물을 정화하는 금강|金剛|에 비유한 것으로 견고한 자신의 확립을 뜻하며 여러 사람에게 보리심을 일으키게 하여 자신감과 용기를 주어 박해|迫害|와 운명|運命|을 극복하게 하는 힘을 전한다.

수인- 시무외인|施無畏印|, 갈마회|羯磨會|의 불공성취여래와 같음, 왼손을 배꼽 앞에 두고 오른 손은 들어서 손바닥이 밖으로 향하게 한 모양이다.

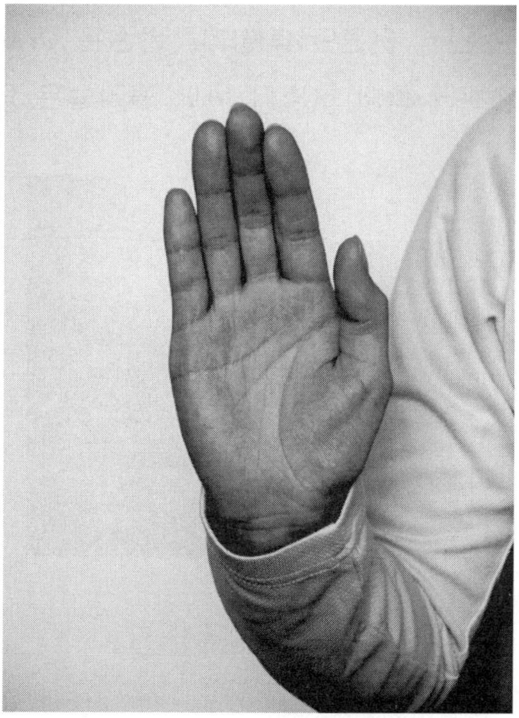

242. 보생|寶生|진언

옴 사르봐 따타가따 봐즈라 라뜨나눋따라 뿌자 스파라나 삼마예 훔

|oṃ sarva-tathāgata-vajra-ratnānuttara-pūjā-spharaṇa-samaye hūṃ|

오지여래가운데 한분으로 모든 재보|財寶|를 담당한 분이며 평등성지|平等性智|를 나타낸다.
이 부처님의 가슴에는 만|卍|자가 있고 오른손은 여원인|與願印|을 하고 있는데, 만|卍|자는 무한의 대생명이 활동하는 것을 나타내고 여원인은 영원불멸의 인격이라는 보배를 전해주는 것을 나타낸다.

수인- 여원인|與願印|, 왼손은 가사를 잡고 오른손은 손바닥이 위로 향하게 펴서 허벅지 위에 올려놓은 모양이다.

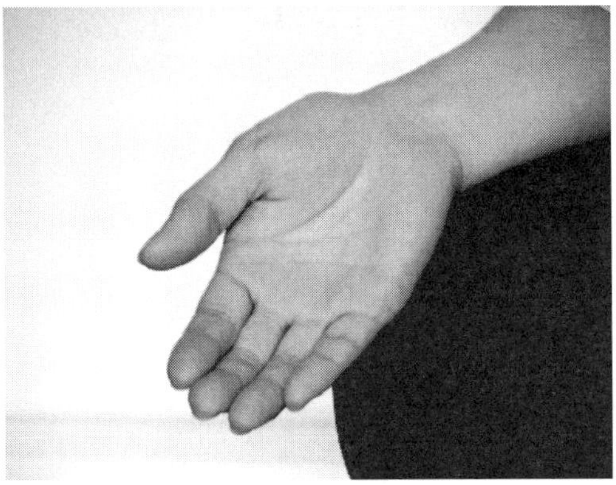

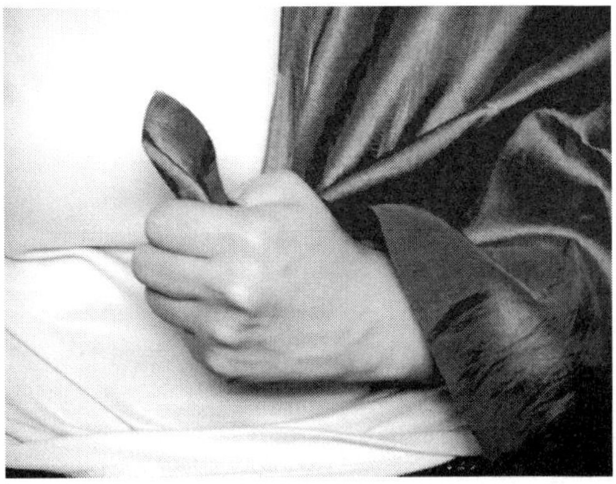

243. 아축|阿閦|진언

옴 사르봐 따타가따 봐즈라 사뜨봐눋따라 뿌자 스파라나 사마예 훔

|oṃ sarva-tathāgata-vajra-satvānuttara-pūjā-spharaṇa-samay₩e hūṃ|

오지여래가운데 한분으로 대원경지|大圓鏡智|를 나타낸 분이다. 대원경지란 맑은 거울이 있는 그대로 만물을 비춰내 듯이, 모든 번뇌를 제거하여 청정무구한 진실의 세계를 열어나가는 것을 나타낸다.

수인- 촉지인. 왼손은 가사를 잡고 오른 손은 펴서 허벅지 위에 올려 놓고 손가락 끝을 땅에 닿게 한 모양이다.

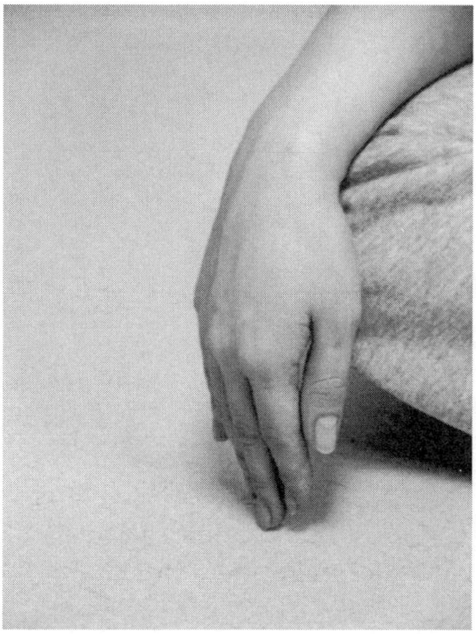

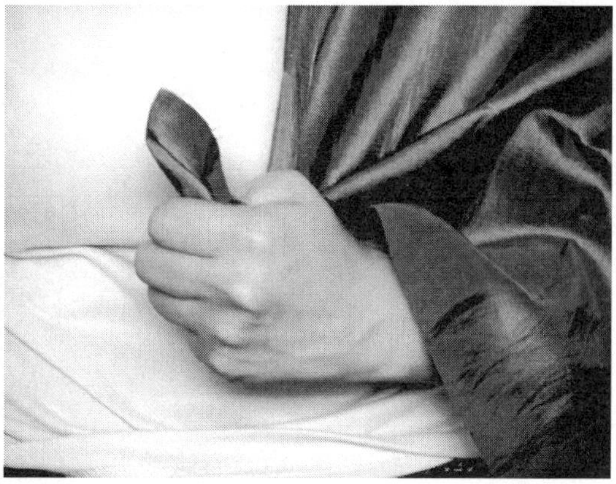

244. 설법|說法|진언

옴 사르봐 따타가따 봐끄야 니르야따나 뿌자 메가 사무드라 스파라나 사마예 훔

|oṃ sarva-tathāgata vākya-niryatana-pūja-megha-samudra-spharaṇa-samaye hūṃ|

여래구|如來口|, 법신등|法身等|이라 불리기도 하며 금강계법|金剛界法|의 17가지 공양법 가운데 하나이다.

수인- 10개의 손가락을 하나로 모아 가슴 앞에 둔 모양이다.

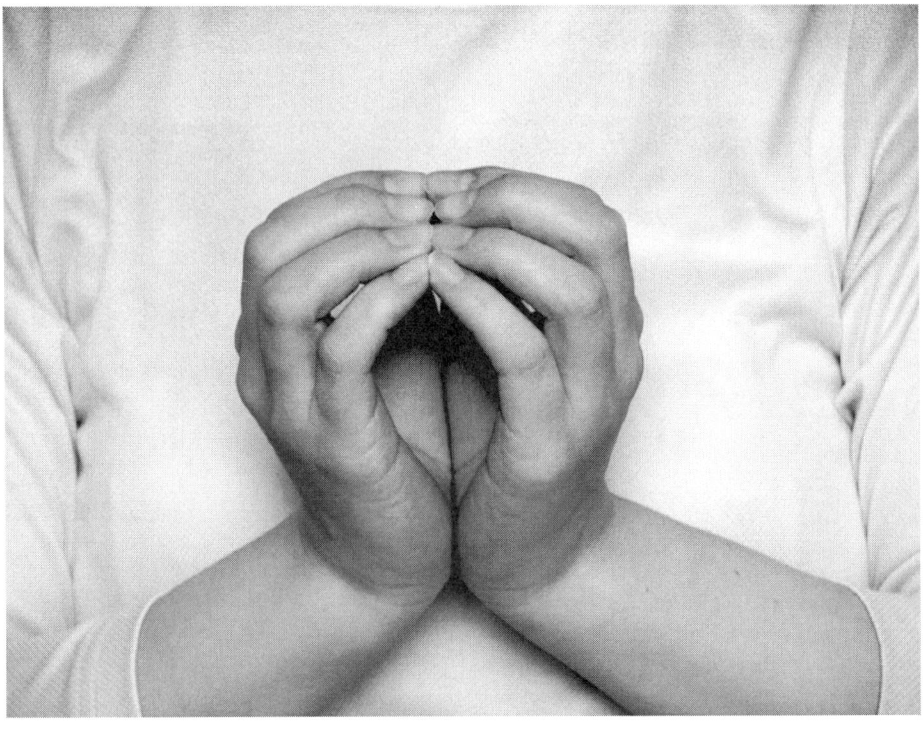

245. 정진|精進|진언

옴 사르봐 따타가따 삼사라빠리뜨야가눋따라 마하 뷔르야 빠라미따 뿌자 메가 사무드라 스파라나 사마예 훔

|oṃ sarva-tathāgata-saṃsārāparityāgānuttara-mahā- vīrya-pā ramitā-pūja-megha- samudra- spharaṇa- samaye hūṃ|

금강계법|金剛界法|의 17가지 공양법 가운데 하나.

수인- 두 손을 외박 후 두 검지를 세워 바늘처럼 해서 가슴 앞에 댄 모양이다.

246. 지지진언 | 持地眞言 |

나망 사만따 붓다남 사르봐 따타가따디스타나디스티떼 아짜레 뷔마레 사마라니 쁘라끄르띠 빠리슏데 스봐하

| namaḥ samanta-buddhānām sarva-tathāgatadhiṣṭhānādhiṣthite acale vimale smaraṇi prakṛti-pariśuddhe svāhā |

지지보살 | 持地菩薩 | 진언이다. 중생을 걸머진 것이 마치 땅이 만물의 의지처가 되듯 하다 해서 지지라함.
부처님께서 도리천에 계신 어머니인 마야부인에게 설법하러 갈 때 이분이 세 갈래의 보배로 된 계단을 만들었다고 함.

수인- 왼손은 금강권으로 하여 허리에 대고 오른손은 펴서 땅을 짚고 있는 모양이다.

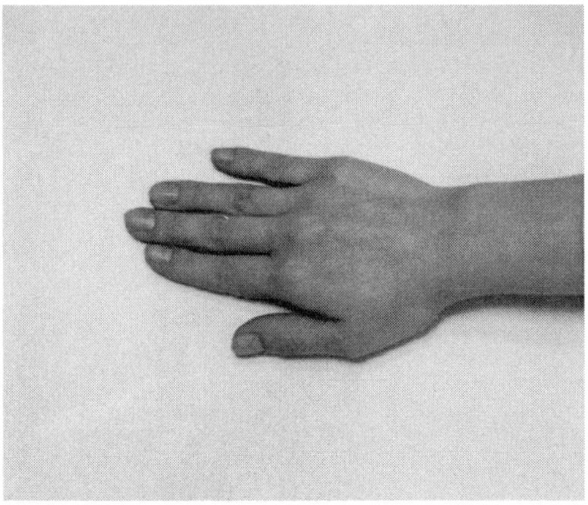

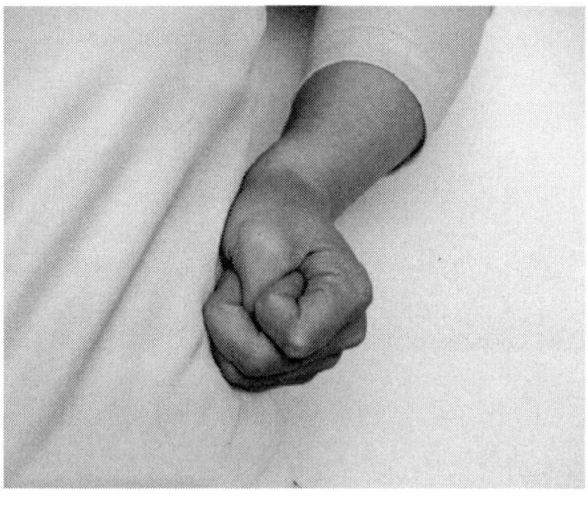

247. 봉청법신방편|奉請法身方便|진언

옴 사르봐 따타가딴 아데샤야미 사르봐 삳뜨봐 히따르타야 다르마 다뚜 스티띠르바봐뚜

|oṃ sarva-tathāgatān adhyeṣayāmi sarva-sattva- hitārthāya dharma-dhātu-sthitir bhavatu|

태장계법|胎藏界法|의 9가지 방편 가운데 하나. 불보살님을 수행도량에 모시는 진언이다.

수인- 내박구인|內縛鉤印|. 두 손을 내박한 상태에서 오른 손의 검지를 갈고리처럼 만든 모양이다.

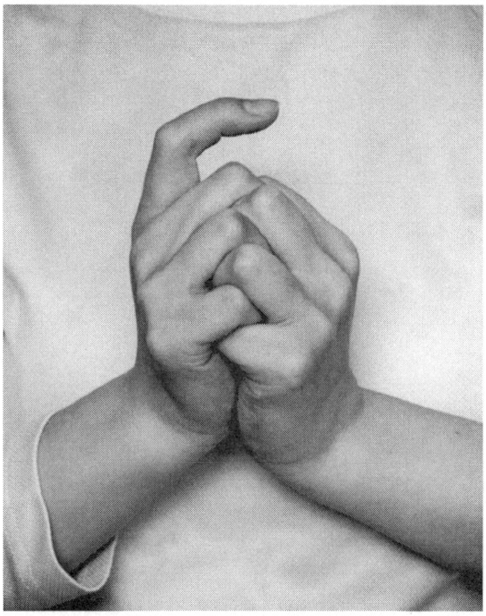

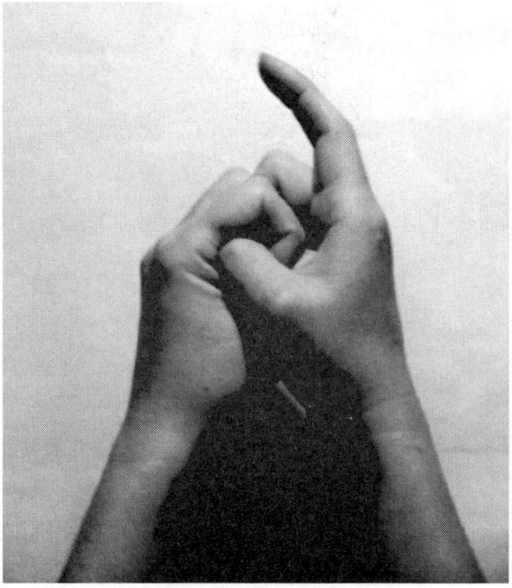

248. 오불관정|五佛灌頂|진언

옴 사르봐 따타가따이스봐르야비쉐까 밤

|oṃ sarva-tathāgatāiśvaryābhiṣeka vaṃ|

다섯 부처님의 관정을 받는 진언이다. 수행자가 처음 단장54)에 들어가 아사리로부터 관정을 받을 때 하는 진언인데, 비로차나, 아축, 보생, 아미타, 불공성취여래께 마정수기55)를 받는 것과 다름없다.

수인- 편조존인|遍照尊印|, 두 손을 외박한 상태에서 두 중지를 세워 첫마디를 조금 굽혀 붙이고 검지를 곧게 세운 모양이다.

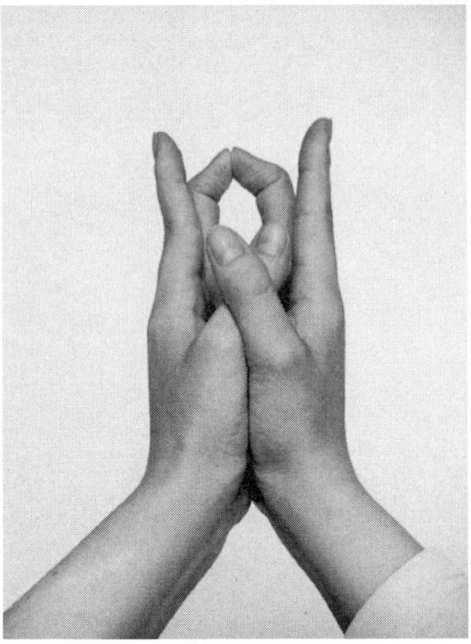

54) 수행법을 실현하기 위하여 벌려놓은 단.
55) 부처님께서 제자들의 정수리를 만지면서 "너는 언제 무슨 부처가 될 것이다"고 수기를 내리는 것을 의미함.

249. 무감인대호|無堪忍大護|진언

나망 사만따 붓다남 사르봐뜨라누가떼 반다야 시맘 마하 삼마야 니르자떼 사마라네 쁘라띠하떼 다까 다까 짜라 짜라 반다 반다 다샤 디샴 사르봐 따타가다누즈나떼 쁘라봐라 다르마 랍다 뷔자예 바가봐띠 뷔꾸루 뷔꾸레 레 루 뿌리 뷔꾸리 스봐하

|namaḥ samanta-buddhānām sarvatrānugate bandhaya sīmāṃ mahā-samaya-nirjāte samaraṇe pratihate dhāka dhākacara cara bandha bandha daśa-diśaṃ sarva- tathāgatānujñate pravara-dharma-labdha-vijaye bhagavati vikuru vikurele lu puri vikuri svāhā|

무감인삼매야|無堪忍三昧耶|, 무능감인|無能堪印|, 대도대호|大刀大護|등으로도 불리는데, 사마|四魔|[56]를 항복받고 모든 장애자를 물리치며 세간의 삼독을 청정하게 만드는 진언이다.

수인- 동서남북의 4가지 방향에 따라 수인이 다르다. 동쪽의 인은, 두 손을 내박 후 중지를 세워 서로 바늘처럼 붙인 모양이다. 서쪽의 인은, 두 손을 펴 마치 나비처럼 하고 검지와 엄지를 고리처럼 만들어 서로 엮은 모양이다. 남쪽의 인은, 두 손을 내박 후 엄지를 나란히 붙

---

56) 수행에 방해가 되는 4가지 장해요소를 일컫는데, 오음(五陰)에서 오는 마, 번뇌마, 죽음의 마, 천마|天魔|등이다.

여 세우고 검지와 약지를 세워 그 끝을 서로 붙인 모양이다.
북쪽의 인은, 두 손을 내박해서 두 중지를 세워 그 첫마디를 구부려 서로 붙인 모양이다.

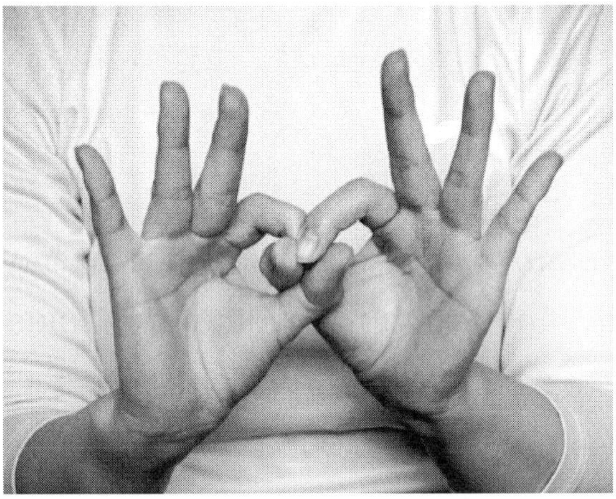

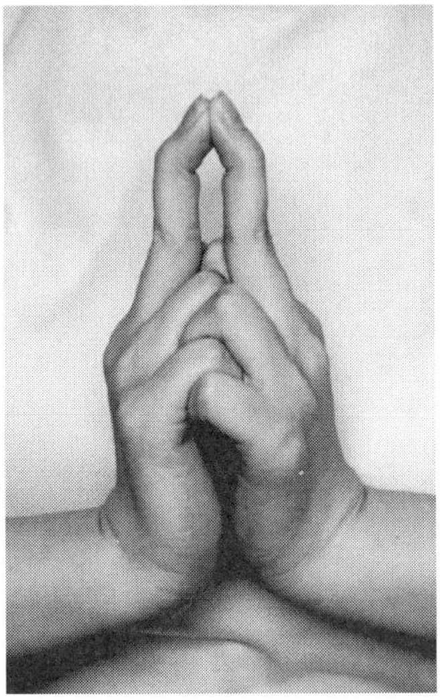

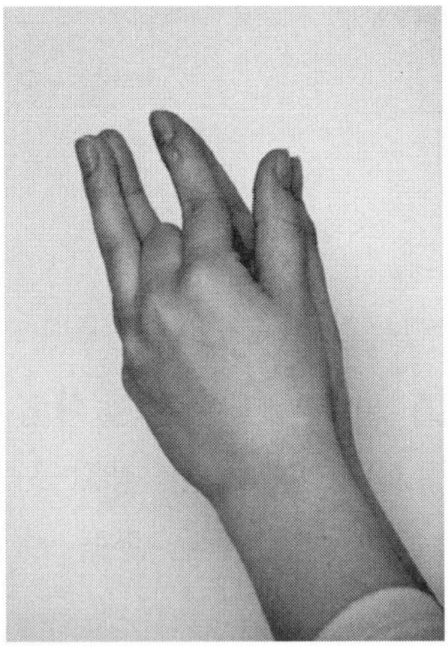

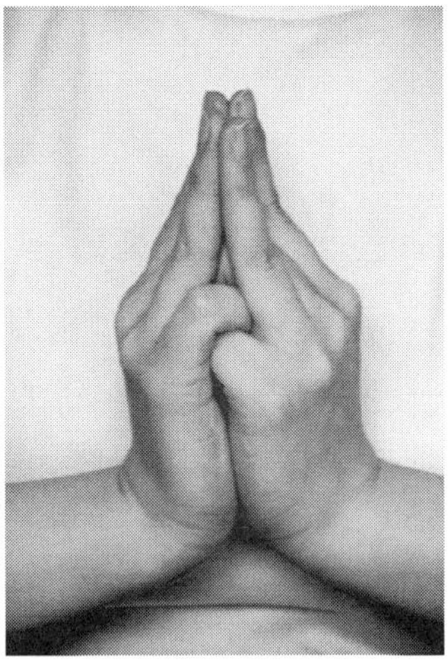

250. 시무외|施無畏|진언

나망 사만따 붓다남 사르봐타 지나 지나 바야 나샤나 스봐하

|namaḥ samanta-buddhānām sarvathā jina jina bhaya-nāśan a svāhā|

관세음 보살의 이명|異名|이다. 중생을 위해 보시함에 아낌이 없고 두려움이 없다하여 붙여진 이름이다.

수인- 왼손은 가사를 잡아 가슴 앞에 놓고, 오른손은 손바닥을 펴 올린 모양이다.

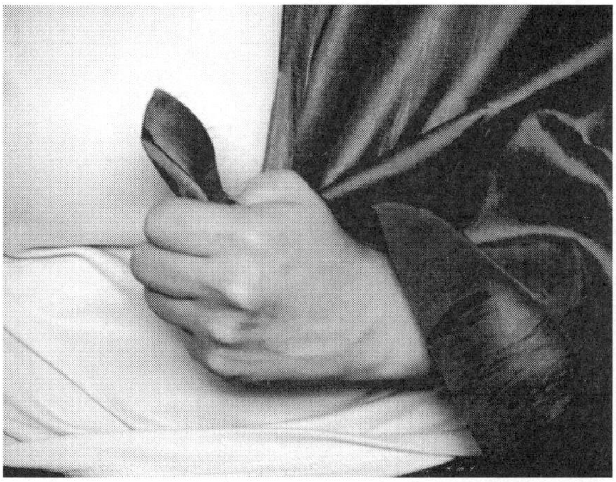

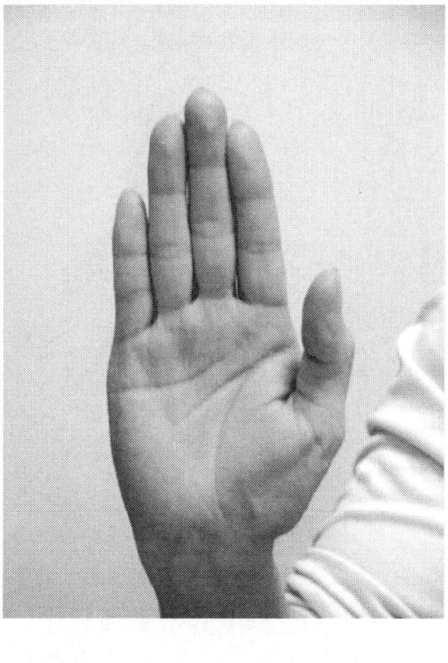

251. 일체평등개오|一切平等開悟|진언

나맣 사만따 붇다남 사르봐 다르마 사만따 쁘랍따 따타가따 누가따 스봐하

|namaḥ samanta-buddhānām sarva-dharma-samanta- prāpt a -tathāgatānugata svāhā|

일체평등의 진리를 여는 진언이다. 지혜의 눈을 열면 현실세계가 모두 여래의 보토|寶土|로 보여 지는 것을 나타낸다.

수인- 허심합장해서 두 약지를 구부려 손바닥 안에 넣고 두 엄지로 두 약지의 손톱을 누른 모양이다.

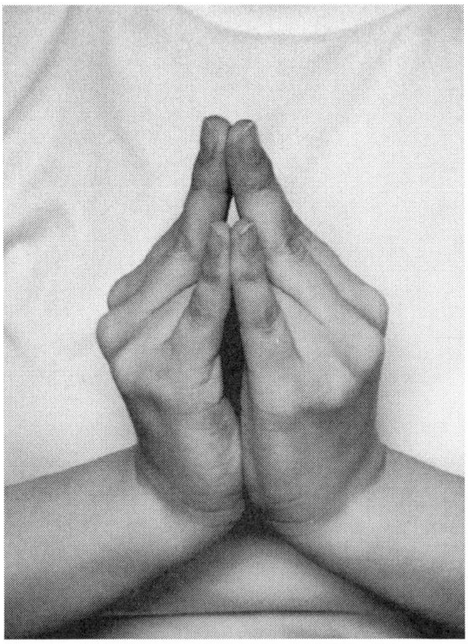

252. 소죄|召罪|진언

옴 사르봐 빠빠까르샤나 뷔쇼다나 봐즈라 사뜨봐 삼마야 훔 파뜨

|oṃ sarva pāpākarṣana-viśodhana-vajra -satva- samaya -va jra hūṃ phaṭ|

숙세의 업으로부터 오는 죄나 현실에 자신이 저지른 모든 죄를 부르는 진언으로 금강계작법중 하나이다.
이 진언을 외고 난 뒤에 모든 죄를 부수는 최죄|摧罪|진언을 한다.

수인- 두 손을 외박 후 중지를 펴서 바늘처럼 붙이고 검지를 구부려 갈고리처럼 한 모양인데, 두 검지를 움직여 모든 유정의 죄를 손바닥 가운데 불러들인다.

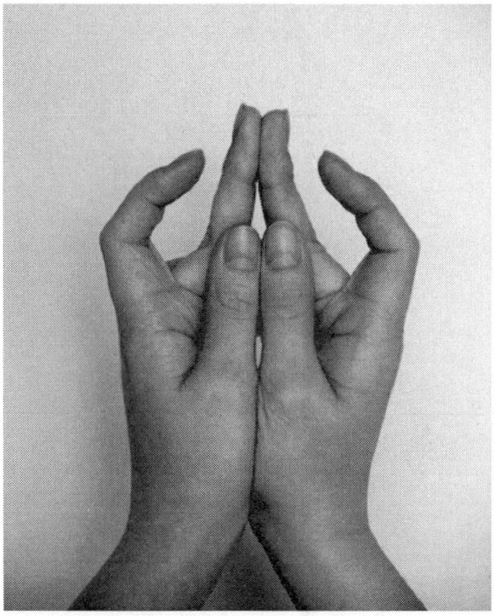

253. 대비구지|大毘俱胝|진언

나맣 사만따 붓다남 사르봐 바야 뜨라사니 훔 스포따야 스봐하

|namaḥ samanta-buddhānām sarva-bhaya-trāsani hūṃ sphoṭaya svāhā|

관세음보살의 분노존57)이다.

수인- 내박해서 두 엄지를 세워 나란히 하고 두 검지는 펴서 끝을 서로 교차한 모양이다.

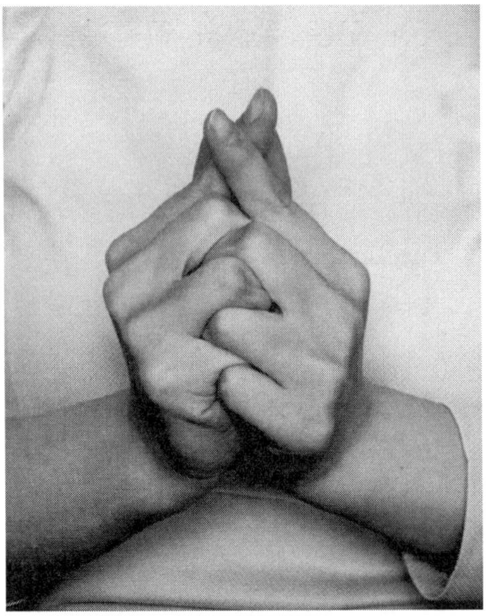

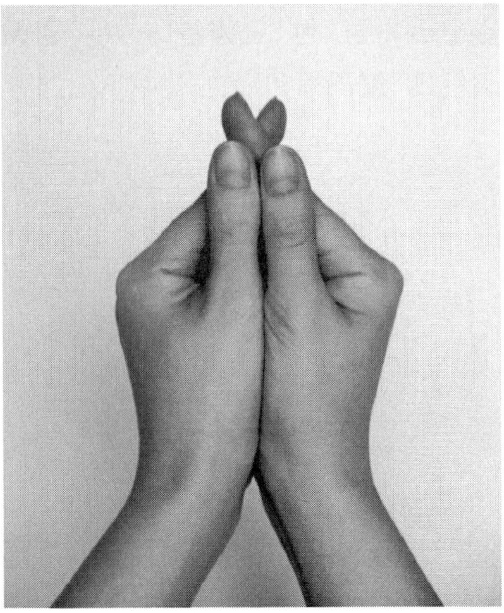

57) 업이 강한 중생을 제도하기 위하여 대자비의 분노를 일으켜 중생을 강압적으로 제도하려고 들어낸 형상.

254. 금강권|金剛拳|진언

사르봐 싣디르

|sarva-siddhir|

금강권보살진언 이다.

수인- 두 손을 외박해서 두 검지를 구부려 갑이 서로 닿게 한 상태에서 두 엄지로 누르고 새끼손가락은 비튼 모양이다.

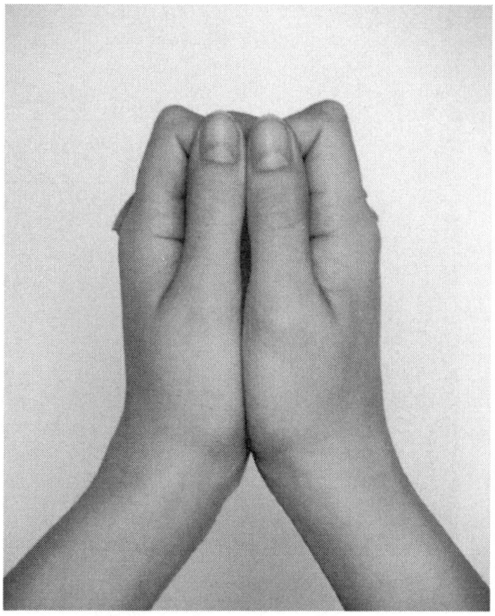

255. 불사의혜|不思議慧|진언

나맣 사만따 붓다남 사르봐사 쁘라리뿌라나 스봐하

|namaḥ samanta-buddhānām sarvāśā-praripūraṇa svāhā|

태장계만다라의 불사의혜보살진언 이다.

수인- 오른손을 펴서 가슴 앞에 올려두고 검지와 엄지를 서로 잡은 모양이다.

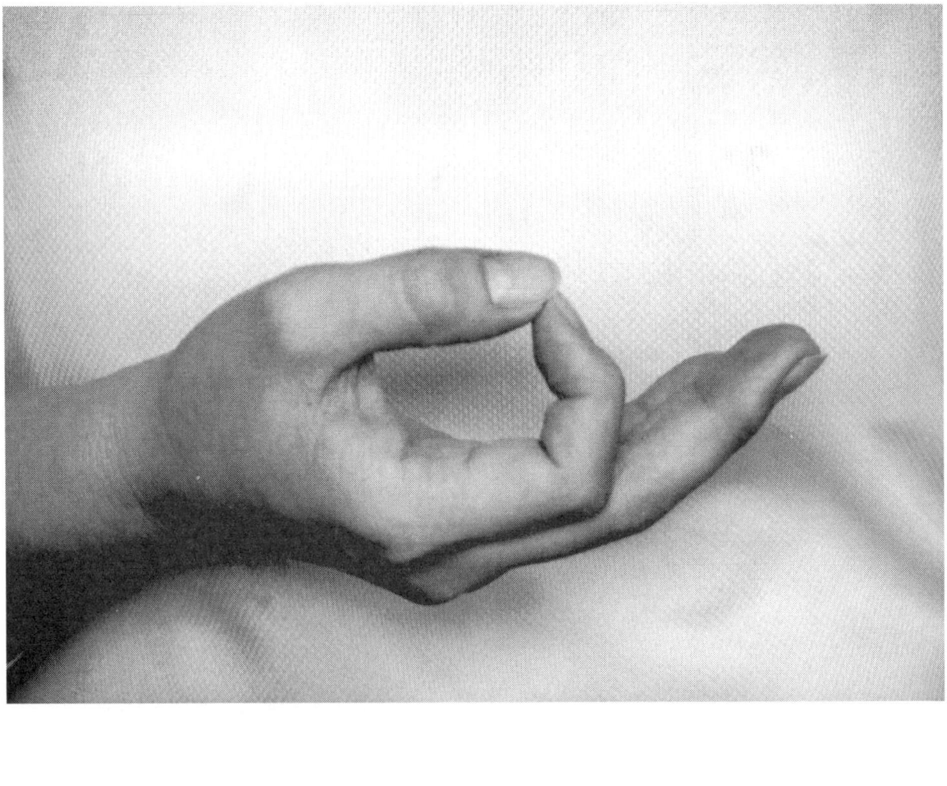

256. 금강희|金剛憙|진언

사두 사두

|sādhu sādhu|

금강계만다라의 37존 가운데 한분인 금강희보살|金剛嬉菩薩|진언이다.
 비로자나여래가 금강파라밀|金剛波羅蜜|보살의 공양에 따라 일체 여래의 열락공양|悅樂供養|을 실현시켜 금강의 세계에 끌어들이는 움직임을 나타낸 존이다.

수인– 외박 후 두 검지를 세워 갈고리처럼 하고 엄지로 검지를 잡아 세 번 튕기는 동작을 한다.

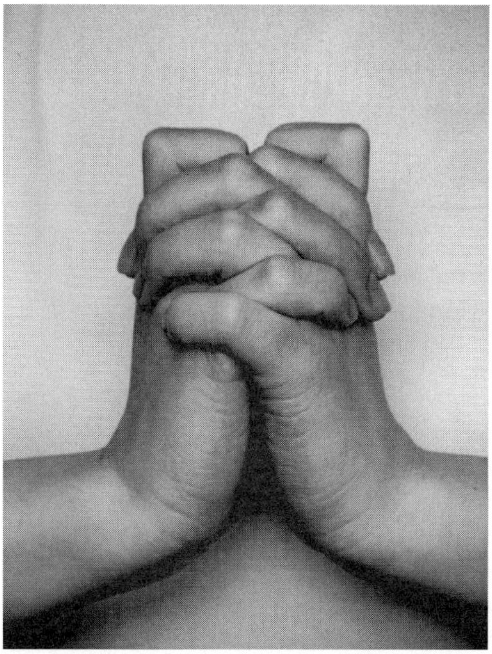

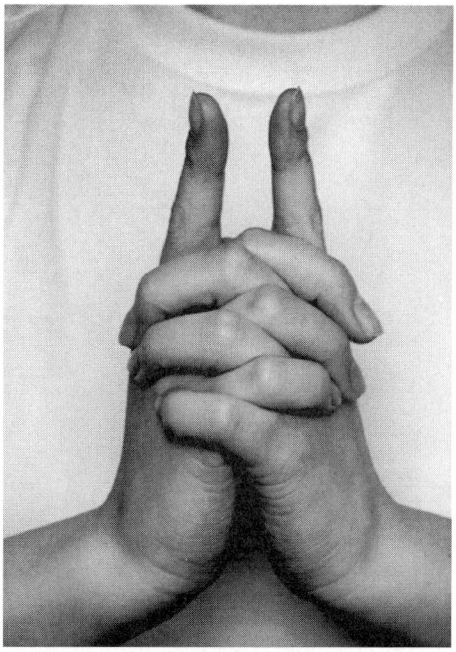

257. 금강장|金剛牆|진언

옴 사라 사라 봐즈라 쁘라 까라 훔 파뜨

|oṃ sāra-sāra vajra-prākāra hūṃ phaṭ|

모든 마장을 막는 수행도량을 결계하는 진언이다.

수인-금강궐인|金剛橛印|, 두 손을 펴 검지와 새끼손가락의 끝을 서로 붙이고 중지와 약지는 엇갈래 지어 엮은 모양이다.

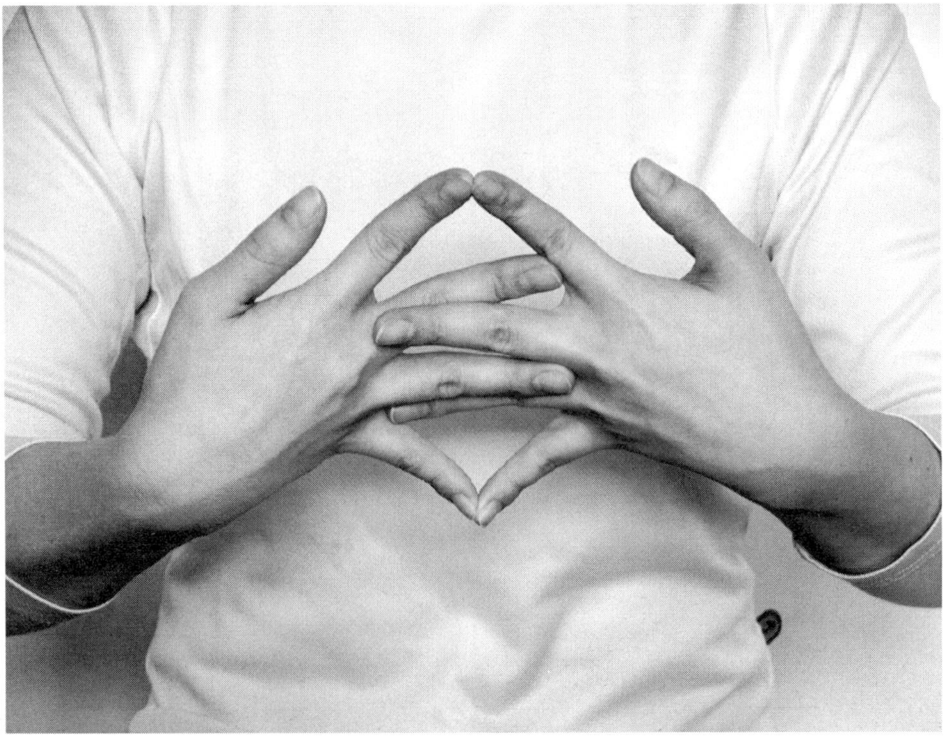

258. 금강도향|金剛塗香|진언

수 간당기

|su-gandhāṅgi|

금강도향보살 진언이다.

수인-두 손을 외박 후 풀어 펴고 가슴에 도향을 바르는 동작을 한다.

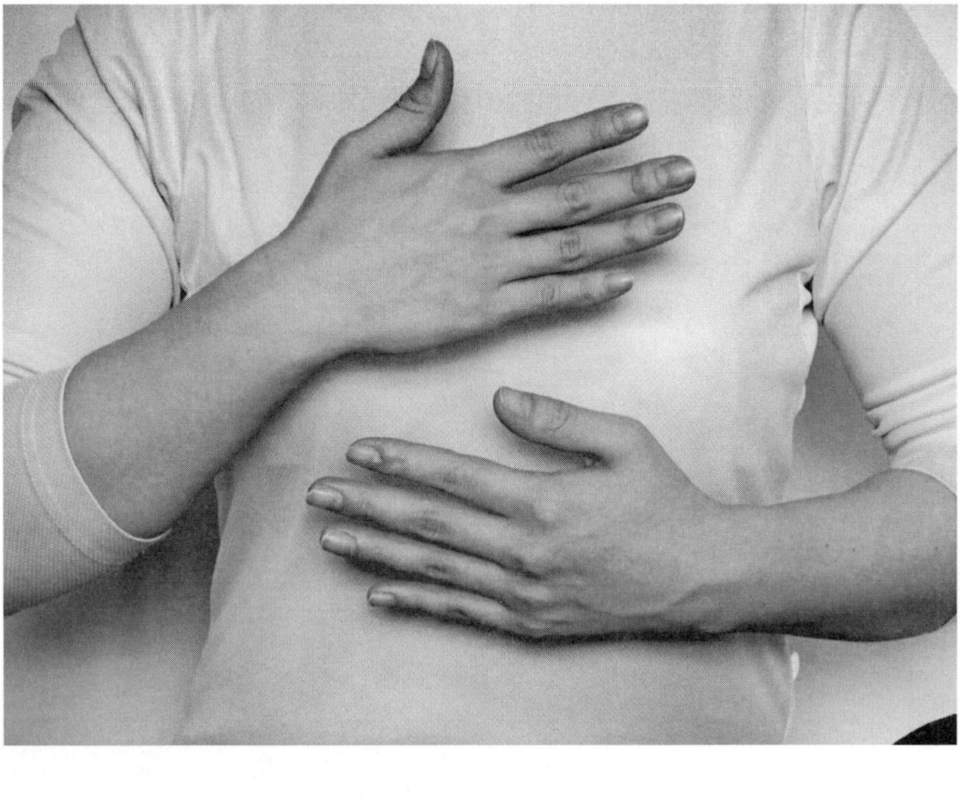

259. 대욕|大欲|진언

옴 수라따 봐즈람 쟣 훔 밤 홓 삼마야스 뜨밤

|oṃ surata-vajraṃ jaḥ huṃ vaṃ hoḥ samayas tvaṃ|

금강계작법중 하나이다. 모든 중생을 섭수|攝受|하여 제도하겠다는 욕심을 낸다는 의미이다.

수인- 두 손을 외박 후 왼손엄지를 오른손의 검지와 엄지 안으로 넣은 모양이다.

260. 금강업|金剛業|진언

수 봐시 뜨봠

|su vaśi tvam|

금강업보살 진언이다. 금강업은 금강의 사업을 뜻하는데 중생구제의 일을 나타낸다. 모든 방편으로 중생을 구제한다는 뜻이 있다.

수인- 두 약지, 두 중지, 두 검지의 여섯 손가락을 서로 교차하여 엮고 두 엄지로 두 새끼손가락의 갑을 누른 모양이다.

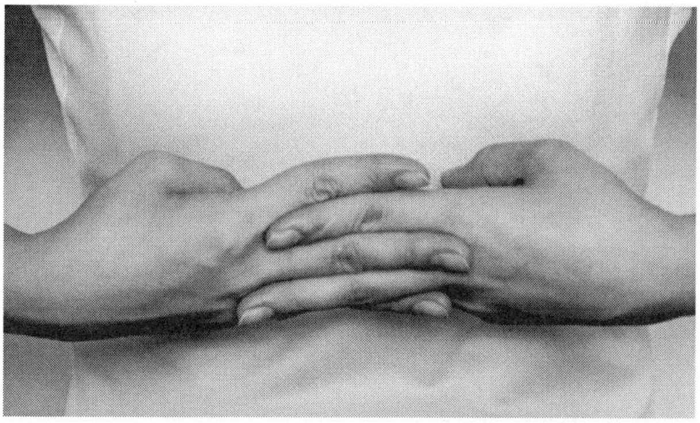

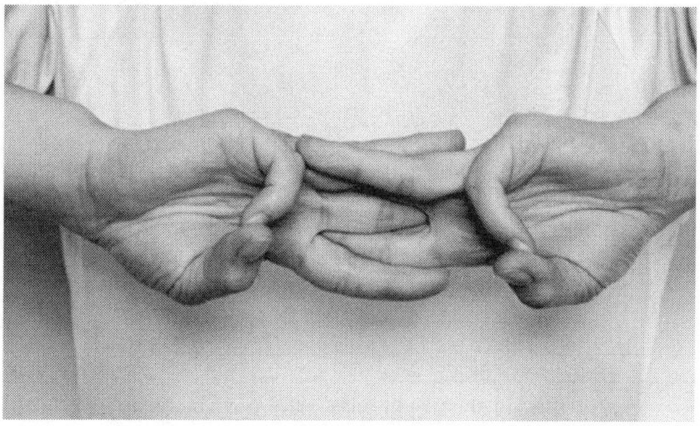

261. 정치|淨治|진언

옴 수싣디까리 즈봐리따 나난따 무르따예 즈봐라 즈봐라 반다 반다 하나 하나 훔 파뜨

|oṃ susiddhikari jvalita nānānta-mūrtaye jvala jvala bandha bandha hana hana hūṃ phaṭ|

만다라의 관상|觀想|을 끝내고 모든 존을 단장|壇場|58)에 모시기 위한 진언의 하나로 존|尊|이 오시는 길을 정화 하는 진언이다.

수인- 손에 향로를 받아 든다. 향로가 없으면 소향인|燒香印|을 결한다. 소향인은 두 손을 펴서 검지 끝을 마주대고 중지와 약지, 새끼손가락은 구부려 등을 서로 맞댄 모양이다.

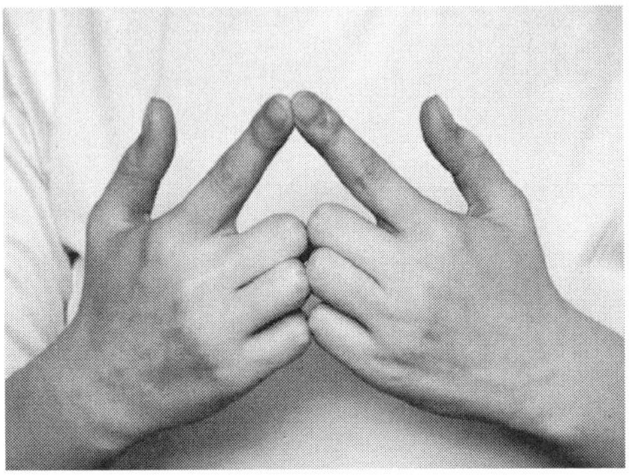

58) 수행자가 일정한 작법을 위해 행법으로 단을 만들어 놓은 곳.

262. 금강권|金剛拳|진언

나망 사만따 봐즈라 남 스포따야 봐즈라 삼바붸 스봐하

|namaḥ samanta-vajrānām sphoṭaya vajra-sambhave svāhā|

태장계법|胎藏界法|의 살타원|薩唾院| 금강권보살 진언이다.

수인- 내박 후 두 엄지를 나란히 세우고 팔꿈치를 붙인 모양이다.

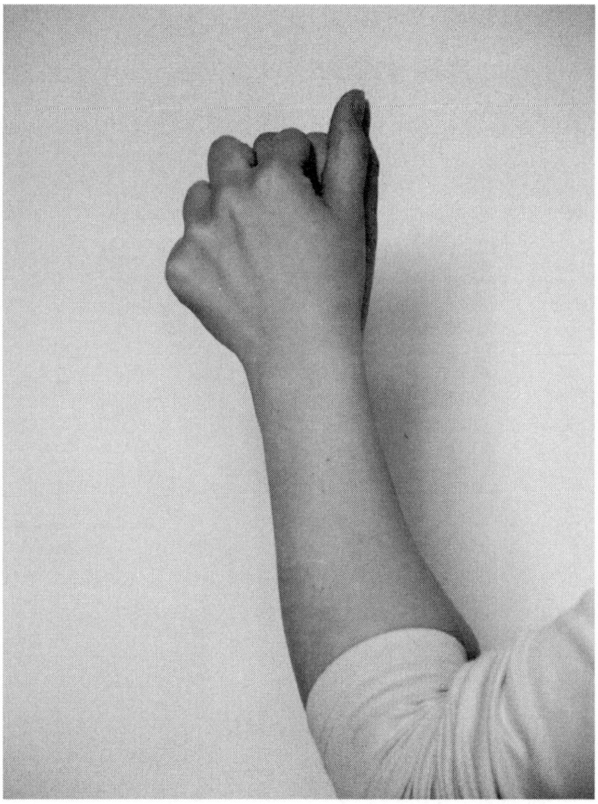

263. 대자생|大慈生|진언

나맣 사만따 붓다남 스봐찓또드가따 스봐하

|namaḥ samanta-buddhānām sva-cittodgata svāhā|

태장계만다라의 제개장원|除蓋障院| 대자생|大慈生|보살진언이다.

수인- 오른손 엄지와 검지를 서로 잡아 지화인|持華印|을 하고 나머지 손가락은 서로 붙지 않게 해서 세운 모양이다.

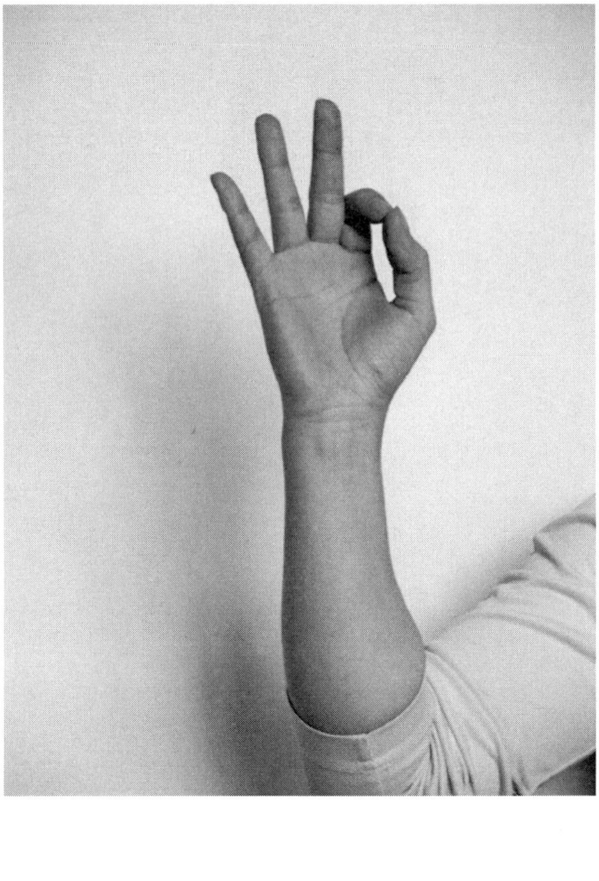

264. 여래만덕장엄|如來万德莊嚴|진언

나맣 사만따 붓다남 함 핳 스봐하

|namaḥ samanta-buddhānām haṃ haḥ svāhā|

자리이타|自利利他|의 만덕|萬德|을 두루 갖춘 천고뇌음불의 진언이다. 종자진언인 'haṃ', 'haḥ'은 보리와 열반을 뜻한다.

수인- 두 손을 연화합장 후 두 새끼손가락을 구부려 손 안에 넣은 모양이다.

265. 강삼세|降三世|진언

나맣 사만따 봐즈라 남 하 하 하 뷔스마예 사르봐 따타가따 뷔샤야 삼바봐 뜨라이로캬 뷔자야 훔 쟣

|namaḥ samanta-vajrānām ha ha ha vismaye sarva -tathāga ta- viṣaya-sambhava-trailokya-vijaya hūṃ jaḥ|

동방 불국토의 주인인 아축부처님의 분노존|忿怒尊|이다.

수인- 외오고인|外五股印|, 두 손을 외박 후 중지와 엄지 새끼손가락을 세워 서로 붙이고 검지는 벌린 모양이다.

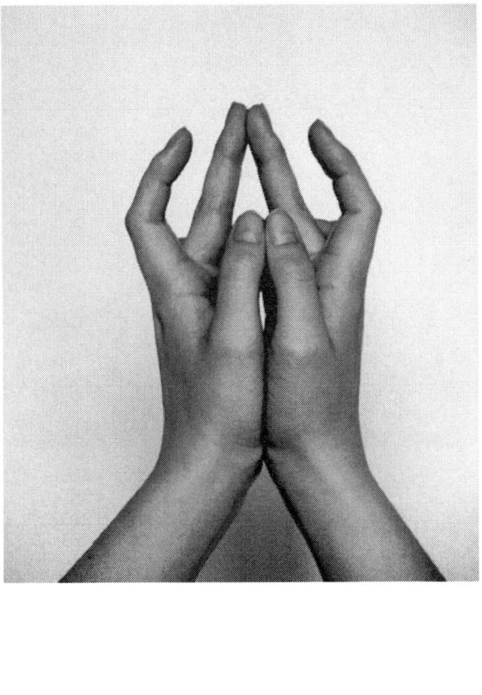

266. 지장|地藏|진언

나맣 사만따 붓다남 하 하 하 뷔스마예 스봐하

|namaḥ samanta-buddhānām ha ha ha vismaye svāhā|

금강계법의 지장보살 진언이다.

수인- 내박 후 두 중지를 흩트려 세우고 검지는 구부려 갑이 서로 닿게 하여 엄지로 누르는 모양이다.

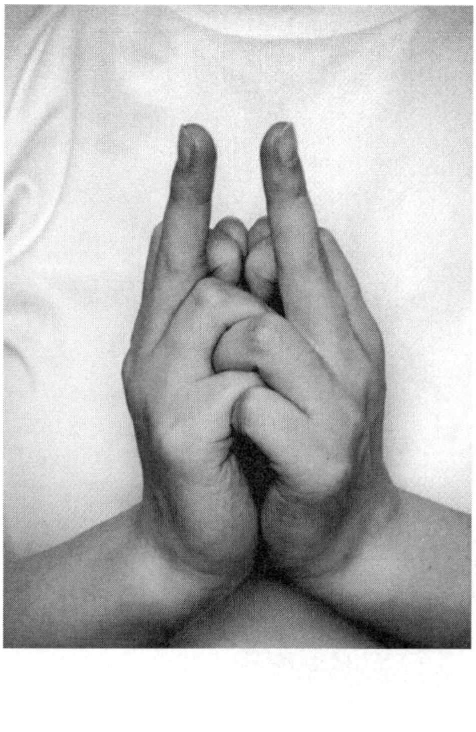

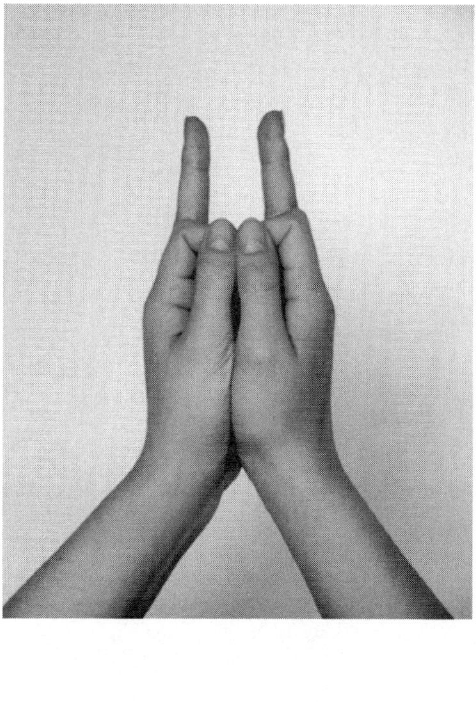

267. 부동존심|不動尊心|진언

나망 사만따 봐즈라 남 함 맘

|namaḥ samanta-vajrānām haṃ maṃ|

단장에서 소청한 모든 존|尊|에게 공양 올릴 때 공양물에 혹여 묻어 있을 더러움이나 장애를 제거하는 진언이다.

수인- 부동검인|不動劍印|. 양손을 검인|劍印|[59]으로 하여 오른손 검지와 중지를 왼손 바닥에 두고 왼손의 엄지와 약지, 새끼손가락으로 잡은 모양이다.

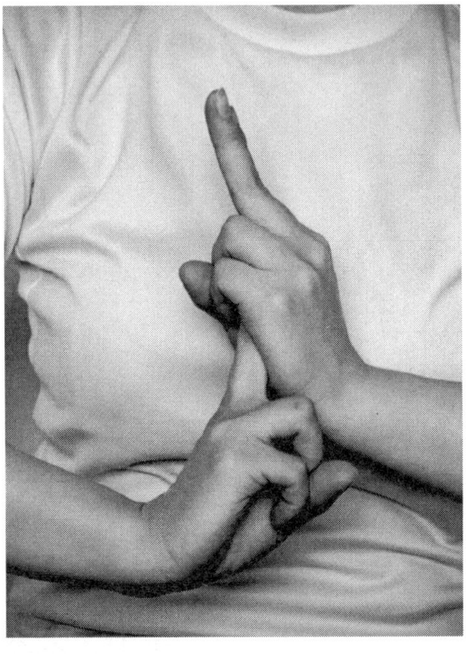

59) 검지와 중지를 세우고 엄지로 약지와 새끼손가락을 잡은 모양.

268. 지혜|地慧|진언

나망 사만따 붓다남 히리

|namaḥ samanta-buddhānām hili|

지혜의 보당|寶幢| 또는 지혜보살을 의미한다.

수인- 왼손을 펴서 중지와 검지를 구부려 엄지로 잡은 모양이다.

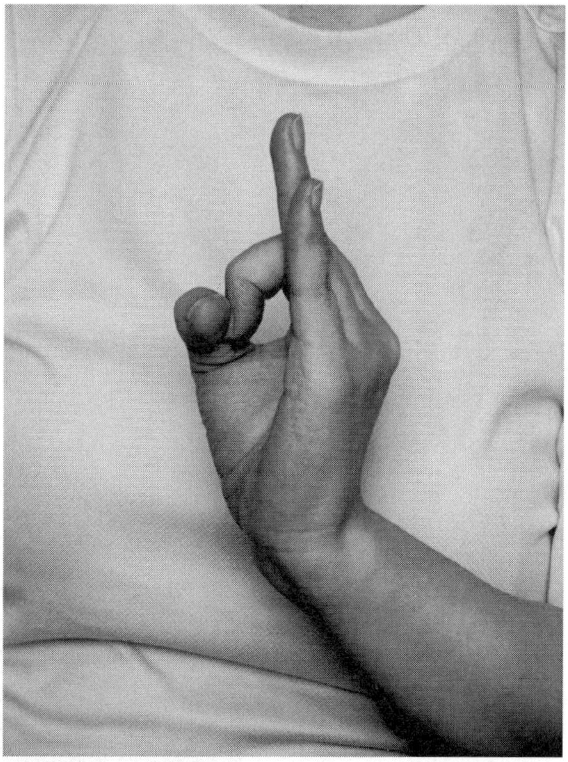

269. 금강혜|金剛慧|진언

나맣 사만따 봐즈라 남 훔

|namaḥ samanta-vajrānām hūṃ|

금강의 체성|體性|으로부터 얻어지는 지혜를 의미한다.

수인- 외오고인|外五股印|. 두 손을 외박 후 중지와 엄지 새끼손가락을 세워 서로 붙이고 검지는 벌린 모양이다.

270. 마두|馬頭|진언

나맣 사만따 붓다남 훔 카다 반자 스포따야 스봐하

|namaḥ samanta-buddhānām hūṃ khāda bhañja sphoṭaya svāhā|

마두명왕 진언이다. 관세음보살의 33응신중 하나이다.
관세음보살로 자성신|自性身|을 삼고 머리에 말의 머리를 이고 있으므로 마두관음이라 함. 말의 머리는 생사의 바다를 건너 다니며 사마를 항복받는 큰 위신력과 정진력을 상징하고 있다. 축생들을 교화한다고 한다.

수인- 연화합장 후 두 약지를 손안에 넣고 두 검지를 구부려 서로 손톱을 맞추고 두 엄지는 붙여 손과 벌려 놓는다.

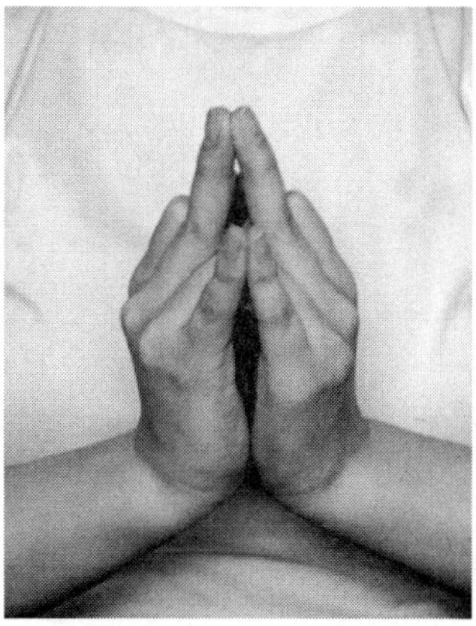

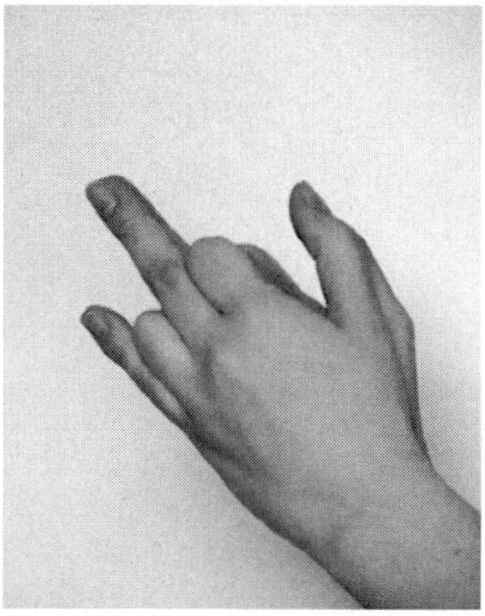

271. 무량성불정|無量聲佛頂|진언

나망 사만따 붓다남 훔 자요스니샤 스봐하

|namaḥ samanta-buddhānām hūṃ jayoṣṇīṣa svāhā|

무변음성불정|無邊音聲佛頂|, 성무변불정|聖無邊佛頂|이라고도 한다.

수인- 법라인|法螺印|. 허심합장해서 두 검지를 중지 등에 붙인 모양이다.

272. 법륜|法輪|진언

훔 딱끼 스포따야 마하 뷔라가 봐즈람 봐즈라 다라 사뜨예나 탛

|hūṃ ṭakki sphoṭaya mahā-virāga-vajraṃ vajra-dhara- satyen a ṭhaḥ|

법륜은 전법륜왕|轉法輪王|이 삼매에 들어 진리교법|眞理敎法|을 베풀어 태만하고 게으름의 마음을 타파하는 것을 나타낸 것이다.

수인- 두 손을 외박 후 엄지는 세워두고 새끼손가락을 세워 서로 교차한 모양이다.

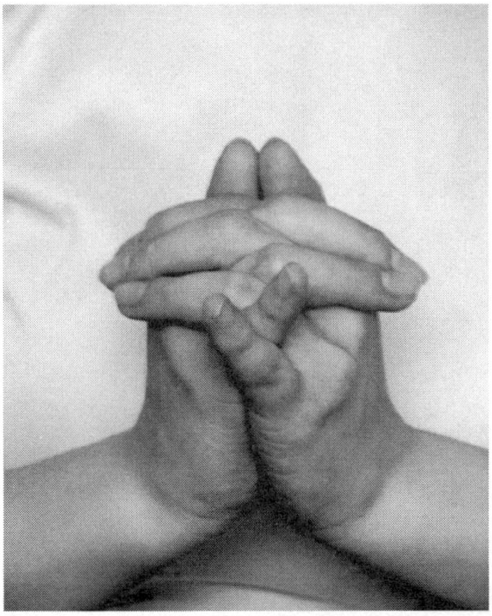
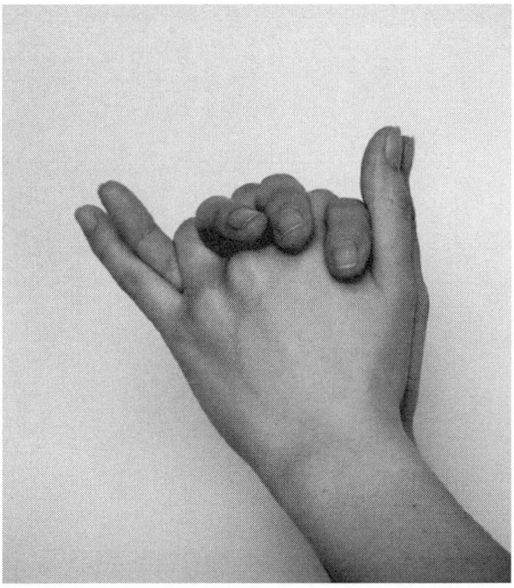

273. 상향수호|上向守護|진언

나맣 사만따 봐즈라 남 헤 아비무카 마하 쁘라짠다 카다야 낌 찌라야시 삼마얌 아누스마라 스봐하

|namaḥ samanta-vajrānām he abhimukha-mahā-pracaṇḍa khādaya kiṃ cirāyasi samayam anusmara svāhā|

상향수호|上向守護|는 만다라의 문 옆에 있는 호법신|護法神|으로 수행자 마음의 도량을 수호한다.

수인- 오른손을 금강권으로 하여 격파하는 자세를 한다.

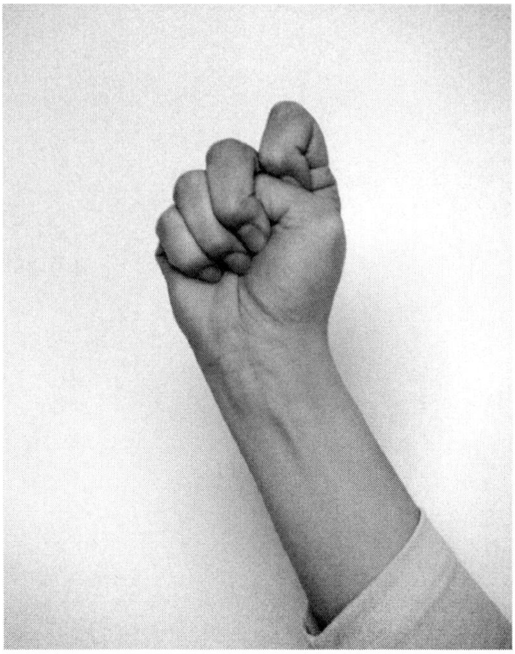

274. 무구광|無垢光|진언

나망 사만따 붓다남 헤 꾸마라 뷔찌뜨라 가띠 꾸마람 아누스마라 스봐하

|namaḥ samanta-buddhānām he kumāra vicitra gati kumāra m anusmara svāhā|

태장계만다라 문수원|文殊院|에 있는 존|尊|의 이름으로, 무구광은 문수사리보살의 권속이다.

수인- 왼손을 펴서 들고 엄지를 검지 곁에 붙이고 나머지 손가락은 흩트려 조금 구부린 모양을 한다.

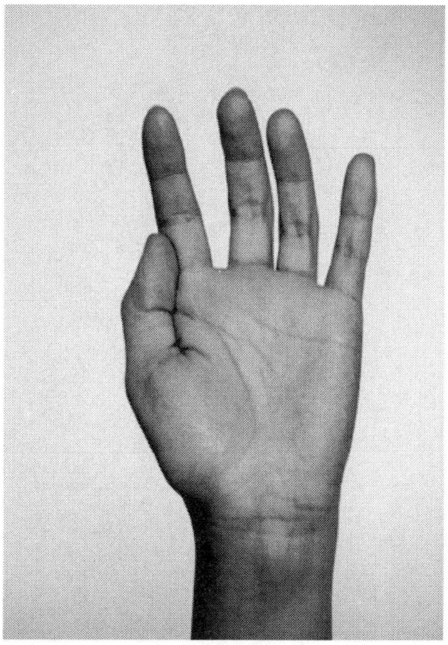

275. 보처|寶處|진언

나맣 사만따 붓다남 헤 마하 마하 스봐하

|namaḥ samanta-buddhānām he maha maha svāhā|

보처보살 진언으로 태장계만다라 지장원|地藏院|에 계신 존|尊|이다.

수인- 오른손을 금강권으로 하여 중지와 약지, 새끼손가락을 펴서 삼고저 형태를 한 모양이다.

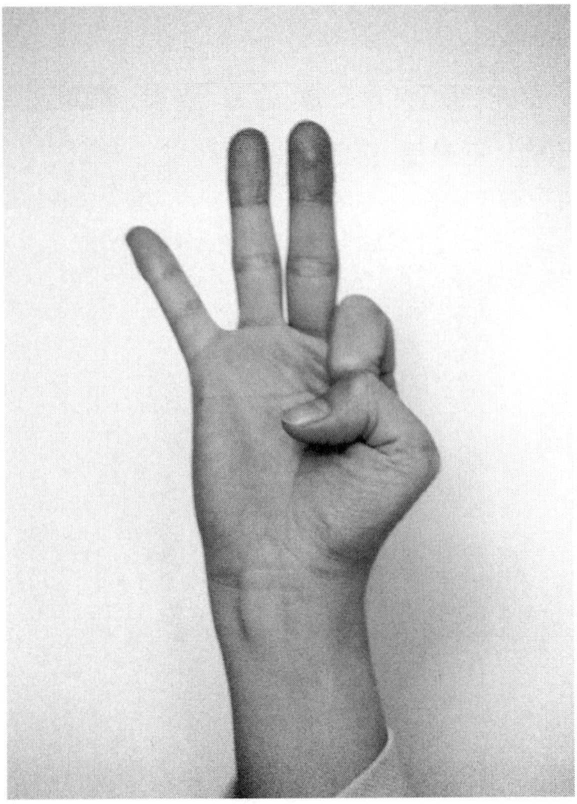

276. 제일체열뇌|除一切熱惱|진언

나망 사만따 붓다남 헤 봐라다 봐라 쁘랍따 스봐하

|namaḥ samanta-buddhānām he varada vara-prāpta svāhā|

번뇌로부터 일어나는 모든 괴로움을 없애는 진언이다.

수인- 왼손은 금강권으로 하고, 오른손을 여원인으로 한다. 즉 손바닥을 위로해 허벅지 위에 가만히 놓은 모양이다.

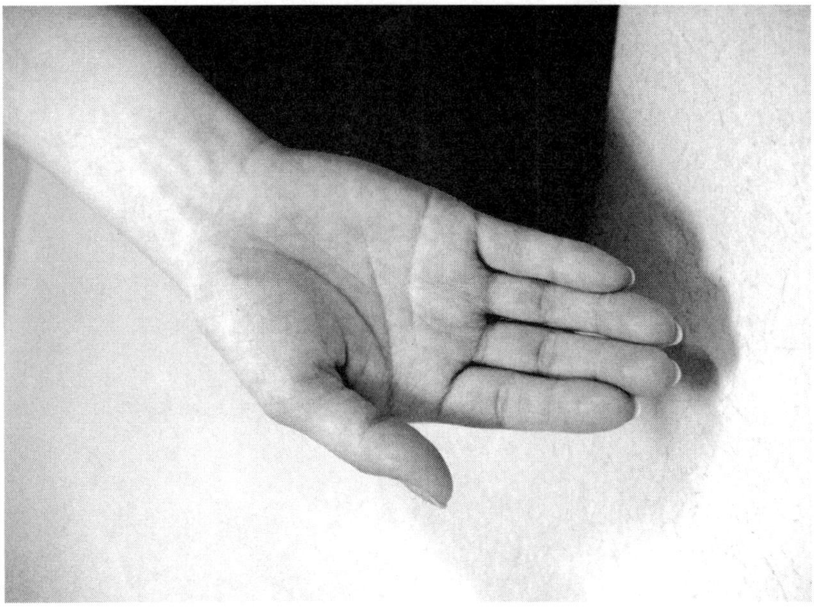

277. 금강쇄|金剛鎖|진언

헤 스포따 밤

|he sphoṭa vaṃ|

금강쇄보살진언이다. 금강계 37존 가운데 한분이다.

수인- 외박 후 두 엄지와 두 검지를 서로 갈고리로 해서 고리처럼 한 모양이다.

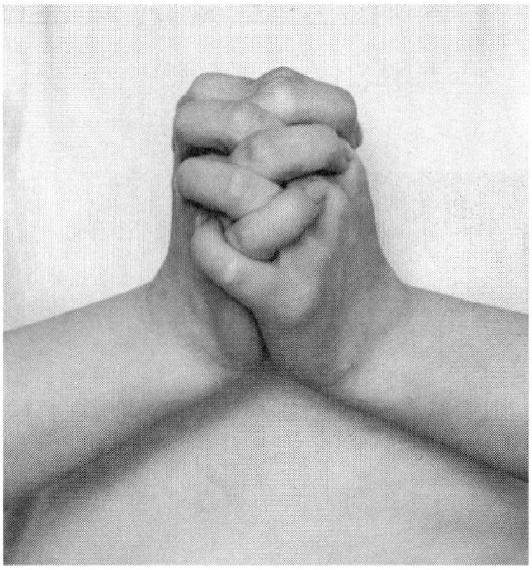

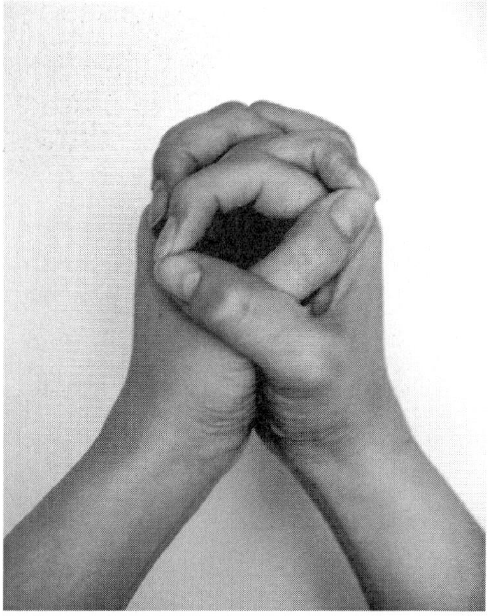

278. 지혜당|地慧幢|진언

나맣 사만따 붓다남 헤 스마라 즈나나 께뚜 스와하
|namaḥ samanta-buddhānām he smara jñāna-ketu svāhā|

지혜의 보당|寶幢|을 뜻하는 말로, 지혜|地慧|와 재혜|財慧|, 지당|智幢|이라고도 한다.

수인- 왼손을 펴 엄지로 중지와 검지를 잡은 모양이다.

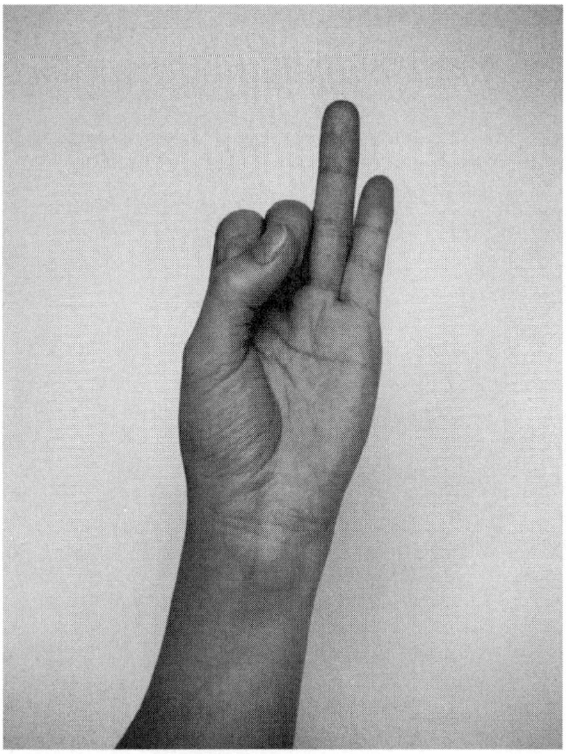

279. 일체제봉교자|一切除奉教者|진언

나맣 사만따 봐즈라 남 헤 헤 낌 찌라야시 그르흐나 그르흐나 카다 카다 빠리 뿌라야 스봐 쁘라띠즈냠 스봐하

|namaḥ samanta-vajrānām he he kiṃ cirāyasi gṛhṇa gṛhṇa khāda khāda pari-pūraya sva-pratijñāṃ svāhā|

존상열에서 존의 명령을 받들어 행하는 자로서 곳곳으로 왕래하며 중생에게 많은 이익행을 하는 자|者|를 말한다.

수인- 내박해서 검지를 나란히 세워 그 끝을 맞추고 첫마디를 조금 구부려 검 끝의 형태를 하고 두 엄지를 나란히 세운 모양이다.

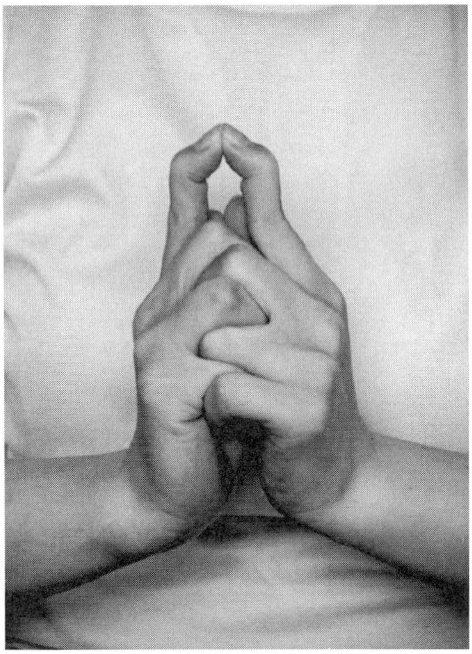

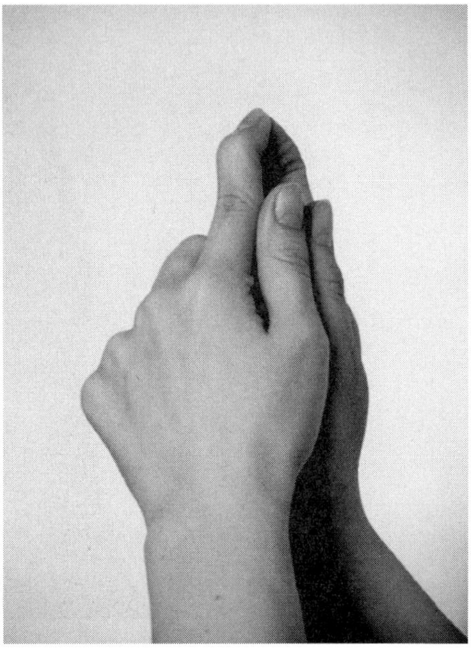

280. 문수|文殊|진언

나맣 사만따 붓다남 헤 헤 꾸마라까 뷔무끄띠 빠타 스티따 스마라 스마라 쁘라띠즈남 스봐하

|namaḥ samanta-buddhānām he he kumāraka vimukti- path a-sthita smara smara pratijñāṃ svāhā|

문수보살 진언이다. 지혜제일의 보살로 석가모니 부처님을 보좌하여 중생을 제도한 분이다.

수인- 허심합장 해서 중지를 약지의 등에 붙이고 검지를 구부려 엄지의 끝과 맞춘 모양이다.

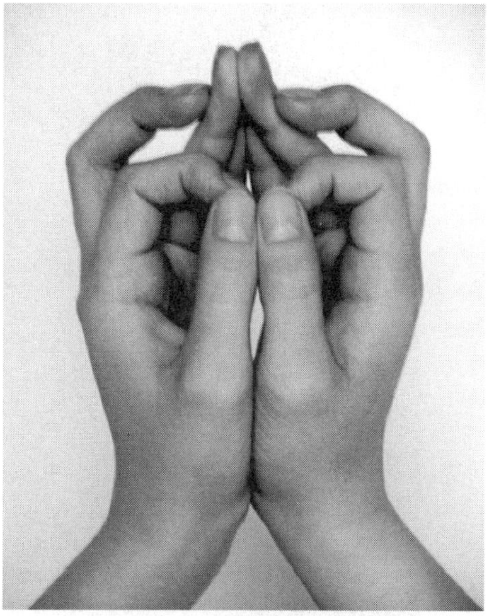

281. 광망구|光網鉤|진언

나망 사만따 븟다남 헤 헤 꾸마라 마야 가따 스봐바봐 스티따 스봐하

|namaḥ samanta-buddhānām he he kumāra māya-gata svabhāva-sthita svāhā|

광망보살 진언이다. 밀호|密號|는 색상금강|色相金剛|이라고도 하는데 문수보살 색상장엄|色相莊嚴|의 덕|德|을 나타낸다.

수인- 왼손은 금강권을 하여 검지를 펴고 끝을 조금 구부려 갈고리 형태를 하고, 오른손은 금강권을 해서 허리에 댄 모양이다.

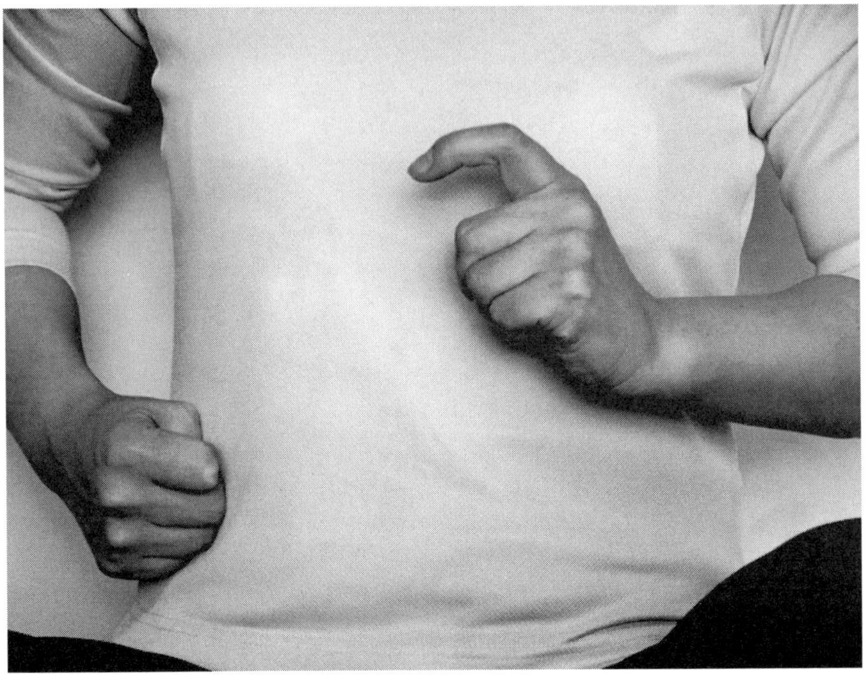

282. 계실니|髻室尼|진언

나망 사만따 붓다남 헤 헤 꾸마리께 다야 즈나남 스마라 쁘라띠즈남 스와하

|namaḥ samanta-buddhānām he he kumārike dayā-jñānaṃ smara pratijñāṃ svāhā|

문수보살의 다섯 사자|使者|가운데 한 분이다. 미발|美髮|이라고 번역하는데, 발은 심지의 표상으로 미발은 심지|心智|의 청정을 표현한 것이다.

수인- 금강검인. 오른 손의 검지와 중지를 펴서 나란히 세우고 엄지로 새끼손가락과 약지의 손톱 위를 누른 모양이다.

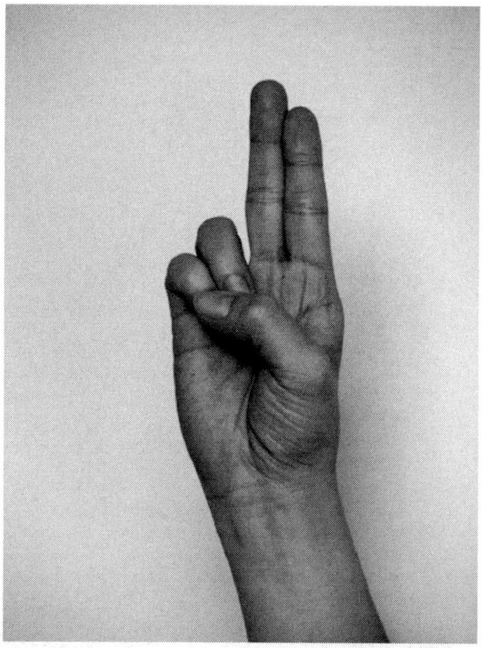

283. 대위덕|大威德|진언

옴 흐릥 스뜨리 뷔끄르따나나 훔 사르봐 사뜨룬 나샤야 스땀바야 스땀바야 스포따 스포따 스봐하

|oṃ hrīḥ ṣṭrī vikṛtānana hūṃ sarva-śatrūn nāśaya stambhaya stambhaya sphoṭa sphoṭa svāhā|

대위덕명왕|大威德明王|의 진언으로 아미타여래의 분노신|忿怒身|이다. 대위덕은 사신|死神|인 염마|閻魔|를 죽이는 신으로 아주 무서운 신|神|이며 명왕|明王|이다. 이 진언은 태장계만다라 지명원의 진언이다.

수인- 내박 후 두 중지를 세워 붙인 모양이다.

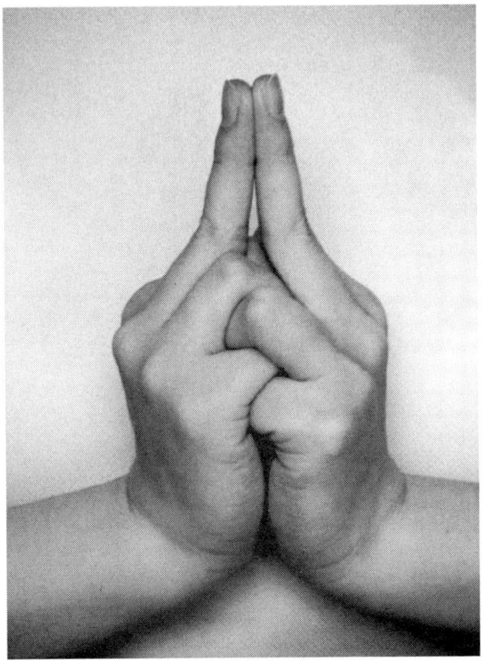

284. 분노월염|忿怒月黶|진언

나망 사만따 봐즈라남 흐릭 훔 파뜨 스봐하

|namaḥ samanta-vajrānām hrīḥ hūṃ phaṭ svāhā|

강삼세명왕|降三世明王|진언으로 제업|除業|, 사제|捨除|, 사번뇌불정|捨煩惱佛頂|이라고도 한다.

수인- 내오고인|內五股印|. 내박 후 중지와 엄지, 새끼손가락을 세워 서로 붙이고 검지를 벌린 모양이다.

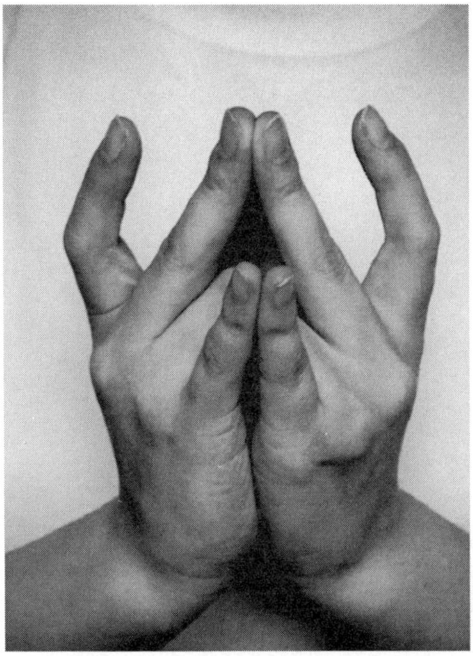

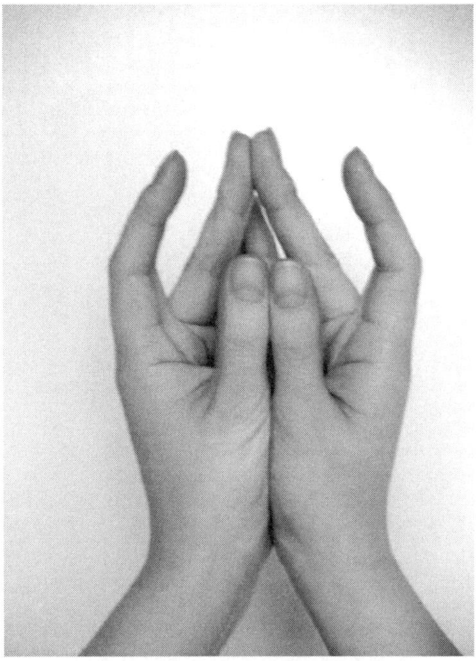

▌참고문헌▐

《 진언사전 》
저자:八田雄, 출판사:平河出版社

《 진언사전 》
저자:耘虛龍夏, 출판사:동국역정원

《 진언사전 》
저자:韓國佛教 大辭典編纂委員會, 출판사:寶蓮閣